KB273857

황금시장 인도네시아
슈퍼리치의 성공 수업

<일러두기>

이 책에 나오는 인도네시아어 표기 기준은 다음과 같다.

- 인도네시아 지명으로 국립국어원에 등재된 큰 섬(수마트라, 자바, 칼리만탄 등)과 잘 알려진 지명(자카르타, 족자, 발리) 등은 국립국어원의 발음을 따랐으며, 나머지는 인도네시아어 발음으로 표기하였다.

- 인도네시아인의 인명 중 인도네시아 대통령들, 인도네시아 유명 인사의 이름은 국립국어원에 등재된 이름을 썼고, 그 외의 인물과 인도네시아 기업 그리고 일상 대화, 대학, 화폐, 음식, 사물 등을 지칭하는 이름은 인도네시아어 발음으로 표기하였다.

- 인도네시아어의 자음 'c, k, p, t'는 'ㅉ, ㄲ, ㅃ, ㄸ'으로, 'f'는 'ㅍ'으로 표기하였다. 그리고 인도네시아어의 모음 'e'는 현지 발음에 따라 '에' 또는 '으'로, 'oe'는 '우'로 표기하였다.

순정아이북스(Soonjungibooks)는 글로벌 네트워크 콘텐츠 전문출판사를 지향합니다. 또한 세상을 바꾸는 출판사로 한일 월드컵 1주년 기념 서울랜드 《네덜란드 기행》 도서를 기획하였고, 아시아 다문화 가정의 이야기를 다룬 KBS 《러브 인 아시아》를 책으로 출간하였으며 대한적십자사와 공동으로 SR을 위한 나눔 기부 도서인 《만원의 희망밥상》을 출간하여 사회를 변화시키는 운동에 참여해왔습니다.

THE GOLDEN MARKET
HOW INDONESIA'S SUPER-RICH BUILT THEIR SUCCESS

인도네시아 성공 비즈니스를 위한 뉴 패러다임 매뉴얼

황금시장 인도네시아
슈퍼리치의 성공 수업

지금, 왜 인도네시아를 선점해야 하는가

이장희 지음

순정아이북스

추천의 글

2023년에 수교 50주년을 맞은 한국과 인도네시아는 새로운 50년의 협력 시대를 준비하고 있다. 산림, 의류, 신발 등 1, 2차 산업이 주종을 이루었던 양국 간의 산업 협력은 이제 국방, 전기차, 보건의료, 디지털 금융 등 미래 산업으로 그 범위가 급속히 확장하는 매우 중요한 타이밍이다.

그러나 인구 대국, 자원 부국인 인도네시아의 저력을 감안할 때 현재 두 나라의 협력 수준은 다소 기대에 못 미치고 있다. 《황금시장 인도네시아 슈퍼리치의 성공 수업》은 지금까지 접할 수 없었던 한국 기업인의 인도네시아 진출 성공과 실패의 경험을 밀도 있게 담아냈다. 현장에서 전략과 실행 사이에서 고민하는 많은 이들의 질문에 명쾌한 답을 제시한다. 미래 50년, 두 나라의 관계가 올바른 방향으로 성장 발전하며 진화하는 데 길잡이가 되어줄 것으로 기대된다.

특히 인도네시아에 대해 제대로 설명해주는 국내 문헌이 매우 드문 상황에서 자카르타 무역관장으로서의 생생한 현지 경험을 바탕으로 인도네시아의 경제, 사회, 문화의 각 분야를 매의 눈으로 날카롭게 분석했다. 따라서 인도네시아에 관심이 있는 기업인들뿐만 아니라 연구자, 청년 학도, 공직자들에게도 매우 귀한 책이다.

– 이상덕(전 주인도네시아 대사, 전 재외동포청장)

미 · 중 갈등이 심화되는 오늘날의 세계 정세 속에서 아세안(ASEAN: 동남아시아국가연합)의 전략적 가치는 그 어느 때보다 높아지고 있다. 주아세안 대사로서 한국과 아세안의 관계를 미국, 중국, 일본, 러시아 등 4대 강국과 유사한 수준으로 강화하기 위해 신남방정책을 현지에서 총괄했던 경험으로 볼 때 아세안과 동남아시아의 중요성은 백번을 강조해도 지나치지 않다. 이 책《황금시장 인도네시아 슈퍼리치의 성공 수업》은 아세안과의 공동 번영을 지향하는 신남방정책의 비전과 정신이 현장에서 어떻게 실현되었는지를 생생하게 보여준다.

아세안의 중심에는 인구, 경제 규모, 그리고 지역적 영향력에서 가장 주목받는 위치에 있는 인도네시아가 있다. 저자는 오랜 인도네시아 경험과 양국 리더들과의 심층 인터뷰를 통해 경제와 문화, 사람과 제도의 유기적 연결을 설득력 있게 풀어내며, 깊은 통찰력으로 아세안 최대 경제 대국인 인도네시아의 진면목을 확실하게 이해시키고 있다.

그동안 한국에는 잘 알려지지 않았던 인도네시아 글로벌 리더들의 성공 전략을 다루고 있는 이 책은 인도네시아뿐만 아니라 아세안의 다른 시장에 도전하려는 한국 기업과 한국인들에게 영감을 줄 것이라 확신한다.

– 임성남(전 주아세안 대표부 대사)

나는 50대 중반이라는 다소 늦은 나이에 네 평 창고에서 네 명의 임직원과 함께 작게 회사를 창업했다. 컴퓨터를 배워 컴퓨터에 연동된 보안시스템을 구축해보려는 열망 하나로 시작한 출발이었다. 그러다가 창업 2년 후 전봇대에 붙은 구인 구직 전단을 보고 잡코리아라는 사이트를 창업해 큰 사랑을 받는 기업을 만들 수 있었다. 사업의 본질은 사람을 돕고 시장의 수요를 충족시키는 게 아닐까 한다. 이 책《황금시장 인도네시아 슈퍼리치의 성공 수업》에 담긴 저자의 의도는 그 당시 나의 뜻과 매우 닮아 있다.

저자는 오랜 시간 무역 투자 진흥 분야에서 체득한 경험과 신념을 통해 인도네시아를 단순한 목표 시장이 아닌 우리가 삶의 가치로 이해해야 할 공간으로 재탄생 · 재배치하고 있다.

해외에 나가면 계획은 흔들리고 계산은 빗나가며 예상치 못한 상황이 늘 생기기 마련이다. 이 책은 그 낯선 땅에서 자신의 길을 찾고자 하는 이들에게 실패를 줄이고 곧바로 적응하는 방법과 좋은 인간관계를 만드는 방안, 그리고 동반 성장하는 비책을 알려주고 있다. 단지 인도네시아뿐만 아니라 세계로 나가는 모든 기업과 창업을 꿈꾸는 모든 기업가에게 불안 대신 용기를, 맹목적 도전 대신 효율적인 방향성을 제시한다. 이 책을 읽는 독자들은 황금 같은 더 소중한 기회를 잡게 될 것이라 확신한다.

– 김승남(잡코리아 · 조은시스템 · 조은문화재단 창업자)

투자는 언제나 먼저 깨닫고, 먼저 실행하는 사람이 이긴다. 특히 해외시장에서는 정보보다 통찰, 숫자보다 사람과 신뢰가 더 큰 경쟁력이 된다. 훌륭한 투자자는 새로운 시장을 단순히 분석하는 데 그치지 않고, 그 시장의 메커니즘과 맥락을 배우고 읽는다. 이런 감각과 안목은 데이터가 충분하지 않은 신흥 시장에서는 더욱 중요한 경쟁력이다.

《황금시장 인도네시아 슈퍼리치의 성공 수업》은 바로 그런 관점에서 인도네시아 경제를 단순한 데이터로 바라보지 않고, 그 안에서 살아 움직이는 사람과 사회의 역동성까지 찾아냈다.

성공적인 해외투자는 속도가 아니라 이해의 깊이에서 비롯된다. 이 책은 놀랍게도 한국 기업과 투자자에게 숫자를 넘어서 제대로 된 통찰을 위한 지식을 제공할 뿐만 아니라 현장을 이해하고 접근하는 데 필요한 실질적 사고의 틀까지 제시한다.

– 황만순(한국투자파트너스 대표)

세계 경제를 뒤흔들게 될 인도네시아의 잠재력과 가능성 앞에서

성공과 미래를 꿈꾸는 당신에게

나우(Now), 글로벌 핵심 시장으로 급부상한
인도네시아를 선택하고 집중하라

2011년 필자는 코트라(KOTRA) 부관장으로 인도네시아와 첫 인연을 맺었고, 운명적이게도 약 10년 후인 2022년 다시 관장으로 부임하며 인도네시아로 돌아가게 되었다. 다시 만난 인도네시아는 마치 시간이 한 세대는 앞서간 듯, 천지가 개벽한 것처럼 나라 전체가 완전히 변모해 있었다. 특히 동남아 최대 경제 대국이자 세계 4위의 인구 대국으로, 중국을 대체할 포스트 차이나 시장으로 떠오르며 세계의 주목을 한 몸에 받고 있었다(투자은행 골드만삭스는 인도네시아가 2050년까지 중국, 미국, 인도와 함께 세계 경제 4강에 오를 것으로 전망했다). 지금 인도네시아는 미국과 중국 간의 패권 경쟁이 심화하면서 글로벌 기업들이 앞 다투어 진출하는 전략적 요충지가 되고 있다.

한국 기업들의 아시아 진출 흐름을 한눈에 정리하면 어떨까? 2000년대 10년 동안 한국 중소기업들은 주로 중국에서 기회를 발견했다. 2010년부터 10년간은 베트남이 관심 국가로 떠올랐고 그곳에서 희망을 찾았다. 그러나 지금부터 향후 10년 동안은 인도네시아에서 기회를 잡는 흐름일 것이다. 태국이나 말레이시아에서는 우리가 할 수 있는 것이 많지 않고, 세계의 공장으로 떠오르는 인도는 대기업 아닌 중소기업이 성공하기에는 여전히 어려운 시장이기 때문이다. 베트남도 아직은 기회가 많지만, 공산주의 체제의 제약과 현지에서 우리 제품을 카피하는 등 문제가 커지고 있어 우리 기업이 어려운 상황에 직면하고 있다.

현재 인도네시아에 진출한 한국 기업은 약 2,300개에 그친다. 베트남과 비교하면 최소 5,000개 이상이 진출했어야 한다는 평가가 나온다. 인도네시아는 분명 기회의 땅이었지만, 우리는 이를 오랫동안 미래의 가능성으로만 인식하며 결정을 미뤄왔다. 인도네시아 시장을 절박하게 필요로 하지 않았기 때문이다. 그러나 이제 상황은 달라지고 있다. 국내 시장은 물론, 기존에 진출했던 여러 국가의 경영 환경이 악화되면서 우리 기업들은 새로운 돌파구를 찾아 인도네시아로 몰려들기 시작했다. 인도네시아는 더 이상 선택이 아니다. 한국 기업이 반드시 공략해야 할 필수 시장으로 부상하고 있다.

최근 코트라에서 기업들을 위해 국가별 진출 전략 과정을 개설했는데 여기 포함된 국가는 5개국밖에 없다. 전통의 인기 국가인 중국은 아예 폐강된 상황이고 선진국은 미국과 일본, 개도국은 인도네시아, 베트남, 인도까지 해서 5개국이다. 이는 인도네시아 시장에 대한 한국의 수요를 잘 보여준다.

이런 상황인데도 한국은 여전히 인도네시아에 낯설고, 그 가치와 중요성을 제대로 읽지 못하고 있다. 그 이유 중 하나는 인도네시아를 체계적으로 다룬 경제·경영 자료가 많지 않기 때문이다. 실제로 한국과 인도네시아의 비즈니스 현장에서는 필요한 정보와 지식을 찾지 못해 어려움을 겪는 이들을 적지 않게 마주하게 된다.

왜 이런 일이 반복될까? 인도네시아는 그만큼 크고 복합적인 나라이기 때문이다. 인구 2억 8,000만 명, 1만 7,000개의 섬, 300여 개의 종족이 공존하고 있으며, 서쪽에서 동쪽까지의 길이는 약 5,100킬로미터로 서울에서 자카르타까지 비행 시간과 맞먹는다. 지역마다 문화와 언어, 경제 환경도 크게 다르다. 이처럼 복잡하고 다층적인 구조를 가진 나라를 짧은 기간에 단순한 시각으로 이해하는 것은 거의 불가능하다. 몇 개의 숫자나 표면적인 정보만으로는 본질을 알기 어려운 나라다. 어느 한 부분만 이해해서 답이 나오는 나라가 아니라는 말이다. 마치 거대한 그랜드캐니언을 한 장의 사진으로 담을 수 없는 것과 같다.

필자는 기존에 나온 인도네시아 관련 책들이 대체로 한 분야에만 집중돼 있다는 점에 착안했다. 경제서는 경제만, 역사서는 역사만, 문화서는 문화만 다룬다. 이 방식으로는 인도네시아를 하나의 사회와 시장으로 이해하기 어렵다. 특히 경제·비즈니스 책들은 상당수가 공공기관 보고서에 가까워 정책과 제도 설명이 많다. 전문성은 높지만 일반 독자가 읽기에는 부담스럽다. 반대로 역사·문화 중심의 책들은 학술적 분석에 치우쳐 있어, 그것이 실제 경제나 비즈니스와 어떻게 연결되는지를 충분히 보여주지 않는다. 이처럼 분야가 분절된 접근으로는 경제가 문화와 어떻게 맞물리고, 비즈니스 환경이 역사적 흐름 속에서 어떻게 변화해왔는지를 이해하기 어렵다. 인도네시아를 온전히 이해하려면 경제, 역사, 종교, 문화, 비즈니스를 유기적으로 연결하는 통합적 시각이 필요하다. 하지만 지금까지 그런 관점을 담은 책은 많지 않았다.

이 책은 인도네시아 시장에 도전하려는 독자를 위해 1부, 2부, 3부로 구성돼 있다. 1부 '왜 인도네시아는 슈퍼리치가 될 기회의 시장인가?'에서는 왜 지금 인도네시아가 다시 부와 기회의 중심으로 떠오르고 있는지를 큰 흐름에서 살펴본다. 먼저 16세기 인도네시아의 향신료를 둘러싼 경쟁이 뉴욕의 탄생과 새로운 글로벌 경제 질서의 형성으로 이어진 과정을 살핀다. 이어 오늘날 세계 최대 니켈 보유국인 인도네시아를 둘러싸고 500년 만에 다시 벌어지고 있는 강대국들의 경쟁 속에서 이 나라가 어떤 전략적 선택을 하고 있는지도 분석한다.

이 과정에서 7대 대통령인 조코 위도도(Joko Widodo, 이하 '조코위')가 경제 개혁을 통해 국가의 구조적 약점을 보완하고, 민주주의와 경제성장을 동시에 추진하며, 인도네시아를 동남아의 핵심 국가로 끌어올린 흐름도 함께 살펴본다. 이를 통해 인도네시아 경제의 향후 방향을 전망한다. 또한 전 미국 대통령인 버락 오바마(Barack Obama)가 어린 시절을 인도네시아에서 보내며 형성한 포용적 리더십을 사례로, 이 나라의 문화적 토양이 사고와 행동에 어떤 영향을 미치는지를 짚는다. 여기에 홉스테드 지수를 활용해 한국과 인도네시아의 문화 차이가 비즈니스 현장에서 어떻게 나타나는지, 그리고 이를 어떻게 극복할 수 있는지도 설명한다.

아울러 인도네시아에 온건 이슬람이 정착한 배경과 국제적 비교를 통해 이슬람 문화의 특징을 분석하고, 이슬람 비즈니스 매너를 통해 인도네시아에서 신뢰와 호감을 얻기 위한 핵심 요소를 살펴본다. 그뿐만 아니라 비동맹 운동의 선도 국가였던 인도네시아가 어떻게 강대국 사이에서 균형 외교를 유지하며 자주 외교의 전통을 형성했는지를 분석한다. 그리하여 외교 정책이 우리의 비즈니스 전략에 주는 시사점을 생각해본다.

세계 무대에서 우리의 경쟁 상대는 결국 중국과 일본이다. 이 삼파전은 인도네시아에서도 마찬가지다. 우리나라는 이 두 나라를 넘어야 한다. 일본은 1960년대부터 인도네시아에 진출해 오랜 경험과 신뢰를 쌓았고, 중국은 화교 네트워크와 자본력을 앞세워 공격적으로 시장을 확대하고 있다. 이런 강력한 경쟁 속에서 한국은 어떻게 새로운 기회를 만들고 성공을 끌어낼 것인가? 해답은 현장에서 직접 뛰고 있는 리더들의 경험에서 찾을 수 있다.

이 책의 하이라이트인 2부 '경제를 이끄는 인도네시아 슈퍼리치들의 성공 전략'에서는 정부·학계·비즈니스 분야에서 활약하는 양국의 주요 인사 40명(한국·인도네시아 각 20명)을 직접 인터뷰하여 인도네시아의 미래 전망과 시장 기회 그리고 도전 과제와 성공 전략을 심층적으로 분석했다. 인도네시아의 위대한 기업과 최고 자산가들이 알려주는 시크릿 비즈니스 수업을 들을 수 있을 것이다.

인도네시아에는 세계적인 베스트셀러를 쓴 경영학자, 맨손으로 대기업을 일군 기업가, 시대를 앞선 통찰을 가진 정부 관료, 창의적인 발상으로 산업의 판도를 바꾸는 젊은 창업가 등 우리가 미처 알지 못했던 뛰어난 사람들이 많다. 우리가 눈여겨보지 않았을 뿐이다.

인도네시아는 한국인에게도 넉넉한 곁을 내주었고 그 속에서 놀라운 성과를 만들어냈다. 주재원으로 시작해 수조 원대 매출을 달성한 사업가, 작은 아이디어를 현실로 만들어낸 스타트업 창업가, 현지의 문화와 경제를 이해하며 성공을 거둔 기업들. 인도네시아는 그들에게 기회의 문이었고, 무한한 도전을 제공하는 넓은 시장이었다. 이제 더 큰 미래의 성공을 만들어갈 타이밍이고 그 주인공은 당신이다.

마지막 3부에서는 미래의 경제 강국, 인도네시아를 위한 경제 전문가들의 솔루션을 담았다. 인도네시아 코트라 자카르타 무역관에서 일하며 10여 년간 만나온 국가경제위원회 사무총장과 CEO 사관학교로 명성이 높은 대학교 총장, 인도네시아 최고의 경제 단체인 상공회의소 회장과 투자부 및 중소기업부 핵심 인사들을 만나 미래 경제 강국으로 도약하기 위한 인도네시아의 과제와 해답을 정리해보았다.

이 책은 인도네시아를 조금이라도 더 명확하게 이해할 수 있도록 돕고 싶다는 마음에서 시작되었다. 책을 쓰는 과정은 인도네시아를 배우는 과정과 닮았다. 방대한 정보를 모으고, 흩어진 조각들을 하나의 이야기로 엮으며, 때로는 방향을 잃고 헤매기도 했다.

출간이 예상보다 훨씬 늦어졌지만, 끝까지 신뢰를 보내주고 지원해주신 순정아이북스의 김순정 대표님께 깊이 감사드린다. 무엇보다 묵묵히 곁을 지키며 응원해주고 큰 힘이 되어준 가족에게도 진심 어린 감사와 사랑의 마음을 전하고 싶다. 또한 바쁜 일정에도 인터뷰에 응해준 한국과 인도네시아 리더들에게도 존경과 감사의 마음을 드린다. 그분들의 소중한 경험과 통찰이 이 책을 더욱 의미 있게 만들어주었다.

이 책이 인도네시아를 이해하고 어려운 한국 경제의 비상 탈출구가 될 인도네시아 비즈니스의 성공 확률을 조금이라도 높이는 데 기여하길 그리고 인도네시아에서 새로운 기회를 발견하는 계기가 되기를 소망한다.

동남아시아 전체에 걸쳐 흩어져 있는 광대한 군도 국가 인도네시아의 지도

· 1부 ·

왜 인도네시아는 슈퍼리치가 될 기회의 시장인가?

: 성공 비즈니스를 위한 필수 코스, 인도네시아의 재발견

1장 한국, 세계를 좌지우지하는 인도네시아에 주목하라

2장 지금(Now), 잠자던 거인 인도네시아가 깨어난다

· 2부 ·

경제를 이끄는 인도네시아 슈퍼리치들의 성공 전략

: 위대한 기업, 최고 자산가들의 시크릿 비즈니스 수업

3장　선점으로 인도네시아 시장의 정상에 올라서라

4장　난해한 투자 환경을 탓할 것인가? 해답은 기업의 실력

5장　고난을 딛고 위기를 극복하면 큰 성공이 기다린다

1부

왜 인도네시아는
슈퍼리치가 될 기회의 시장인가?

성공 비즈니스를 위한 필수 코스, 인도네시아의 재발견

FROM THE SPICE ROUTES TO
THE BATTERY AGE

500년 전 인도네시아는 육두구 향신료로 세계 경제 패권의 중심지였다. 그리고 500년이 흐른 지금 인도네시아는 다시 '육두구 러시(nutmeg rush)'에서 '니켈 러시(nickel rush)'로 세계 글로벌 비즈니스의 핵심 시장이자 각축장으로 급부상했다. 이 극적인 드라마의 주인공인 인도네시아는 거대한 내수 시장과 핵심 광물을 포함한 막대한 자원을 무기로 국제 무대에서 갑으로 탈바꿈 중이다.

한국은 경제위기와 불황에서 탈출하기 위해서라도 미래의 대안이자 부의 기회가 열려 있는 인도네시아를 눈여겨보고 공을 들여야 할 때다. 인도네시아에서 슈퍼리치가 될 기회를 잡기 위해서는 '인도네시아의 재발견'이 필요하다.

1장

한국, 세계를 좌지우지하는 인도네시아에 주목하라

①
인도네시아 오지의 작은 열매가 바꾼 세계 경제 패권

2024년 11월 텍사스 남부 보카치카 해변은 역사적인 순간을 목격하려는 사람들로 가득 찼다. 일론 머스크가 이끄는 스페이스X가 화성 이주를 목표로 설계한 우주선 스타십이 굉음을 내며 하늘로 솟아오르자 수많은 사람이 환호와 박수로 그 성공을 축하했다. 이 장엄한 광경을 보기 위해 현장을 찾은 도널드 트럼프 대통령 당선인도 감격스러운 표정으로 그 순간을 함께했다.

높이 120미터에 달하는 인류 역사상 가장 강력한 로켓의 성공적인 발사는 인류의 화성 이주라는 세기의 프로젝트에서 미국이 경쟁국들을 압도하며 기술적 우위를 입증한 결정적 사건이었다. 트럼프는 엄청난 프로젝트를 성공으로 이끈 일론 머스크와 관계자들을 애국자로 부르며, 행운을 빈다고 했다. 그는 경쟁국을 언급하지 않았지만 미소 속에는 러시아와 중국을 멀찌감치 따돌렸다는 자신감이 고스란히 담겨 있었다.

지금으로부터 약 500년 전 영국 런던의 템스 강변에서도 비슷한 장면이 펼쳐졌다. 영국 국기를 휘날리는 두 척의 배가 강어귀에 모습을 드러내자 숨죽여 지켜보던 군중은 이내 폭발적인 박수와 환호성을 터뜨렸다. '해가 지지 않는 나라' 대영제국의 기초를 만들었던 엘리자베스 1세 여왕도 직접 찾아와 탐험대를 환대하며 그들의 귀환을 환영했다. 수천 킬로미터 떨어진 인도네시아로 떠났던 탐험대가 수많은 실패와 역경을 극복한 끝에 마침내 진귀한 보물을 싣고 무사히 돌아온 것이다. 이날의 귀환은 단순히 한 차례 탐험에서 성공한 것을 넘어, 영국이 대양 너머 세계로 뻗어나가는 대영제국의 서막이 머지않아 열릴 것임을 알리는 역사적 순간이었다.

지금부터 약 500년 전인 16세기 인도네시아를 놓고 무슨 일이 벌어지고 있었던 것일까? 일론 머스크의 스타십 우주선이 이륙 직전 불꽃과 굉음을 뿜어내듯 포르투갈, 네덜란드, 영국, 스페인 등 유럽 열강의 탐험선들이 보물섬 인도네시아에 먼저 도착하기 위한 초장거리 해상 경주의 막을 올렸다. 탐험선들은 서로를 앞지르기 위해 광활한 대양을 가로지르며 경쟁했다. 최단 루트를 찾기 위해 메르카토르 도법 등 첨단 과학과 혁신적인 항해 기술을 시험하며 운명을 건 모험을 이어갔다. 그렇게 인도네시아는 대항해 시대의 중심 무대가 되었다. 이 항해는 단순한 탐험이 아니라 세계의 부와 권력을 차지하려는 열강 간의 치열한 패권 경쟁이었다. 이는 곧 세계사의 흐름을 근본적으로 바꿔놓았다.

유럽의 열강들은 왜 이때 갑자기 인도네시아로 쏟아져 들어왔을까? 바로 향신료 때문이었다. 인도의 후추, 스리랑카의 계피, 인도네시아의 육두구는 기원전부터 유럽에서 큰 사랑을 받아왔다. 아랍 상인들은 인도, 스리랑카, 인도네시아에서 향신료를 가져와 튀르키예 이스탄불의 대형 상점에 넘겼다. 셰익스피어의 희곡 〈베니스의 상인〉으로 잘 알려진 이탈리아 베네치아 상인들이 월등한 자금력을 바탕으로 향신료를 유럽에 유통시키면서 중개무역으로 막대한 독점 이익을 챙겼다. 1453년 이슬람 세력인 오스만제국이 동로마제국을 멸망시키고 이스탄불을 점령하면서 지중해 교역로가 봉쇄되었다. 육로를 통한 동방 교역로가 차단되자 새로운 해상 무역로 개척이 필수적이었고 여기 최종 수요자인 유럽의 열강들이 앞 다투어 뛰어들기 시작했다.

후추와 계피도 비쌌지만 육두구는 같은 무게의 금보다 더 비쌌다는 기록이 있을 정도로 희소하고 귀한 상품이었다. 육두구는 단순한 향신료를 넘어 흑사병의 특효약으로 의학적 효능이 있고 최음제로도 알려져서 귀족과 엘리트 사이에서 부의 상징이자 최고의 사치품으로 자리 잡았다. 당시 사회에서 권력과 지위를 드러내는 특별한 상품이었던 것이다. 육두구는 지구에서 유일하게 인도네시아의 반다제도(10개의 작은 화산섬으로 구성되어 있고 그중 가장 작은 룬섬은 가로 3킬로미터, 세로 0.5킬로미터에 불과하다)에서만 자라기 때문에 공급이 극히 제한적이다. 향신료 제도(spice islands)라고도 불리는 반다제도는 인도네시아 수도 자카르타에서 동쪽으로 약 3,000킬로미터 떨어진 오지 중의 오지로 꼽힌다.

후추보다 적게는 10배, 많게는 20배 이상 비싸게 거래되었던 육두구

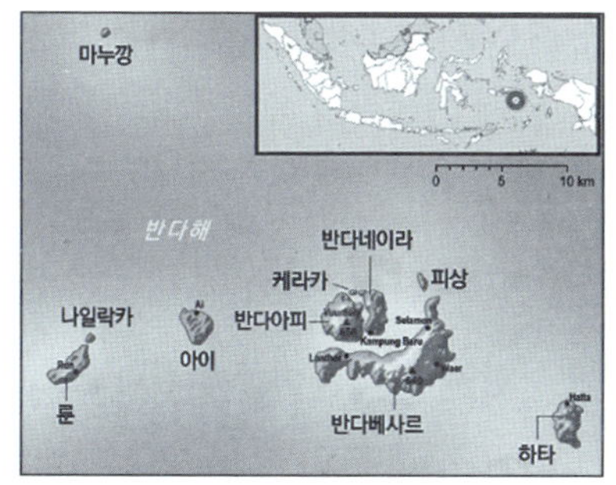

반다제도와 육두구

무역은 그야말로 꿈의 사업이었다. 이익률로 따지면 무려 5만 퍼센트, 즉 원가의 500배에 달했다. 이처럼 엄청난 수익은 유럽 열강이 앞 다퉈 향신료 무역에 뛰어들게 만든 가장 큰 동력이었다.

유럽에서 인도네시아까지의 항해에는 대략 10개월 이상이 소요되었으며, 왕복에는 족히 2년이 걸렸다. 오늘날처럼 GPS나 정밀한 항해 장비가 없던 시절 인도네시아로 오가는 여정은 목숨을 걸어야 할 만큼 위험했다. 탐험가들에게 인도네시아는 위험천만한 위험과 도전이 기다리고 있는 기회의 땅이자 신세계의 엘도라도였다. 탐험에 성공한 선원은 부와 명성을 모두 얻을 수 있었다. 마치 일론 머스크의 우주선을 타고 화성 탐사에 성공한다면, 그 우주인이 국민적인 영웅으로 칭송받을 것처럼 말이다.

인도와 인도네시아에 먼저 도착하기 위한 유럽 열강의 각축이 시작됐다. 1492년 스페인의 이사벨라 여왕은 콜럼버스에게 자금을 지원하며 항로를 개척하라고 명했다. 그러나 인도와 인도네시아로 가는 항로를 가장 먼저 발견한 나라는 포르투갈이었다. 1498년 바스코 다 가마가 아프리카의 희망봉을 돌아 인도 항해에 성공하며 새로운 무역로를 열었다. 1511년 포르투갈은 인도를 중간 기지 삼아 인도네시아에 가장 먼저 도착했다. 포르투갈 상인들이 육두구를 유럽에 가지고 가는 데 성공함에 따라 이탈리아 베네치아 상인이 향료 무역을 독점하던 시대는 막을 내렸다.

세계 무역의 중심이 지중해에서 대서양으로 전환되는 순간이었다. 그 결과, 인도네시아는 대항해 시대의 상징적 무대가 되었고, 육두구를 둘러싼 탐험과 경쟁은 유럽 열강이 벌이는 부와 패권 다툼의 중심축이 되었다. 인도네시아를 차지한다는 것은 곧 세계 무역 질서에서 우위를 점한다는 의미였다.

포르투갈의 인도네시아 탐험 성공은 후발 국가들에게 인도네시아가 새로운 부와 기회의 땅이라는 강렬한 메시지를 남겼다. 하지만 그 길을 따라가는 것은 쉬운 일이 아니었다. 우선 포르투갈은 항로 정보를 국가 기밀로 지정해 철저히 통제했다. 후발 국가들은 두 가지 딜레마에 빠졌다. 하나는 포르투갈이 선점한 항로를 이용할 경우 언제든 포르투갈 함대의 공격과 나포 위험에 노출된다는 점이었고 다른 하나는 이 항로가 너무 긴 탓에 시간과 자원 소모가 커서 최적의 선택이 아닐 수도 있다는 점이었다. 인도네시아로 가는 최단 루트를 찾는 것은 국가의 사활이 걸린 문제였다. 항로 개척 경쟁은 단순한 바닷길 확보를 넘어, 세계 무역의 판도를 바꿀 절박한 패권 다툼이었다. 따라서 최신 과학 기술, 천문학, 지도 제작 기술은 물론, 상상력을 뛰어넘는 전략과 모험심이 총동원되었다.

스페인 왕인 카를로스 1세의 후원을 받은 마젤란은 아프리카 희망봉보다는 남미대륙을 따라 남쪽으로 내려간 다음 브라질에서 태평양을 가로지르면 항로 길이를 단축할 수 있다고 믿었다. 그는 필리핀에서 원주민과의 전투로 사망했지만 남은 선원들은 1521년 인도네시아에 도착해 마젤란의 꿈을 실현했다. 이후 그들은 인도양을 거쳐 스페인으로 돌아왔다. 마젤란 항로는 애초 기대와는 달리 포르투갈의 항로보다 길고 시간도 더 걸려 경제성은 떨어졌다. 하지만 마젤란 함대는 세계 일주 항로를 개척하며 지구가 둥글다는 것을 최초로 증명한 역사적 업적을 남겼다.

포르투갈과 스페인의 항로는 모두 유럽에서 출발해 남쪽으로 내려간 뒤, 두 방향으로 나뉜다. 포르투갈 항로는 동쪽으로 돌아 아프리카를 거친 다음 인도네시아로 갔고, 스페인 항로는 서쪽으로 남미를 지나고 태평양을 건넌 다음 인도네시아에 도달했다. 상상을 초월하는 방법도 시도되고 있었다. 유럽에서 북쪽으로 올라간 뒤, 북극을 지나 남쪽으로 내려오면 더 빨리 갈 수 있다고 믿는 사람들이 있었다. 포르투갈에 한 발 뒤처졌다고 판단한 네덜란드와 영국은 판을 뒤엎기 위해 북극 항로 개척에 나섰다. 항로의 길이는 2,000킬로미터, 시간은 1년 이상 단축할 수 있다는 기대에 부풀었다.

당시 지리학계에서는 대칭성이 신봉됐다. 남반구의 아프리카에 희망봉이 있듯이 북반구에도 대칭 지점인 노르웨이 근처에 제2의 희망봉이 있다고 확신했다. 제2의 희망봉을 지나 북극 근처로 가면 깊은 수

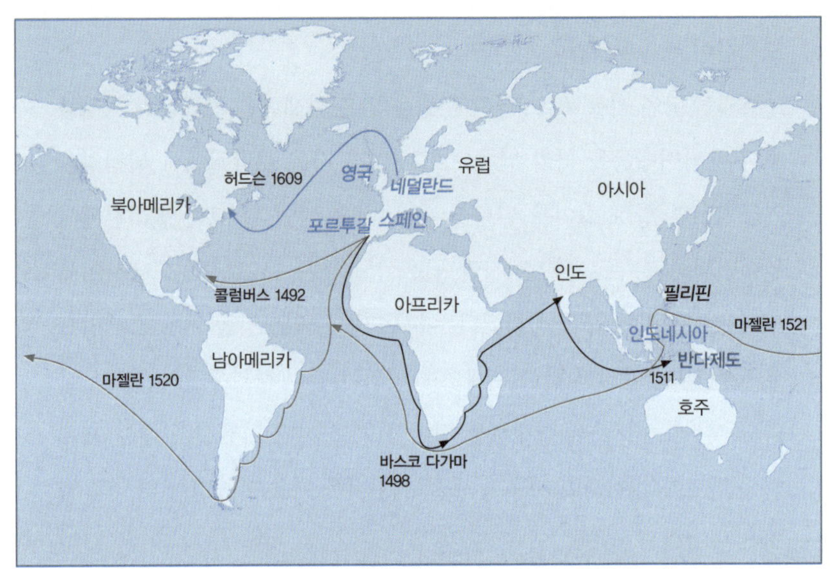

인도네시아 항로 개척 노선

심과 거센 파도 덕분에 얼음이 얼지 않은 바다가 나오고 항해를 계속할 수 있다고 믿었다. 영국은 여러 번의 실패 끝에 북극 항로 탐험을 포기했다. 그러나 네덜란드는 북극 항로에 대한 도전을 계속 이어갔다. 1609년 네덜란드의 후원을 받은 헨리 허드슨의 탐험대가 원래 계획한 대로 북쪽으로 올라가 동쪽으로 가는 항로를 찾는 데 실패하고 대신 서쪽으로 항해하다가 북아메리카의 동쪽 해안에 도달했다. 허드슨의 탐험대는 오늘날 뉴욕의 중심부를 흐르는 허드슨강을 따라 항해하며, 맨해튼 지역이 네덜란드 소유가 되는 데 결정적인 역할을 했다.

네덜란드는 포르투갈보다 약 80년 늦은 1596년에야 인도네시아에 도착했다. 우리나라가 임진왜란(1592~1597)을 겪을 무렵이었다. 영국

도 비슷한 시기인 1602년에 본격적인 첫발을 들여놓는다. 이후 네덜란
드는 포르투갈을 몰아내고 육두구가 자라는 반다제도를 대부분 장악하
는 데 성공했다. 영국도 반다제도의 작은 룬섬을 확보했다. 네덜란드는
1942년까지 약 350년간 인도네시아를 지배하며 막대한 이익을 취하게
된다.

인도네시아에서 시작된
뉴욕과 글로벌 무역 체계의 탄생

  인도네시아 반다제도의 10개 섬을 모두 장악해서 육두구를 완전히 독점하려는 네덜란드에게 영국은 눈엣가시 같은 존재였다. 더 가지려는 네덜란드와 뺏기지 않으려는 영국 간의 반목은 무력 충돌로 이어졌다. 한편 네덜란드는 북극 항로를 개척하는 과정에서 발견한 허드슨강 유역에 1624년 도시를 건설하고 뉴암스테르담(현재의 뉴욕)이라고 명명했다. 이 도시는 네덜란드의 대서양 무역 거점 역할을 했다. 북미 지역에서 세력을 확장하던 영국은 뉴암스테르담이 자국의 대서양 무역망에 위협이 된다고 판단하며 긴장을 고조시켰다.

  네덜란드가 인도네시아의 룬섬을 공격하자 이에 대한 보복으로 영국은 군함을 동원해 대서양 건너 뉴암스테르담을 점령했다. 두 나라의 갈등은 결국 1677년 브레다 조약을 통해 일단락되었다. 이 조약을 통해 네덜란드는 인도네시아의 룬섬을 넘겨받는 대신 영국은 뉴암스테

맨해튼과 룬섬

르담을 소유하게 되었다. 이후 영국은 영국 요크시의 이름을 따서 뉴 암스테르담의 명칭을 뉴욕으로 바꿨다. 오늘날의 관점에서 보면 뉴욕을 포기하고 이름도 생소한 작은 룬섬을 받았다는 것은 상상하기 어려운 선택이었다. 그러나 당시에는 향신료가 금값에 거래될 정도로 귀했기에 룬섬은 그만큼 전략적 가치가 높은 지역으로 여겨졌다.

이 거래는 영국에게도 손해가 아니었다. 뉴욕은 이후 영국과 아메리카 대륙을 잇는 중요한 항구로 성장하며 북미 식민지의 중심지로 자리잡았다. 이를 통해 영국은 북미와 대서양 무역의 주도권을 확립하며 대영제국 건설의 기반을 마련했다. 영국의 저명한 아시아 역사학자 존 키(John Keay)는 룬섬이 대영제국의 성장을 이끈 역사적 씨앗이라고 평가했다. 한편 네덜란드는 인도네시아에서 육두구 무역을 독점하게 되면서 막대한 경제적 이익을 확보했다. 이로써 동남아시아에서 패권을 유지하며 동인도회사(Dutch East Indies, Vereenigde Oostindische Compagnie, VOC)를 통해 세계 무역에서 강력한 입지를 다졌다. 브레다 조약은 영국과 네덜란드 모두에게 전략적으로 중요한 성과를 남겼으며, 세계 무역과 경제 질서의 판도를 바꾼 역사적인 분수령으로 기록되었다.

과거에는 인도네시아로의 항해에 거대한 선단과 많은 선원 그리고 식량과 의약품 같은 대량의 보급 물자가 필수적이었다. 아울러 수많은 위험이 도사리고 있어 성공적으로 항해를 마치고 돌아온다는 보장도 없었다. 이러한 상황에서는 자금 조달이 난제여서 1602년 네덜란드 상인들은 동인도회사를 설립했다. 이 회사는 자금을 모으기 위해 수익 공유와 위험 분산이라는 혁신적인 아이디어를 도입했다. 그리고 역사상 최초로 주식이라는 개념을 만들어냈다. 동인도회사는 투자자들에게 회사 지분의 일부와 미래 수익의 일부를 약속하며 자금을 모집했

동인도회사, 애플 그리고 엔비디아

고, 이를 통해 세계 최초의 주식회사가 되었다. 또한 주식을 사고팔 수 있도록 암스테르담 증권거래소를 설립하여 세계 최초의 증권시장을 열었다. 이견이 있기는 하지만, 전성기에 동인도회사의 가치는 약 7조 9,000억 달러에 달했다고 전해진다. 이는 일본과 독일의 GDP를 합친 것보다 크고, 애플(Apple)과 엔비디아(NVIDIA)의 시가총액을 합친 것보다 큰 규모였다. 향신료 무역이 얼마나 엄청난 수익성을 가지고 있었는지를 잘 보여준다.

이처럼 인도네시아의 육두구에서 시작된 나비효과는 오늘날 자본주의의 심장인 뉴욕과 자본주의의 꽃인 주식회사 제도를 탄생시켰다.

세계 최초의 주식회사인 네덜란드 동인도회사는 육두구를 중심으로 한 글로벌 공급망을 구축하고, 자본주의를 한 국가의 경제 체제를 넘어 세계적인 경제 시스템으로 확장하는 데 결정적 역할을 했다. 육두구는 단순히 무역의 대상이 아니라 현대 금융 시스템과 글로벌 무역의 기반을 마련한 촉매제였다. 오늘날 우리가 경험하는 글로벌 경제와 자본주의 체제는 인도네시아에서 시작된 위대한 여정의 결과라는 드라마틱한 사연을 가지고 있다.

③
니켈 러시,
500년 만에 부활한 글로벌 독점 파워!

1511년 포르투갈이 향신료를 찾아 인도네시아에 처음 상륙하고 약 500년이 지난 지금, 다시 글로벌 기업들이 물밀듯이 인도네시아로 몰려들고 있다. 이번에는 육두구 원산지인 반다제도에서 멀지 않은 술라웨시섬에 무진장 묻혀 있는 보물, 21세기의 석유라 불리는 니켈 때문이다. 니켈은 배터리의 에너지 밀도를 높여 전기차의 주행 거리를 높이는 필수 광물자원으로서 석유가 내연기관 시대를 지배했던 것처럼 전기차 시대의 핵심 자원이 되고 있다. 인도네시아는 전 세계 니켈 매장량의 21퍼센트를 보유하여 세계 1위를 차지하고 있고, 연간 생산량 역시 50퍼센트로 압도적인 세계 1위를 기록하고 있다. 인도네시아는 육두구에 이어 다시 한번 니켈 강국으로서 글로벌 공급망에서 독점적 파워를 과시하고 있는 것이다.

2020년 인도네시아 정부는 가공하지 않은 니켈 원광석 수출을 금지

땅 표면을 그대로 파서 채굴하는 노천형 니켈 광산

하며 자원 수출국에서 고부가가치 산업 중심지로 전환하기 위한 야심
찬 정책을 발표했다. 이 조치는 전 세계 전기차와 배터리 기업에게 비
상경보를 울리며, 니켈 확보를 위한 사활을 건 경쟁을 불러일으켰다.
기업들은 안정적인 니켈 공급망을 확보하기 위해 인도네시아로 몰려
들며 치열한 각축전을 벌이고 있다. 이는 약 500년 전 유럽 열강들이
육두구를 찾아 인도네시아로 몰려들었던 향신료 전쟁을 연상시킨다.
이제는 육두구가 아닌 니켈을 향한 전기차 시대의 니켈 러시가 인도네
시아를 새로운 경제 전쟁의 무대로 만들고 있다.

　가장 먼저 움직인 것은 중국의 칭산(青山) 그룹이었다. 2013년 인도
네시아 술라웨시섬에 모로왈리(Morowali) 산업 단지를 조성해 니켈 생
산·제련과 스테인리스 제조를 결합한 대표적인 니켈 클러스터를 구
축했다. 이후 중국의 전기차와 배터리 기업들이 뒤따라 진출했다. 세

계 전기차 판매 1위인 비야디(BYD, Build Your Dreams)는 2026년 연간 15만 대 생산을 목표로 13억 달러를 투자해 전기차 공장을 설립 중이고, 중국의 배터리 제조사 CATL(Contemporary Amperex Technology Co., Limited)은 4.6억 달러를 투자해 인도네시아 국영 니켈 기업의 지분을 인수했다. 중국은 인도네시아 니켈 광산과 제련 산업에서 확고한 지배력을 바탕으로 전기차와 배터리 산업에서 글로벌 주도권을 더욱 강화하고 있다.

미국, 유럽 그리고 일본의 전기차 관련 회사들도 인도네시아에 속속 진출하고 있다. 미국 포드 자동차(Ford Motor Company)는 2023년에 전기차 배터리 공급망을 강화하기 위해 인도네시아 니켈 처리 시설에 45억 달러를 투자한다고 발표하며, 2026년부터 연간 200만 대의 전기차 생산에 필요한 원료를 확보할 예정이다. 일본 도요타(TOYOTA)는 하이브리드 전기차 생산을 위해 5년간 18억 달러를 투입할 계획이고, 독일 폭스바겐(Volkswagen)도 배터리 공장 건설 계획을 밝혔다.

우리나라 기업들도 빠르게 인도네시아에 진출하고 있다. 현대자동차는 2022년 15.5억 달러를 투자해 동남아 최초로 15만 대 규모의 완성차 공장을 설립했다. 현대차는 전기차 아이오닉5와 산타페를 생산하며, 인도네시아에서 최초로 전기차를 제조하는 기업으로 자리 잡았다.

조코위 인도네시아 대통령은 재임 시절 여러 차례 이 공장을 방문해 각별한 관심을 표시했다. 현대자동차는 LG에너지솔루션과 함께 11억 달러를 공동 투자해 배터리 공장을 설립했다. 이 공장은 2024년부터 연간 전기차 15만 대 생산에 필요한 10기가와트시(GWh) 규모의 배터리를 생산하고 있다. 우리나라 기업들은 니켈 확보에도 적극적이다. LX인터내셔널은 1억 달러로 술라웨시섬의 니켈 광산을 인수하며 전기차 700만 대에 필요한 3,600만 톤의 니켈 자원을 확보했다. 에코프로는 슬라웨시섬에 위치한 네 개 니켈 제련소에 5.2억 달러를 투자해 니켈 중간재의 안정적 조달 체계를 마련했고, 여기에 더해 인도네시아 국영기업 발레 인도네시아(Vale Indonesia)와 합작법인을 세워 양극재 생산 라인으로 사업을 확장하고 있다. 우리나라도 인도네시아 현지에서 니켈 자원 확보부터 제련, 배터리 소재·생산, 전기차 제조까지 밸류체인의 전 분야에 진출하며 글로벌 시장에서 경쟁력을 강화하고 있다.

2024년 미국의 외교 전문지 〈포린폴리시(Foreign Policy)〉는 "인도네시아의 니켈 없이는 미국 전기차의 미래도 없다"고 단언했다. 니켈이

현대차 인도네시아 공장 준공식에서 축하 서명을 하고 있는 조코위 대통령

20세기의 석유처럼 21세기 세계 경제와 지정학의 판도를 결정짓는 핵심 자원이라는 의미다. 인도네시아는 세계 최대 니켈 매장량과 생산량을 바탕으로 글로벌 전기차 산업의 필수 자원을 공급하며, 전 세계 기업들의 주목을 받는 전략적 요충지로 떠올랐다.

만인의 연인 인도네시아, 중국과 미국을 동시에 사로잡다

미국과 중국 간의 신냉전 구도가 심화하는 가운데 가장 큰 반사이익을 누리는 국가 중 하나는 인도네시아다. 그 핵심 이유는 인도네시아의 전략적, 지정학적 위치에 있다. 과거 냉전 시기에 미국은 인도네시아를 동남아시아에서 공산주의의 확산을 막는 최후의 방어선으로 간주하며 큰 가치를 부여했다. 미국과 중국 간의 패권 경쟁 속에서 인도네시아의 몸값은 더 커졌다. 인도네시아 수마트라섬의 동해안과 말레이시아 남부 서해안 사이에 위치한 믈라카 해협의 전략적 중요성 때문이다.

믈라카 해협은 인도양과 태평양을 잇는 최단 항로로서 수에즈 운하, 파나마 운하, 호르무즈 해협과 함께 세계에서 가장 중요한 국제 해상 무역로 중 하나로 꼽힌다. 세계경제포럼(World Economic Forum)에 따르면, 매년 약 9만 4,000척의 선박이 이 해협을 통과한다. 전 세계 해상 교역량의 30퍼센트 이상을 차지할 만큼 큰 비중이다. 특히 아프리카와 중동에서 동아시아와 중국으로 향하는 석유와 천연가스의 대부분이 이 해협을 지나간다. 믈라카 해협은 가장 좁은 구간의 폭이 2.8킬로미터에 불과해 세계에서 가장 혼잡한 항로 중 하나다. 따라서 이 해협에서 분쟁이 발생하면, 세계 무역과 글로벌 공급망 전반에 심각한 피해를 초래할 수 있다.

특히 중국은 중동과 아프리카에서 수입하는 원유의 80퍼센트를 믈라카 해협으로 수송하고 있기에 이 해협의 봉쇄는 중국 경제에 치명타를 안길 수 있는 악몽 같은 시나리오다. 인도네시아가 중국의 멱살을 쥐고 있는 셈이다. 한편 인도네시아는 믈라카 해협 외에도 순다 해협, 롬복 해협, 마카사르 해협 등 태평양과 인도양을 연결하는 세 개의 대체 경로를 보유하고 있다. 위기 시에 믈라카 해협의 대안이 되는 해상 교통로를 제공한다는 지정학적 이점 때문에 인도네시아는 세계 해상 물류의 핵심 요충지임이 자명하다. 미국은 중국의 해상 영향력을 견제하기 위해 인도, 일본, 호주와 함께 쿼드(Quad: 4개국 안보 및 전략 협의체)를 운영하며, 이 지역에서 전략적 우위를 강화하고 있다.

다급한 중국은 인도네시아가 미국과 중국 사이에서 최소한 중립을 유지해주기를 바라며 전례 없는 수준의 대대적인 구애 공세를 펼쳤다. 시진핑 주석은 2013년 취임 후 첫 방문국으로 인도네시아를 선택하며, 양국 관계를 얼마나 중시하는지를 보여주었다. 2014년 조코위 대통령이 취임 후 경제 개발을 위한 인프라 확충을 최우선 과제로 삼으면서 양국 간 협력은 빠르게 강화되었다. 인프라 개발에 필요한 재

물라카 해협, 순다 해협, 롬복 해협, 마사카르 해협

원이 부족했던 인도네시아와 동남아시아에서 일대일로(Belt and Road Initiative) 전략을 확장하려는 중국의 이해관계가 정확히 맞아떨어진 것이다.

시진핑 주석의 방문 전인 2012년 중국의 인도네시아에 대한 외국인 직접투자(FDI)는 약 3억 달러 수준이었다. 하지만 5년 뒤인 2017년에는 약 33.6억 달러로 10배 이상 급증하며, 투자국 순위도 2012년 12위에서 2017년 3위로 급상승했다. 이는 중국이 인도네시아와의 경제 협력에 얼마나 집중했는지를 보여준다. 중국은 또한 인도네시아 고속 철도 건설에 약 55억 달러를 투자했다. 이 프로젝트는 2016년에 착공되어 7년 만인 2023년에 완공되었으며, 자카르타와 반둥을 연결하는 142킬로미터 구간을 시속 350킬로미터로 운행하여 소요 시간을 종전 네 시간에서 30분으로 단축했다. 이 철도는 동남아에서 유일한 고속철도로서 두 나라 간 협력의 상징이자 큰 성과로 남았다. 아울러 동남아 지역에서 경제적 영향력을 확대하려는 중국의 중요한 전략적 사례로 평가된다.

그렇다면 인도네시아 사람들은 미국과 중국을 어떻게 바라보고 있을까? 2021년 호주의 싱크탱크 로이(Lowy Institute)가 인도네시아 성인 3,000명을 대상으로 조사한 결과는 흥미롭다. '분쟁이 발생할 경우 미국과 중국 중 어느 편을 들어야 하느냐?'는 질문에 84퍼센트의 응답자가 중립을 지켜야 한다고 답했다. 반면, 미국을 지지해야 한다는 응답은 4퍼센트, 중국 편을 들어야 한다는 응답은 단 1퍼센트에 그쳤다. 미국과 중국이 인도네시아의 지지를 얻기 위해 치열한 외교적 구애를 펼치고 있음에도 인도네시아 국민들은 마치 만인의 연인처럼 어느 한쪽에 치우치지 않으려는 것이다. 인도네시아의 중립 외교는 인도네시아 정부뿐만 아니라 국민 사이에도 강하게 자리 잡은 가치임을 알 수 있다.

한국의 가장 매력적인 비즈니스 파트너, 인도네시아

인도네시아와 한국의 인연은 상서로운 기운 속에서 시작되었다. 잘 모르는 사람이 의외로 많지만 사실 한국과 인도네시아는 특별한 인연으로 연결되어 있다. 그 시작은 인도네시아로 이주한 최초의 한국인이자 독립운동가인 장윤원으로부터 비롯되었다.

1883년 서울에서 태어난 장윤원은 동경제국대학교를 졸업하고 귀국하여 은행업에 종사하며 해외로 망명한 독립운동가들에게 자금을 지원했다. 하지만 그의 활동은 일본 경찰에 발각되었고, 결국 그는 1919년 가족을 남긴 채 만주로 탈출하게 된다. 그의 망명 여정은 우연과 인연으로 이어졌다. 동경제국대학교 여자 동기의 남편인 중국인의 도움으로 네덜란드 동인도회사의 관리를 소개받았고, 1920년 자카르타에 첫발을 내디뎠다. 장윤원은 네덜란드 총독부에서 일본어 통역으로 일하며 새로운 삶을 시작했고, 이후 화교 여성과 결혼해 두 아들과 세 딸을

두었다.

그러나 그의 삶에는 또 다른 시련이 기다리고 있었다. 1942년 일본이 인도네시아를 점령하면서 네덜란드 총독부가 붕괴하자 그 역시 체포되어 모진 고문 끝에 투옥되었다. 일본의 패망과 함께 3년간의 수감생활을 끝내고 석방되었지만 고문의 후유증과 병환으로 인해 고향으로 돌아갈 기회를 얻지 못한 채 1947년 자카르타에서 생을 마감하게 된다. 그러나 장윤원의 발자취는 그의 삶과 함께 끝나지 않았다. 그의 후손들은 인도네시아의 명문 아뜨마자야대학교(Atma Jaya Catholic University)를 설립해 인재를 양성하며 그의 뜻을 이어갔다. 그가 인도네시아 땅을 밟은 이후 한국인의 이민 역사도 2026년에 106주년을 맞이하게 되었다.

이처럼 우리의 독립을 위해 싸운 장윤원 선생이 있다면, 인도네시아 독립전쟁의 영웅으로 기억되는 또 다른 한국인, 양칠성이 있다. 1915년 전북 완주에서 태어난 양칠성은 일본군에게 강제 징집되어 1942년부터 인도네시아에서 연합군 포로 감시원으로 활동하게 되었다. 그러나 1945년 일본의 패망 이후 그는 일본군을 이탈해 한국인 동료들과 함께 인도네시아 독립군 게릴라 부대에 합류했다. 양칠성은 3년 동안 네덜란드군에 맞서 싸우며 교량 폭파 등 여러 작전을 통해 적군을 괴롭혔고, 결국 체포되어 처형되었다. 현재 그의 유해는 가룻(Garut)시 영웅 묘지에 안장되어 있으며, 그의 용기와 희생은 두 나라의 우정과 연대를 상징하는 중요한 역사적 유산이 되었다.

양국 간 관계에서 먼저 도움의 손길을 내민 것은 바로 인도네시아다. 한국전쟁으로 폐허가 된 한국을 돕기 위해 유엔(UN)은 1950년 유엔한국재건단(UNKRA, United Nations Korean Reconstruction Agency)을 설립했고 전 세계가 협력하기 시작했다. 당시 독립한 지 얼마 되지 않아 경제적으로 어렵던 인도네시아는 약 10만 달러를 기부하며 적극적으로 참여했다. 이는 일본의 기부액인 5만 달러의 약 2배에 달하는 금액으로, 인도네시아의 연대와 희생정신을 잘 보여주는 사례다. 국제사회의 기부금은 전쟁으로 파괴된 도로와 철도 등 기반 시설의 복구, 공장 재건, 전쟁 난민과 고아에 대한 인도적 지원에 사용되었다. 이러한 도움은 한국이 전쟁의 참화를 딛고 일어서서 훗날 한강의 기적을 이루는 데 중요한 밑바탕이 되었다. 이제는 잘 기억되지 않지만, 인도네시아의 도움은 양국 관계를 단단히 잇는 따뜻한 시작이었다.

한국과 인도네시아는 각종 최초와 1호의 기록으로 특별한 인연을 이어왔다. 우리 기업의 최초 해외 직접투자는 어느 나라에서, 그리고 언제 시작되었을까? 많은 사람이 세계 경제 강국 미국, 인구 대국 중국, 또는 가장 가까운 일본을 떠올리겠지만, 놀랍게도 그 무대는 바로 인도네시아였다. 1968년 ㈜한국남방개발(KODECO)은 우리나라의 주력 수출 품목이었던 합판의 원재료인 원목을 확보하기 위해 열대우림이 울창한 칼리만탄섬에 진출했다. 이는 한국 기업 최초의 해외 직접투자로 기록되었다. 더 흥미로운 점은 이 투자가 한국과 인도네시아 간에 외교관계가 수립되기 전에 이루어졌다는 사실이다. 두 나라의 외교관계가 1973년에야 공식적으로 시작되었음을 떠올리면, 한국남방개발은 수교 5년 전부터 인도네시아를 미래의 기회로 보고 과감히 진출한

대한민국 해외 1호 투자 기업, 한국남방개발(주)

셈이다.

우리나라 최초의 해외 원유 개발 사업도 인도네시아에서 시작됐다. 1979년 2차 오일쇼크로 우리나라는 원유 확보에 비상이 걸렸다. 1980년 우리 정부는 한국남방개발을 통해서 인도네시아 국영 석유 회사 프르타미나(Pertamina)와 공동으로 자바섬 동부의 마두라 유전 공동 개발 사업에 나서게 되었다. 이 프로젝트로 한국은 첫 해외 원유 생산에 성공했고, 1984년에는 마두라 유전에서 생산된 약 42만 배럴의 원유가 한국에 들어왔다.

최근 한국은 T-50 초음속 고등훈련기, K-9 자주포, K-2 탱크와 같은 명품 무기를 앞세워 세계 4대 방산 국가로 도약하고 있다. 그러나 불과 10년 전만 해도 한국은 방산 시장의 변방에 머물러 있었다. T-50

T-50 초음속 고등 훈련기

고등훈련기는 현재 세계적으로 성능을 인정받는 베스트셀러가 되었지만, 2001년 시제기 생산 이후 10년 동안 단 한 대도 팔지 못했었다. T-50은 초음속 비행이 가능한 고사양 훈련기였으나 높은 가격이 판매에 가장 큰 걸림돌로 작용했다. 경쟁 기종인 영국 BAE 시스템스의 호크(Hawk)와 이탈리아 레오나르도(Leonardo)의 M-346에 비해 지명도와 가격 경쟁력이 낮았고, 재정이 빠듯한 개발도상국들은 가성비 좋은 검증된 제품을 선호하는 상황이었다.

하지만 우리의 경쟁력을 입증해볼 기회는 좀처럼 주어지지 않았다. 이런 상황에서 과감히 T-50 구매를 결정한 나라가 바로 인도네시아였다. 2011년에 인도네시아는 T-50 16대를 구매하며 수출의 물꼬를 터줬다. 특히 당시 인도네시아 대통령 특사단이 머물던 호텔 객실에 국내 정보기관이 잠입하는 외교적 사건이 발생했음에도 인도네시아는 이를 문제 삼지 않고 예정대로 구매를 진행해주었다. T-50이 인도네시아에서 성능을 입증한 후 필리핀(50대), 태국(14대), 이라크(24대) 등 다른 국가로 대규모 수출이 이어지면서 T-50은 세계적인 베스트셀러로 자리 잡게 되었다. 같은 해 인도네시아는 잠수함 세 척을 1조 3,000억 원 규모에 구매하는 계약도 체결했다. 한국 방산 역사상 최초의 잠수함 수출이었다. 한국 방위산업이 판로 개척에 어려움을 겪었던 시절을 지나 오늘날 세계 시장에서 자리를 잡기까지 인도네시아와의 신뢰와 협력이 일등 공신이었던 것이다.

한국에 대한 인도네시아 사람들의 애정과 호감 또한 매우 남다르다. 2023년 주인도네시아 한국대사관이 수교 50주년을 기념해 설문조사를 진행한 결과, 해외에서 공부하거나 일하고 싶은 나라로 한국을 선택한 응답자가 30퍼센트로 1위를 차지했다. 또한 60퍼센트 이상의 응답자가 인도네시아 발전의 롤모델로 삼기에 적합한 나라로 한국을 꼽았다.

인도네시아는 역사적으로 우리가 어려운 고비를 지날 때마다 해외 시장 진출의 든든한 파트너가 되어준 소중한 국가다. 앞으로도 인도네시아는 한국의 진정한 동반자이자 매력적이고 중요한 비즈니스 파트너가 되어줄 것이다.

지금(Now),
잠자던 거인
인도네시아가 깨어난다

①
최고의 경제 번영기로 자신감 업(UP)된 인도네시아

인도네시아는 최근 10년간 마치 시간의 흐름을 압축한 듯한 놀라운 변화를 보여주었다. 한때 우리나라 김포공항보다 작고 시골 장날 같은 분위기였던 공항은 이제 광활하고 현대적인 시설을 갖춘 세련된 국제공항으로 재탄생했다. 자카르타 도심의 모습도 완전히 달라졌다. 지하철 공사 논의가 시작되고 약 40년 만에 개통된 지하철이 자카르타 시내를 가로지르고 있다. 동남아 최초의 고속철도가 시속 350킬로미터의 속도로 도시와 도시를 연결하며 인프라 발전의 상징이 되었다. 그뿐만 아니라 하늘 높은 줄 모르고 솟은 초고층 건물들이 빽빽이 들어서면서 자카르타는 이제 현대적인 스카이라인을 자랑한다.

이렇듯 인도네시아는 최근 수년간 눈부신 번영기를 맞이하고 있다. 미국과 중국의 패권 경쟁, 러시아-우크라이나 전쟁으로 인해 세계 경제는 효율성을 강조하던 국제 분업 체계에서 자국 산업 보호와 공급망 안정성을 우선시하는 새로운 질서로 전환되었다. 인도네시아는 가장 큰 수혜를 누리는 국가 중 하나로 떠올랐다. 미국의 세계적 가수 마돈나는 80년대 히트곡 〈물질적 여자(Material Girl)〉에서 "현금 많은 남자(the boy with the cold hard cash)"가 "일등 신랑감(Mister right)"이라고 노래한 바 있다.

오늘날 보호무역주의로 회귀하고 있는 국제 질서에서 일등 신랑감은 거대한 시장과 전략적 자원, 특히 희귀 광물을 보유한 나라들이다. 트럼프 대통령 집권 이후 세계는 분명히 바뀌었다. 시장은 무기처럼 쓰이고 자원은 협상력의 지렛대가 되었다. 이제는 시장과 자원을 가진 쪽이 규칙을 정하고 다국적기업과 다른 국가들이 머리를 조아리는 판세가 굳어지고 있다. 한때 전 세계 어디서든 특별 대우를 받던 콧대 높던 애플도 인도네시아에서는 제동이 걸렸다. 애플이 '부품 40퍼센트는 현지 생산' 규정을 지키지 못하자 인도네시아 정부는 아이폰16 시리즈의 판매를 전면 금지했다. 다급해진 애플은 10억 달러 규모의 투자를 제안하며 협상 테이블에 앉았고 지금도 분주히 출구를 찾고 있다.

우리나라는 원자재를 값싸게 수입해서 생산한 고부가가치 제품을 해외시장에 파는 무역으로 먹고사는 나라다. 한국은 국제 분업 체계와 자유무역의 혜택 속에서 성장해왔지만 원자재는 더 이상 싸게 구하기 어려워졌고 상품을 비싸게 판매할 수출 시장도 좁아지고 있다. 반면 인도네시아는 거대한 내수 시장과 풍부한 자원을 무기로, 에너지 위기 속에서도 자원 수출을 안정적으로 이어가며 무역수지 흑자를 눈에 띄게 늘리고 있다. 그 결과, 글로벌 경제에서 인도네시아의 존재감도 날로 커지고 있다.

인도네시아의 경제적 자신감은 지난 몇 년간 국가 투자 유치 IR(Investor Relations) 행사에서 확연히 드러났다. 경제성장률, 수출과 무역수지, 외국인 직접투자 등 주요 경제지표는 눈부신 성과를 보여주며, 마치 코스닥 상장을 앞두고 사상 최대 실적을 기록하여 대박을 예고하는 스타 기업을 연상시킨다. 연단에 오른 인도네시아 장관들은 자신감 넘치는 태도로 자국 경제의 밝은 미래를 강조하며 야망에 찬 주장을 이어가는 모습을 자주 보여준다. 특히 인도네시아의 정책에 대한 국제적 자부심을 극명히 드러낸다.

2023년 인도네시아 정부는 자국산 부품 사용 비율(40퍼센트)을 충족한 전기차에 대한 부가가치세를 기존 11퍼센트에서 1퍼센트로 대폭 인하했다. 2024년 미국 정부도 인플레이션 감축법(Inflation Reduction Act, IRA)의 세부 지침을 통해 전기차의 세금 감면 조건으로 배터리의 40퍼센트를 미국 또는 FTA 체결국의 광물로 구성해야 한다는 기준을 발표했다. 인도네시아는 이 40퍼센트 기준의 원조가 자신들이며, 미국이 이를 벤치마킹했다고 믿고 있다.

자원 부자의 눈부신 경제 성적표!
글로벌 투자 러시의 중심국

인도네시아 경제 관료들이 자신감을 보이는 경제 성적표를 들여다보자. 동남아시아 유일의 G20 국가로 2022년 5.3퍼센트, 2023년 5.1퍼센트, 2024년 5.0퍼센트 등 3년 연속 5퍼센트 이상의 높은 경제성장률을 달성했다. 지난 3년간 G20 국가 중 인도에 이어 두 번째로 높은 경제성장률이다. 인도네시아의 경제성장을 견인한 3대 동력이 있다. 첫 번째는 주력 수출품인 석탄, 천연가스(LNG), 팜유 등 에너지와 원부자재의 가격 호조이고 두 번째는 니켈 등 자원 확보를 위한 외국인 직접투자의 급증이다. 세 번째는 중산층 확대에 따른 소비 지출 확대를 꼽을 수 있다.

인도네시아의 수출 엔진은 힘차게 돌아가고 있다. 수출액은 2022년 2,925억 달러로 사상 최고치를 찍고, 2023년 잠시 주춤했다가 2024년 다시 반등하며 2,618억 달러를 기록했다. 무역수지는 더 인상적이다.

2022년 627억 달러라는 역대 최대 흑자를 기록한 이후 규모는 다소 줄었지만 2024년 말까지 무려 52개월 연속 흑자 기조를 유지하고 있다. 수출을 견인한 주인공은 단연 석탄, 천연가스, 그리고 팜유다. 2024년 기준 석탄과 천연가스의 수출은 전체 수출의 21퍼센트인 555억 달러, 팜유의 수출은 10.1퍼센트인 268억 달러를 기록했다. 이 세 품목이 전체 수출의 약 3분의 1을 차지하고 있는 셈이다.

• 최근 5개년 인도네시아의 수출입 •

(단위: 억 달러)

구분	2020년	2021년	2022년	2023년	2024년
수출	1,634	2,328	2,925	2,576	2,618
수입	1,351	1,890	2,299	2,114	2,219
무역수지	283	438	627	463	393

출처: 인도네시아 통계청

세계 최대 니켈 보유국인 인도네시아는 전기차 생태계를 중심으로 한 글로벌 투자 러시의 중심에 서 있다. 그 결과, 외국인 직접투자 유입액은 매년 기록을 갈아치우고 있다. 2022년 456억 달러였던 외국인 직접투자는 2023년 503억 달러, 2024년에는 600억 달러를 돌파하며 사상 최고치를 다시 썼다. 이는 2024년 우리나라가 유치한 외국인 직접투자 346억 달러의 약 2배에 달하는 수준이다. 인도네시아 경제에 대한 글로벌 투자자들의 신뢰와 미래 성장 가능성에 대한 강한 확신이 만들어낸 흐름이다. 자원 부국에서 미래 산업의 허브로, 인도네시아는 지금 눈부시게 변하고 있다.

• 최근 5개년 인도네시아 외국인 직접투자 •

(단위: 억 달러)

구분	2020년	2021년	2022년	2023년	2024년
금액	287	311	456	503	600
증가율	1.8%	8.4%	46.6%	10.3%	19.3%

출처: 인도네시아 투자부

1997년 외환위기의 충격을 겪은 인도네시아는 이후 철저한 부채 관리와 재정 건전성 유지를 국가 경제의 핵심 원칙으로 삼았다. 2003년에는 재정 적자를 GDP의 3퍼센트 이내, 국가 부채를 GDP의 60퍼센트 이하로 제한하는 법률을 제정해, 정부의 과도한 차입 방지를 제도화했다. 경제위기의 재발을 막고 경제의 안정성을 높이기 위한 중요한 조치였다. 코로나19 팬데믹이라는 전례 없는 상황에서는 일시적으로 재정 적자가 3퍼센트를 초과했지만 위기에서 벗어나자마자 다시 빠르게 원칙으로 복귀했다. 2023년 인도네시아의 재정 적자 비율은 1.6퍼센트로, 한국의 3.9퍼센트보다 낮은 수준이었다.

또한 2023년 IMF(국제통화기금) 기준에 따르면 인도네시아의 GDP 대비 부채 비율은 39.6퍼센트로, 태국(54.8퍼센트), 필리핀(56.5퍼센트), 말레이시아(69.8퍼센트), 영국(101.1퍼센트), 일본(249.7퍼센트) 등 주요 국가들에 비해 낮은 수준을 유지하고 있다. 이는 20년 넘게 재정 원칙을 지켜온 성과로서 인도네시아가 국제적으로도 주목할 만한 재정 건전성을 유지하고 있음을 보여준다.

인도네시아의 외채는 GDP의 약 30퍼센트로 안정적으로 관리되고 있으며, 2024년에는 30.3퍼센트로 한국의 35.9퍼센트보다 낮았다. 또한 수출 증가와 역대급 외국인 직접투자로 2024년 말 현재 외환보유고도 1,557억 달러로 사상 최고치를 기록했다.

• 최근 5개년 외채와 외환보유고 •

(단위: 억 달러)

구분	2020년	2021년	2022년	2023년	2024년
외채	4,169	4,139	3,965	4,085	4,248
GDP 대비 비율	39.4%	34.9%	30.1%	29.8%	30.3%
외환보유고	1,359	1,449	1,372	1,464	1,557

출처: 인도네시아 중앙은행

인도네시아는 5퍼센트가 넘는 경제성장률, 52개월 연속 안정적인 무역 흑자, 건전한 재정, 효율적인 외채 관리, 역대 최대의 외환보유고를 동시에 달성하고 있다. 이는 인도네시아 경제의 기초 체력과 정부의 준수한 거시경제 운영 능력이 합쳐진 결과로 평가할 수 있다.

인도네시아는 국가 신용등급과 국제 경쟁력 평가에서도 준수한 성적을 거두고 있다. 국가 신용등급은 한 나라의 외채 상환 능력을 나타내며, 외국인 투자자들이 해당 국가의 투자 안정성을 판단하는 핵심 지표다. 개인이 신용 점수를 받듯이 국가는 S&P, 무디스, 피치 등의 국제기관으로부터 등급을 부여받는다. 신용등급이 높으면 외국 자본이 유입되고 금융시장이 안정된다. 반면 신용등급이 낮으면 외국 자본이 빠져나가고 경제 불안이 커질 수 있다. 2024년 기준 인도네시아는 S&P에서 BBB 등급을 받아 투자 적격국으로 분류되었다. BBB- 등급을 기준으로 그 이상은 투자에 적합한 국가, 그 미만은 투자 위험성이 큰 투기 등급으로 간주된다. 비교하면, 인도네시아의 신용등급은 베트남(BB: 투기 등급)보다 높고, 태국(BBB+)과 함께 투자 적격에 속하며 말레이시아(A-), 일본(A+), 한국(AA)보다는 낮다.

국가 경쟁력은 한 나라가 지속적인 경제성장을 이루고 기업이 세계 시장에서 경쟁력을 갖출 수 있도록 지원하는 종합적인 능력을 의미한다. 여기에는 단순한 경제 규모뿐만 아니라 경제구조, 정부 정책, 법과 제도, 인프라 같은 물리적 요소와 함께 기술 혁신, 경영 효율성, 인적자원, 국제화 등 소프트 요소까지 포함된다. 스위스 국제경영개발대학원(IMD)은 매년 330여 개의 세부 지표를 기반으로 경제성, 정부 효율성, 기업 효율성, 인프라 등 네 개 분야를 평가해 '세계 경쟁력 순위

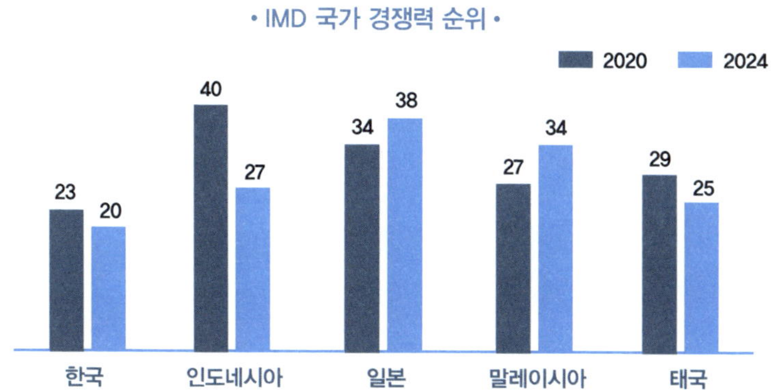

(IMD World Competitiveness Ranking)'를 발표한다. 이 순위는 국가가 얼마나 효율적으로 경제를 운영하며, 기업 친화적인 환경을 제공하는지를 보여주는 중요한 지표다.

2024년 인도네시아는 이 평가에서 27위를 차지하며, 2020년 40위에서 5년 만에 13계단 상승했다. 한국(20위)보다 뒤처지지만, 일본(38위)과 말레이시아(34위)를 앞지르면서 인도네시아의 경제 역동성과 제도 개선 노력이 국제적으로 인정받고 있음을 보여주었다. 흥미롭게도 신용등급만 보면 일본과 말레이시아가 더 높지만 경쟁력 순위에서는 인도네시아가 이들을 넘어섰다. 이는 규제 환경 개선과 정책 추진력 등 실질적인 국가 운영 역량이 크게 향상되었음을 의미한다.

③
금융위기에 가장 취약했던 국가, 인도네시아

10년 전으로 시계를 돌려보면 인도네시아는 지금과는 완전히 상반된 국제 평가를 받았다. 2013년 글로벌 투자은행 모건스탠리(Morgan Stanley)는 인도네시아를 포함한 5개국을 금융위기가 발생할 가장 취약한 국가(Fragile Five)로 지목했다. 2008년 글로벌 금융위기 이후 미국이 추진해온 양적완화(Quantitative Easing, QE: 중앙은행이 국채나 민간이 가지고 있는 일정 신용등급 이상의 채권을 매입하여 시중에 유통되는 통화량을 늘리는 적극적인 통화정책)를 축소할 경우 신흥 시장으로 유입된 투자 자금이 대거 빠져나가면서 환율이 폭락할 위험이 높다는 분석 때문이었다. 특히 인도네시아는 높은 경상수지 적자와 취약한 금융시장 때문에 금융위기를 겪을 가능성이 아주 높았다.

당시에도 인도네시아는 거대한 잠재력을 품은 나라였다. 자원은 풍부하고 젊은 인구도 넘쳐났다. 하지만 그 가능성은 늘 제자리걸음으로 정체하고 있었다. 왜 그랬을까? 2014년 대선을 앞두고 대표적인 싱크탱크인 국제전략문제연구소(CSIS)가 그 해답을 내놨다. 바로 낙후된 인프라와 새는 연료 보조금이 인도네시아 성장의 발목을 잡고 있었다. 외국 경제 전문가들 역시 가장 큰 문제로 인프라를 꼽았다.

　실제로 인도네시아의 인프라는 매우 열악했다. 도심의 도로는 막히고 철도는 도시들을 제대로 잇지 못했다. 항만은 선박으로 붐비고, 공항은 승객을 감당하지 못했다. 자원은 움직이지 못하고, 인재는 흩어졌으며, 상품은 제때 도착하지 않았다. 무릇 경제는 멈추지 않는 흐름이어야 한다. 인프라는 그 흐름을 이어주는 혈관이나 다름없다. 그런데 당시 인도네시아는 곳곳이 막힌 혈관과 흡사했다. 아무리 심장이 뛰고 있어도 혈관이 막히면 몸은 쓰러지듯이 인프라가 해결되지 않았던 인도네시아는 미래로 나아갈 수 없었다.

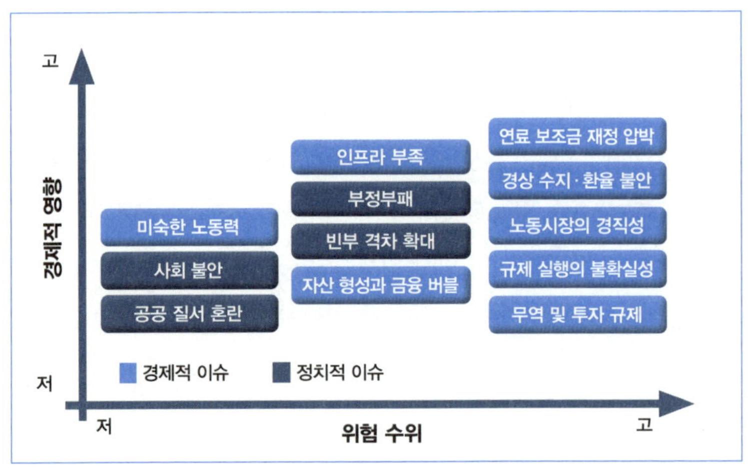

10년 전 인도네시아의 당면 과제(CSIS)

자카르타 홍수로 침수된 대통령궁을 둘러보는 당시 대통령 유도요노(왼쪽에서 두 번째)

특히 수도 자카르타는 세계 최악의 교통체증으로 악명 높았다. 100만 대가 넘는 차량이 등록되어 있었지만 도로는 턱없이 부족해서 우스 갯소리로 차량 총면적이 도로 면적을 초과한다는 말까지 나올 정도였다. 비가 오면 하수 시설 부족으로 도로가 물에 잠겨 20분 거리가 두 시간 걸리는 일도 다반사였다. 심지어 2007년에는 대통령궁이 침수되어 수실로 밤방 유도요노(Susilo Bambang Yudhoyono) 대통령과 아르헨티나 대통령의 정상회담이 연기되는 굴욕적인 상황까지 벌어졌다.

인도네시아의 물류 비용 문제도 심각했다. 한반도의 9배에 달하는 세계에서 면적이 가장 넓은 섬나라인 인도네시아는 1만 7,000개의 섬으로 구성되어 있다. 이렇게 지리적으로 흩어져 있다 보니 섬과 섬 사이의 이동이 느리고 비용이 많이 든다. 예를 들면 인도네시아의 수마트라나 파푸아에서 자카르타로 쌀이나 과일을 운송하는 비용이 태국

자카르타 시내의 악명 높은 교통지옥

이나 말레이시아에서 운송하는 비용보다 2~4배 더 비쌀 정도다. 자바섬에서는 시멘트 한 포대가 6달러지만 파푸아에서는 150달러에 달했다. 2014년 기준 인도네시아의 물류비는 GDP의 24퍼센트로 태국(15퍼센트), 말레이시아(13퍼센트), 싱가포르(8퍼센트)를 크게 웃돌아 국가 경쟁력의 발목을 잡는 주범이었다.

이렇듯 인도네시아 경제 발전의 발목을 잡고 있는 인프라 부족 문제를 왜 역대 정부는 해결하지 못했을까? 결국은 돈이 문제였다. 부족한 조세 수입으로 정부의 재정 여력이 제한적이었던 탓에 인프라 예산을 확대하려면 다른 분야의 예산을 줄이는 우선순위 조정이 필요했다. 하지만 정치적 이해관계와 사회적 갈등이 얽혀 해결하기 쉽지 않은 복잡한 과제였다.

우리나라가 방위비에 예산의 상당 부분을 사용하는 것처럼, 인도네시아도 2013년에 전체 예산의 17퍼센트를 연료 보조금으로 할당했다. 이 보조금은 난방비 지원이 아닌, 자동차와 오토바이 연료를 국제 시세보다 낮게 공급하며, 그 비용 차액을 정부가 부담하는 제도다.

부족한 도로 인프라와 열악한 대중교통 탓에 오토바이로 출퇴근할 수밖에 없는 근로자들에게는 이 보조금이 사실상 생계 지원책 역할을 하고 있다. 초대 수카르노 대통령 시절부터 50년 이상 시행된 이 정책은 도입 초기에는 인도네시아가 산유국이자 원유 수출국이었기 때문에 가능했다. 그러나 석유 생산량이 감소하고 국내 에너지 수요가 증가하면서 인도네시아는 석유 순수입국이 되었고 보조금 부담도 증가하여 정부의 재정에 큰 부담을 주었다. 1997년 아시아 금융위기와 같이 국제 유가가 상승하고 인도네시아 루피아화가 약세를 보이면 보조금 액수는 눈덩이처럼 불어났다.

수십 년간 외국 경제 전문가들은 한 가지 해법을 강조해왔다. '연료 보조금을 줄이고, 그 재원으로 인프라에 투자하라. 그래야 인도네시아가 지속 가능한 성장을 이룰 수 있다'는 것이었다. 하지만 현실은 복잡했다. 정치적 이해관계는 첨예했고 사회적 합의는 번번이 실패했다. 역대 정부가 분배 중심에서 성장 중심으로 정책을 전환하려 했지만 연료 보조금을 삭감하려는 시도는 매번 대규모 시위와 국민 반발에 가로막혔다. 보조금은 서민 생계와 직결된 문제였다. 설득 없는 개혁은 늘 저항을 불렀고 결국 실패로 돌아갔다.

이처럼 과도한 연료 보조금과 인프라 부족은 인도네시아 경제를 동

시에 붙잡고 늘어지는 쌍둥이 족쇄가 되었다. 그 결과, 인도네시아는
오랜 시간 잠재력을 펼치지 못하고 위기에 취약한 잠에서 깨어나지 못
하는 거인으로 남아 있었다.

인프라 혁신으로 잠자는 거인을 깨운 인도네시아의 오바마

"박수칠 때 떠나라"는 말이 있다. 정치인에게는 쉽지 않은 일이지만, 조코위 대통령은 달랐다. 그런 면에서 그는 행복한 지도자다. 2014년부터 2024년까지 10년간 대통령으로 재임한 그는 임기 마지막 해에 지지율 75.6퍼센트라는 경이로운 기록을 남겼다. 인도네시아 국민의 마음을 사로잡은 그는 투자하기 취약했던 이 나라를, 과연 어떻게 투자하고 싶은 나라로, 잠에서 깨워 일으켜 세웠을까?

그의 삶은 가난 속에서도 꿈을 키운 도전의 연속이었다. 조코위는 1961년 중부 자바의 솔로(Solo)시에서 태어났다. 그의 아버지는 시장에서 나무를 팔아 생계를 이었고, 가족이 살던 집은 자주 범람하는 하천 위에 지어진 작은 오두막이었다. 집이 위험하다는 이유로 당국에 의해 여러 번 쫓겨나는 일도 겪었다. 가난 탓에 12세부터 목재 회사의 제재공으로 일하면서도 배움의 열정을 놓지 않았고, 결국 인도네시아 명문 가자마다대학교(University of Gadjah Mada)에 진학해 산림학을 전공했다.

대학교 졸업 후 가구 회사를 설립해 사업에 성공한 그는 유럽, 미국, 동남아 전역으로 출장을 다니며 더 넓은 세상을 경험했다. 이를 통해 고국 인도네시아의 현실을 바꾸겠다는 결심을 하게 되었고, 솔로 시장과 자카르타 주지사를 거쳐 2014년 인도네시아의 7대 대통령이 되었다. 조코위는 준비된 비즈니스 감각, 서민에 대한 깊은 이해와 공감 능력을 바탕으로 경제와 사회를 변화시키며 '인도네시아의 오바마'라는 애칭을 얻었다.

기업가 출신인 조코위 대통령은 인도네시아가 발전하기 위해 무엇이 필요한지 본능적으로 알았다. 그는 부족한 인프라가 인도네시아의 아킬레스건이라고 판단했다. 첫 번째 임기에는 인프라 재원 마련을 위한 연료 보조금 개혁을 최우선 과제로 삼았다. 한때 인도네시아 정부는 연료 보조금으로 허덕였다. 2006년 9.1조 원이던 보조금은 2014년 38.5조 원으로 급증하며 국가 재정을 심각하게 압박했다. 조코위 대통령은 취임 직후 이 악순환에 메스를 들이댔다. 보조금을 14.1조 원 수준으로 과감히 줄였고 이는 정부 예산 구조에 큰 변화를 불러왔다.

운도 따랐다. 취임 당시 배럴당 100달러를 넘었던 국제 유가는 곧 60달러대로 급락했다. 유가 하락 덕분에 보조금을 대폭 줄이면서도 국내 연료 가격을 안정적으로 유지할 수 있었다. 결과적으로, 조코위 정부는 연료 가격 정상화와 재정 건전성 확보라는 두 마리 토끼를 동시에 잡았다.

연료 보조금은 가격 보조 방식이기 때문에 연료 소비가 많은 기업과 중산층이 더 큰 혜택을 받고 연료 사용이 적은 농민이나 자영업자 같은 서민에게는 상대적으로 적은 혜택이 돌아갔다. 연료 보조금 축소로 연료 가격이 상승하더라도 기업과 중산층은 이를 감내할 여력이 있지만 문제는 생계비 부담이 커지는 서민들이었다. 이에 인도네시아 정부는 서민을 대상으로 한 직접 현금 지원 프로그램을 도입해 생계비 인상 부담을 완화했다. 2014년 조코위 정부의 보조금 개혁은 이전의 개혁들과 달리 대중의 지지를 받았다. 국제 유가 하락이라는 유리한 환경과 서민 지원 정책의 효과 덕분이었다. 이러한 지지는 개혁의 지속 가능성을 높였고, 정부는 인프라 투자를 위한 재정적 여력을 크게 확대할 수 있었다.

조코위 대통령은 인프라 개발에 외국 자본을 유치하기 위해 50억 달러 규모의 국부펀드(Sovereign Wealth Fund, SWF)를 조성해 외국인 투자자들과 공동으로 대규모 인프라 프로젝트에 투자할 수 있는 체계를 구축했다. 이 접근법은 재정 부담과 리스크를 줄이고 프로젝트 실행 가능성을 높여서 인도네시아의 인프라 확충을 가속했다. 특히 운송과 물류 분야에는 글로벌 기업들이 적극 참여했다. 세계 최대 항만 운영사 디피 월드(DP World, Dubai Ports World)는 컨테이너 터미널 건설에 참여했고, 일본의 미쓰이 상사와 홍콩의 ESR 그룹은 현대식 물류 시설 건설에 힘을 보탰다.

이러한 노력으로 인프라 분야에서 괄목할 만한 발전을 이뤘다. 2023년 동남아 최초의 고속철도가 자카르타와 반둥을 연결하는 142킬로미터 구간에서 완공되었다. 이에 따라 과거 세 시간 이상 걸리던 거리를 시속 350킬로미터로 30~40분 만에 주파할 수 있게 되었다. 또한 교통체증이 심각한 자카르타의 남북을 관통하는 15.7킬로미터 구간의 지하철도 개통되었다.

전국적으로는 2,700킬로미터 이상의 고속도로가 새로 건설되었다. 지난 40년간 건설된 789킬로미터의 고속도로보다 약 3.5배 긴 거리였다. 5,999킬로미터의 일반 도로도 파푸아, 칼리만탄 등 낙후된 지역에 추가로 건설되며 지역 간의 접근성이 크게 개선되었다.

공항은 2014년 237개에서 287개로, 항만은 1,655개에서 약 2배에 가까운 3,157개로 확대되며, 물류와 교통 인프라가 한층 강화되었다.

이러한 변화는 물류비 절감은 물론 경제 전반에 긍정적인 영향을 미쳤다. GDP 대비 물류비 비중은 2014년 24퍼센트에서 2024년 14퍼센트로 절반 가까이 감소했고 물류비 절감 효과는 물가상승률을 9퍼센트에서 3퍼센트로 억제하는 데 기여했다.

스위스 국제경영개발대학원이 매년 발표하는 국가 경쟁력 평가에서 인도네시아의 물류 분야 경쟁력은 조사 대상 60개국 중 54위(2014)에서 27위(2024)로 27계단 상승하며 비약적인 발전을 기록했다. 한국의 경부고속도로가 산업화의 기반이 되었던 것처럼, 조코위 대통령의 인프라 확충은 인도네시아 경제 도약의 초석을 마련하며 국가 경쟁력을 한층 강화했다.

⑤

치킨 경제를 벗어나기 시작한
인도네시아

인도네시아는 세계적인 자원 부국이다. 니켈(세계 1위), 주석(세계 2위), 보크사이트(세계 6위), 석탄(세계 7위), 구리(세계 7위) 등 풍부한 광물자원을 보유하고 있다. 인도네시아 경제는 흔히 치킨 경제로 묘사된다. 닭이 모이를 집기 위해 땅을 파헤치고 어렵게 찾은 모이를 급하게 삼켜버리는 모습처럼, 인도네시아는 풍부한 자원을 채굴해도 이를 가공하거나 부가가치를 더하는 데까지 이르지 못했다. 자원에만 의존해서는 지속 가능한 성장을 이룰 수 없다는 사실은 누구나 알고 있다. 인도네시아 역대 정권들도 이를 해결하기 위해 자원 의존도를 낮추고 제조업 중심의 경제로 전환하려는 노력을 기울였지만 그 결과는 미미했다.

2022년 기준 인도네시아는 농림어업(12.4퍼센트), 광업(12.2퍼센트), 제조업(18.3퍼센트), 도소매업(12.9퍼센트) 등 주요 산업이 비교적 균형 있게 발전한 구조를 보인다. 주목할 점은 광업의 비중이 다른 국가들에 비해 상대적으로 높다는 것이다. 조코위 대통령은 자원을 단순히 수출하는 나라에서 벗어나, 부가가치를 높이는 가공 산업으로 전환하기 위해 다운스트림(downstream) 정책을 강력히 추진했다. 2019년 10월 두 번째 임기를 시작한 그는 2020년 1월부터 니켈 원광 수출 금지라는 과감한 조치를 발표했다.

가공되지 않은 원자재를 해외로 내보내는 대신 자국 내에서 제련과 가공을 통해 부가가치를 더한 제품을 수출하겠다는 전략이었다. 이는 인도네시아 니켈을 원하는 글로벌 기업에게 명확한 메시지를 던진 것이었다. "니켈이 필요하다면 인도네시아에 투자하고 현지에 공장을 세워라." 이는 단순히 원료만 빼앗기던 과거에서 벗어나 자국 내에서 일자리를 창출하고 제조업 생태계를 구축하겠다는 강력한 의지의 표현이었다.

이 정책은 인도네시아가 WTO에 제소되는 등 국제적 논란을 불러일으키며 글로벌 니켈 시장에 큰 충격을 주었지만, 동시에 인도네시아를 니켈 가공과 전기차 배터리 산업의 중심지로 자리매김하게 만든 전환점이 되었다. 글로벌 기업들은 니켈 수급 문제에 대응하기 위해 수입선을 다른 나라로 전환하려 했으나 세계 니켈 생산량의 50퍼센트를 차지하는 인도네시아를 대체할 나라는 사실상 없었다. 이에 따라 글로벌 기업들은 인도네시아에 니켈 제련소를 건설하며 현지 생산에 뛰어들 수밖에 없었다. 그 결과, 기초 금속 분야의 외국인 직접투자는 2020년 대비 97퍼센트 증가해 2023년 118억 달러에 달했다. 니켈 제련소의 수는 2020년 13개에서 2023년 44개로 3배 이상 늘었으며, 니켈 관련 수출액 역시 2020년 8.1억 달러에서 2023년 68.2억 달러로 8.4배 증가했다.

현대자동차, 중국의 비야디, 미국의 포드, 독일의 폭스바겐과 같은 글로벌 전기차 완성 업체들이 잇따라 인도네시아에 투자하며 전기차 산업 생태계가 빠르게 구축되고 있다. 배터리 분야에서는 중국의 CATL, 현대자동차와 LG에너지솔루션의 합작법인 HLI(Hyundai LG Indonesia) 그린파워가 대규모 투자를 단행하며 인도네시아 전기차 산업의 기반을 탄탄히 다지고 있다. 글로벌 기업들의 이러한 움직임은 인도네시아를 동남아시아의 전기차 생산 허브로 도약시키는 데 중요한 역할을 하고 있다. 이는 단순히 자원 채굴과 원자재 수출에 의존하던 과거의 치킨 경제를 넘어, 첨단 제조업 중심의 고부가가치 경제로 전환하는 상징적인 변화로 평가받는다.

한편 인도네시아는 전기차뿐만 아니라 화학, 전자, 의료 기기, 의약품, 식음료, 섬유 분야를 7대 중점 육성 산업으로 선정하고 제조업 경쟁력을 강화하기 위한 메이킹 인도네시아 4.0 정책을 추진해오고 있다. 이 전략은 4차 산업혁명 기술을 도입해 제조업의 생산성을 높이고, 글로벌 시장에서의 경쟁력을 확보하려는 인도네시아의 장기적인 비전을 담고 있다.

⑥
물 들어올 때 노 저어라:
외국인 투자 환경의 획기적 개선

첫 번째 임기를 성공적으로 마친 조코위 대통령은 곧바로 현실적인 한계에 직면했다. 외국인 직접투자 없이는 인도네시아의 경제성장이 지속되기 어렵다는 판단이었다. 그는 인도네시아 경제의 체질을 개선하기 위해 투자 유치의 걸림돌이 되는 각종 규제를 없애고, 느리고 복잡한 정부 행정 서비스를 과감히 개혁하기로 결심했다. 특히 말레이시아와 베트남 등 경쟁국에 비해 인도네시아의 비효율적인 행정 시스템이 외국인 투자자들을 주저하게 만드는 핵심 원인으로 지목되었다. 이에 따라 조코위 대통령은 두 번째 임기 시작과 함께 행정 개혁과 투자 환경 개선을 위한 전면적인 승부수를 던졌다.

바로 2020년 제정된 옴니버스법(Omnibus Law)이다. 이 법은 노동, 환경, 허가제도 등 여러 개별법을 하나로 통합해 개정하는 방식으로 인도네시아의 투자 환경을 한 번에 바꾸려던 대담한 개혁 프로젝트였다.

총 812페이지에 달하는 방대한 분량의 옴니버스법은 투자, 노동, 조세, 토지 등 비즈니스와 관련된 79개 법률의 1,200개 조문을 한꺼번에 개정하는 것과 같은 효과를 가져왔다. 조코위 대통령은 이를 두고 개별적으로 79개의 법률을 개정하려 했다면 약 50년이 걸렸을 것이라면서 옴니버스법이 필수적인 개혁이었음을 강조했다. 그러나 법안은 노동계와 이해관계자들의 거센 반대에 부딪혔고, 일부는 헌법재판소에 위헌 소송을 제기하며 강하게 저항했다. 그러나 조코위 대통령은 뚝심 있는 리더십으로 이 법안을 밀어붙여 관철했다.

옴니버스법은 인도네시아의 외국인 투자 정책에 획기적인 전환점이 되었다. 마약, 무기, 도박 등 여섯 개 제한 분야를 제외한 거의 모든 산업에서 외국인 투자가 허용되었고, 외국인이 100퍼센트 지분을 소유할 수 없는 업종 수도 기존 350개에서 단 40개로 대폭 축소되었다. 제약, 전자상거래, 도매와 유통 등 핵심 산업 분야까지 전면 개방되었다. 이에 따라 인도네시아는 글로벌 투자자들에게 더 매력적인 시장으로 부상했다. 이러한 개방은 1997년 외환위기 당시 한국이 IMF의 요구에 따라 단행한 급진적 조치에 비견될 만큼 파격적이었다. 그러나 인도네시아는 외부 압력 없이 독자적인 개혁 의지로 이 정책을 추진했다는 점에서 그 상징성과 의미가 더욱 크다.

옴니버스법은 노동시장의 유연성도 크게 개선했다. 인도네시아는 전통적으로 노동자 권리가 강하게 보호되는 나라로서 해고가 이혼보다 어렵다는 말이 있을 정도로 해고 절차가 복잡하고 까다로웠다. 그러나 옴니버스법을 통해 해고 요건이 완화되고, 퇴직금 상한이 기존 월급의 32배에서 19배로 줄어들었다. 이는 기업들의 고용 부담을 줄이고 외국인 투자자들이 더 쉽게 인도네시아 시장에 진입할 수 있게 하는 조치였다.

옴니버스법은 최저임금 결정 방식에도 큰 변화를 불러왔다. 과거에는 최저임금이 정치적 요인에 의해 결정되어 가파르게 상승하면서 외국인 투자자들에게 큰 부담으로 작용했다. 이를 해결하기 위해 최저임금을 표준 공식에 따라 결정함으로써 임금 결정의 투명성과 예측 가능성을 높였다.

예전에는 외국인이 인도네시아에서 사업을 시작하려면 여러 부처를 돌며 복잡한 인허가 절차를 거쳐야 했다. 당연히 투자자들은 시간과 비용을 낭비하고 행정의 비효율성에 대한 불만도 컸다. 이를 해결하기 위해 인도네시아 정부는 온라인 단일 제출 시스템(Online Single Submission, OSS)을 도입했다. 이 시스템은 사업에 필요한 모든 인허가 절차를 한곳에서 처리할 수 있도록 만든 통합 플랫폼이다. OSS는 투자부(BKPM)가 총괄하며, 관련 중앙정부 부처와 시스템이 연동돼 있다. 투자자가 웹사이트에서 계정을 만들고 필요한 인허가를 신청하면 진행 상황을 실시간으로 확인할 수 있다. 절차가 훨씬 빠르고 단순화된 것이다. 이처럼 인허가 시스템을 디지털화한 결과, 행정의 투명성과 효율성이 크게 개선되었고 투자자의 편의성도 눈에 띄게 향상되었다. 그 덕분에 세계은행의 기업환경평가(Ease of Doing Business)에서 인도네시아는 2014년 120위에서 2020년 73위로 무려 47계단이나 상승하는 쾌거를 이루었다.

3장

세계 경제 대국이자
황금시장 인도네시아에
집중하고 선점하라

이슬람 벨트의 핵심 국가이자
빅마켓을 가진 경제 대국

인도네시아는 동남아시아 최대 경제 대국으로, IMF에 따르면 2024년 기준 명목 GDP가 1.4조 달러를 기록하며 세계 17위에 올랐다. 한국(1.9조 달러, 세계 12위)의 약 74퍼센트에 해당하는 경제 규모다. 또한 동남아시아에서 유일한 G20 회원국으로, 아세안 10개국 전체 GDP의 35퍼센트를 차지하며 경제의 중심축 역할을 하고 있다. 인구도 2억 8,000만 명으로 인도, 중국, 미국에 이어 세계 4위의 인구 대국이며, 아세안 전체 인구 6억 8,000만 명 중 41퍼센트를 차지한다. 막대한 인구를 기반으로 GDP의 50퍼센트 이상이 소비에서 비롯될 정도로 거대한 내수 시장을 형성하고 있다. 경제 규모와 내수 시장의 잠재력 덕분에 인도네시아는 글로벌 기업들로부터 중국을 대체할 포스트 차이나로 주목받으며, 동남아시아의 경제 중심지로 부상했다.

인구 2억 8,000만 명 가운데 약 86퍼센트인 2억 4,000만 명이 무슬

구분	인도네시아	한국
총인구	2억 8,000만 명	5,300만 명
합계 출산율	2.04	0.72
연간 출생아 수	580만 명	23만 명
중위 연령	30세	46세
유년 인구(0~14세) 비율	25%	11%
생산가능인구(15~64세) 비율	68%	70%
고령 인구(65세 이상) 비율	7%	19%
부양률	0.47	0.30

출처: 인도네시아 통계청, 한국 행정안전부

림인 인도네시아는 세계 최대의 무슬림 국가다. 전 세계 무슬림 인구는 약 20억 명, 세계 인구의 4분의 1에 이른다. 이슬람 인구는 파키스탄·인도·방글라데시 등 서남아시아와 나이지리아, 이집트, 튀르키예 등 중동·북아프리카에 집중돼 있다. 이 서남아시아와 중동·북아프리카를 잇는 거대한 이슬람 벨트의 출발점이 바로 인도네시아다. 다시 말해 인도네시아는 글로벌 이슬람 시장으로 진입하는 핵심 관문이자 확장 거점이다. 실제로 인도네시아 라면 브랜드 인도미(Indomie)는 나이지리아와 튀르키예에서 시장점유율 1위를 기록하고 있으며, 한국의 종근당은 인도네시아에서 생산한 할랄 인증 항암제를 알제리로 수출하고 있다. 할랄 인증이 절대적 기준이 되는 식품·의약품·화장품 분야에서 인도네시아는 이슬람 문화의 공통분모를 무기로 글로벌 무

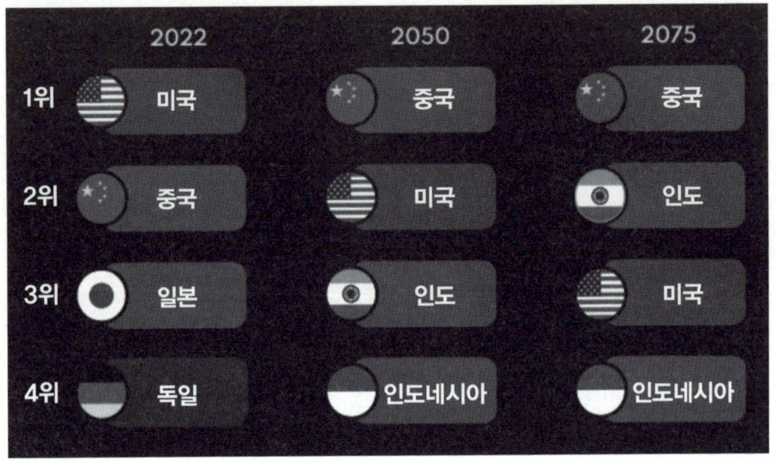

골드만삭스가 선정한 미래 글로벌 4대 경제 강국

슬림 시장의 전략적 허브로서 입지를 더욱 강화해갈 것이다.

인도네시아가 특별한 이유는 앞으로 펼쳐질 무한한 가능성 때문이다. 글로벌 투자은행 골드만삭스는 2022년 발표한 〈2075년 글로벌 경제 전망(The Path to 2075)〉 보고서에서 인도네시아가 2050년까지 일본, 독일, 영국 등 선진국을 추월해 중국, 미국, 인도와 함께 세계 4대 경제 대국에 진입할 것으로 내다봤다. 그리고 2075년에도 그 위상을 유지할 것으로 전망했다.

1996년 인도네시아의 신문에는 "2억 번째 울음소리"라는 제목의 기사가 실렸다. 인구가 2억 명을 돌파한 순간이었다. 그로부터 30년이 지난 지금 인구는 2억 8,000만 명으로 8,000만 명이 증가했다. 이러한 추세는 당분간 지속될 것으로 보인다. 인구는 2030년 3억 명, 2040년 3.2억 명, 2050년 3.3억 명, 2065년 3.5억 명으로 정점을 찍은 후 서서히 감소할 것으로 전망된다. 향후 40년간 지속될 인구 증가는 내수 시장의 성장을 뒷받침하는 중요한 요소가 될 것이다. 특히 2021년부터 인구 감소를 경험하고 있는 우리나라로서는 인도네시아의 이러한 인구 변화가 부럽게 느껴질 수밖에 없다. 한편 인도네시아의 합계 출산율은 2.04명으로, 우리나라(0.72명)의 약 3배에 달하며, 연간 580만 명의 신생아가 태어난다. 우리나라의 연간 신생아 수(23만 명)를 단 보름 만에 채우는 엄청난 수준이다.

인도네시아는 인구 규모뿐만 아니라 인구구조에서도 경제에 유리한 조건을 갖춘 매력적인 황금시장이다. 인구구조는 젊음의 에너지로 가득하다. 중위 연령은 전체 인구를 나이순으로 정렬했을 때 딱 중간에 해당하는 나이를 뜻한다. 인구를 절반으로 나누는 기준으로, 한쪽 절반은 이 나이보다 어리고, 나머지 절반은 이 나이보다 많다. 인도네시아의 중위 연령은 30세로, 한국의 46세에 비해 훨씬 젊다. 한국의 중위 연령이 30세였던 시기는 1996년으로 가수 김광석의 〈서른 즈음에〉와 시인 최영미의 《서른, 잔치는 끝났다》가 발표된 1994년 무렵과 거의 같은 시대였다. 현재의 인도네시아는 그 시절의 한국처럼 젊고 역동적이다.

인도네시아는 또한 인구 보너스(Demographic Dividend)의 혜택을 누리고 있다. 인구 보너스란 생산가능인구(15~64세)가 비생산인구(14세 이하 및 65세 이상)보다 2배 이상 많아지는 시기를 말한다. 이 시기에는 풍부한 노동력으로 기업 생산이 늘어나고 소득 증대로 소비도 함께 증가한다. 동시에 부양해야 할 인구가 많지 않아 저축과 투자 여력이 커지

며, 이는 자본 축적과 경제성장을 촉진하는 원동력이 된다. 현재 인도
네시아는 전체 인구의 약 68퍼센트가 생산가능인구다. 고령 인구(65세
이상)는 단 7퍼센트에 불과하다. 이는 고령 인구 비율이 20퍼센트에 육
박해 초고령사회에 진입한 우리나라와 크게 대비된다.

②
민주주의와 경제 발전,
두 마리 토끼를 잡은 동남아 최대의 투자처

1997년 12월 우리 정부는 외환 보유고 40억 달러로 국가 부도 위기가 닥치자 IMF 구제 금융을 신청했다. 신용등급 추락으로 해외 차입이 불가능했기에 수출과 외국인 투자 유치가 유일한 해법이었다. 1998년 2월에 김대중 대통령 당선인은 코트라(KOTRA) 수출 상담회를 찾아 직접 수출을 독려했고 해외 순방마다 투자 유치단을 동행시켰다. 대통령까지 나서야 할 정도로 절박한 상황이었다. 필자도 그즈음 미국에서 외국인 투자 유치 업무를 맡았다. 그러나 글로벌 기업을 한국으로 유치하는 일은 쉽지 않았다. 국가 부도의 그림자가 짙게 드리운 상황에서 북한과의 대치, 불안한 노사 관계, 과도한 규제 등 투자 거절의 이유는 셀 수 없이 많았다. 설득할 논리조차 부족해 대화는 10분도 채 되지 않아 막히기 일쑤였다.

나는 당시에 늘 속이 쓰렸지만 마지막엔 이런 말을 덧붙였다. "지금

당장은 한국에 투자하기 어렵다는 점, 이해한다. 하지만 언젠가 한국과 다른 나라를 놓고 선택해야 할 때 이 한 가지는 기억해주기 바란다. 한국은 아시아에서 민주주의와 경제 발전을 동시에 이룬 유일한 나라라는 것 말이다. 일본이 더 잘살지는 모르지만 집권당이 거의 바뀐 적 없는 사실상의 일당 지배 국가다. 반면 한국은 1987년 직선제 도입 이후 평화적 정권 교체의 전통을 이어오며 민주주의의 모범을 보여주고 있다." 상대방의 반응은 제각각이었지만 내 말이 오래 기억되길 바랐다.

몇 년 전 반가운 뉴스를 접했다. 2021년 〈뉴욕타임스(NYT)〉가 홍콩에 있던 디지털뉴스 편집본부를 한국으로 옮겼다는 것이다. 홍콩 국가보안법 제정을 계기로 일본, 싱가포르, 태국, 우리나라를 후보지로 고민한 끝에 비즈니스 환경과 언론의 독립성에서 높은 점수를 받은 한국을 선택한 것이다. 세계적인 언론사가 민주주의와 경제 발전의 측면에서 일본을 제치고 한국을 택했다는 점에서 큰 상징적 의미가 있다. 20년 전의 그 투자자들이 이 소식을 접했다면 어떤 생각을 했을까?

우리가 인도네시아에 베팅해야 하는 것도 이와 같은 이유 때문이다. 2004년 수실로 밤방 유도요노(Susilo Bambang Yudhoyono)대통령 시절 처음 대통령 직선제를 도입한 이후 2014년 조코위 대통령, 2024년 프라보워 수비안토(Prabowo Subianto) 대통령으로 이어지는 평화적 정권 교체의 전통을 지난 20년간 확립해왔다. 우리나라보다 17년 늦게 직선제를 도입했지만, 정치적 안정성을 빠르게 확립하며 민주주의의 기반을 다져왔다.

싱가포르는 동남아시아에서 가장 부유하지만 독립 이후 한 번도 정권 교체가 없는 일당 지배 체제를 유지해 진정한 민주주의 국가라 볼 수 없다. 태국은 쿠데타와 정치 불안으로 점철된 역사를 지녔고 베트남은 여전히 공산주의 국가다. 표현의 자유와 다양한 의견이 존중되는 체제만이 창의적이고 역동적인 사회를 만들 수 있다는 것은 역사가 보여주는 교훈이다. 민주주의의 발전은 인도네시아 경제가 더 크게 성장할 든든한 밑거름이 될 것임이 자명하다. 우리나라가 인도네시아를 선점하고 더 집중해야 하는 이유도 바로 여기에 있다.

인도네시아 민주주의의 역동성과 활력을 가장 분명하게 보여주는 장면은 일요일 아침 자카르타 수디르만(Sudirman) 거리다. 오전 6시부터 11시까지, 차가 사라진 도로 위로 수많은 인파가 쏟아져 나온다. 사람들은 숨 가쁘게 달리고, 자전거는 대로를 가른다. 히잡을 쓴 여성들마저 음악에 맞춰 에어로빅에 나선다. 끊임없는 움직임 속에서 분출되는 이 강렬한 에너지는 자유가 일상에서 작동하는 인도네시아 민주주의의 현장이자 인도네시아의 밝은 미래를 예고하는 장면이다.

우리 기업이 가장 많이 진출한 국가인 중국(1위)과 베트남(2위)은 위기 상황에서 법과 계약보다 행정 판단이 우선하는 구조를 갖고 있다. 코로나 팬데믹은 이러한 체제적 리스크를 분명히 드러냈다. 사전 협의 없이 시행된 봉쇄와 공장 가동 중단으로 우리 기업들은 생산 차질과 공급망 붕괴라는 심각한 피해를 입었다. 양국은 방역을 명분으로 외국 항공기의 입국을 차단하고 공장 폐쇄를 무기한 이어가며 기업 활동 전반에 막대한 불확실성을 초래했다. 반면 인도네시아는 외국 항공기의 입국을 허용하고, 근로자 이동 제한도 탄력적으로 운영하며 기업 활동의 연속성을 고려했다. 이러한 대응의 차이 속에서 강압적 행정 조치에 대한 신뢰가 무너진 외국 기업들은 민주주의와 제도적 신뢰를 갖춘 인도네시아로 시선을 옮기게 되었다. 미국의 나이키는 그 대표적 사례다. 베트남 공장 폐쇄가 장기화되자 글로벌 공급망을 재편해 고부가가치 제품의 베트남 생산 비중을 줄이고, 대규모 물량을 인도네시아로 이전했다.

지금 글로벌 시장에서는 미국과 중국의 갈등이 점점 심화하고 베트남이 대미 우회 생산 기지로 자리 잡으면서 미국의 제재 가능성이 제기되자 인도네시아가 새로운 대체 투자지로 부상하고 있다. 이에 글로벌 기업들은 생산 거점을 대거 인도네시아로 이전하며 공급망 재편이라는 새로운 흐름을 만들어가고 있다. 2018년 트럼프 행정부가 중국 수입품에 고율 관세를 부과한 이후 중국 기업들은 베트남을 활용한 대미 우회 수출을 본격화했다. 이에 따라 2023년 미국의 무역 적자국 순위에서 중국이 약 2,800억 달러로 1위를, 베트남이 약 1,000억 달러로 3위를 기록했다.

이러한 상황 속에서 글로벌 공급망에서 중국과 베트남의 비중을 조정하려는 움직임이 활발해지며, 인도네시아는 민주주의 국가로서의 프리미엄을 단단히 누리고 있다. 일본의 덴소(Denso)는 1억 4,000만 달러를 투자해 자동차 부품 생산을 중국에서 인도네시아로 이전했고 미국 알판(Alpan)은 중국산 제품에 부과되는 25퍼센트 관세를 회피하기 위해 조명 장치 공장을 인도네시아로 옮겼다. 침대 매트리스를 제조하는 한국의 지누스(Zinus)도 미국 상계관세를 피하기 위해 중국에서 철수해 인도네시아에 새 터전을 틀었다. 일본 스기하라(Sugihara)는 인건비 상승과 미·중 갈등에 따른 부담을 줄이기 위해 현대상사와 합작하여 인도네시아에 자동차 내장재 공장을 설립했다.

이러한 변화는 투자 통계에서도 명확히 나타난다. 중국에 대한 우리나라의 투자는 2022년 85.4억 달러로 역대 최고치를 기록했으나 2023년에는 18.8억 달러로 355퍼센트나 급감했다. 베트남에 대한 투자 역시 2019년 46.2억 달러를 정점으로 하락세를 이어가며 2023년에는 26.5억 달러로 줄어들었다. 반면에 인도네시아는 지난 10년 동안 꾸준히 투자가 증가하여 2023년에는 22.8억 달러로 사상 최고치를 기록했다.

③

메가시티 시대,
더 강해진 인도네시아

경제의 미래를 예측할 때 중요한 구조적 변수 중 하나는 도시화다. 도시화는 인구와 자원이 도시에 집중되는 현상으로 경제 발전의 주요 동력으로 작용하기 때문이다. 세계은행(World Bank) 역시 도시화 없이는 고소득 국가로 도약한 사례가 없다고 강조한다. 도시화는 기업, 인재, 자본, 인프라를 한곳에 모아 규모의 경제와 시너지 효과를 만들어 낸다. 도시에 형성된 산업 클러스터는 전문화와 경쟁이 강화되어 혁신이 촉진된다. 또한 도시화는 소비 생활을 변화시켜 새로운 시장과 산업을 창출하고 도시에 자리한 대학 등 고등교육기관은 창의적 인재 양성과 연구개발(R&D)의 중심 역할을 한다. 결과적으로 도시화는 단순한 인구 이동이 아닌, 경제구조를 개선하고 성장 잠재력을 확대하는 핵심 요소다.

인도네시아의 도시화율을 살펴보면 2023년 58.6퍼센트로 일본(91.2

출처: 세계은행

아시아 주요 국가 도시화율 추세

퍼센트)과 한국(81.4퍼센트)은 물론 말레이시아(77.2퍼센트)와 중국(61.4 퍼센트)보다 낮은 수준이다. 아직 우리나라의 1980년대 수준에 머물러 있다. 2016년 세계은행 보고서에 따르면, 인도네시아는 경쟁국에 비해 도시화에 따른 경제성장 효과를 적게 누리는 것으로 드러났다. 도시화율이 1퍼센트 증가할 때 1인당 GDP는 인도 13퍼센트, 중국 10퍼센트, 태국은 7퍼센트 증가했다. 그러나 인도네시아는 단 4퍼센트 증가에 그쳤다. 이는 도로, 수도, 전기, 항만, 철도 등 여러 유형의 인프라 부족이 교통 혼잡, 대기오염, 재해 위험을 초래해 도시화의 경제적 효과를 제한했기 때문이다.

그러다가 조코위 대통령의 10년 재임 기간 동안 대규모 인프라 투자가 이뤄지면서 이러한 제약 요인들이 해소되기 시작했다. 자카르타와 반둥 간의 고속철도 건설, 2,700킬로미터 이상의 고속도로 확충, 항구와 공항 개발, 전력망 강화 등 대형 프로젝트가 추진되었다. 물류 비용을 감소시키고 도시와 농촌 간의 접근성을 높이며 기업의 경영 환경을 대폭 개선했다.

우리나라에는 서울, 부산, 인천 등 인구 100만 명 이상의 메가시티가 총 11개 있으며, 약 2,600만 명이 거주하고 있다. 이에 비해 인도네시아에는 자카르타(1,100만 명), 수라바야(300만 명), 반둥(260만 명) 등 16개의 메가시티가 있으며, 약 3,700만 명이 살고 있다. 이는 20년 전의 여섯개에서 약 3배가량 증가한 수치로, 인도네시아 도시화의 빠른 속도를 보여준다. 특히 자바섬 외 지역인 수마트라섬의 바탐(Batam)과 쁘깐바루(Pekan Baru)는 지난 10년간 인구 증가율이 각각 21.3퍼센트와 31.4퍼센트를 기록하며 메가시티 중에서도 가장 빠른 성장세를 보이고 있다. 이는 자바섬을 넘어 인도네시아 전역에서 도시화가 확산하고 있음을 보여준다.

이제 인도네시아는 메가시티의 확대와 인프라 개선이 결합한 시너지 효과로 도시화에 따른 경제성장을 온전히 누릴 시기에 접어들고 있다. 그동안 억눌려 있던 도시화의 잠재력이 해방되면서 1인당 GDP 증가율 역시 과거보다 상승할 것으로 기대된다. 이는 인도네시아의 지속적인 경제성장을 뒷받침할 확실한 플러스 요인이다.

④
차별 없이 외국인도
슈퍼리치가 되는 드문 시장

인도네시아에는 우리나라의 4대 대표 시중은행인 KB국민은행, 하나은행, 신한은행, 우리은행과 IBK은행은 물론 OK저축은행까지 진출해 있다. 은행 관계자들은 동유럽이나 중남미 같은 다른 해외시장도 고려되었지만 인도네시아가 성공 가능성이 더 높다고 판단했기 때문에 이곳에 진출했다고 설명한다. 동유럽은 영국과 독일 등 서유럽 은행들의 강한 영향력과 문화적 차이로 인해 진출 후 경쟁 우위를 확보하기 어렵다는 진단을 받았다는 것이다. 반면 인도네시아는 시장 규모와 함께 문화적 유사성이 많아, 경쟁에서 이길 승산이 높은 시장으로 판단되었다.

우리나라 은행권의 투자 결정은 하버드경영대학원의 판카지 게마와트(Pankaj Ghemawat) 교수가 개발한 CAGE 이론으로 잘 설명할 수 있다. CAGE 이론은 두 나라의 문화적(Cultural), 행정적(Administrative), 지리적(Geographical), 경제적(Economic) 거리를 분석하여, 그중 어느 하나라도 짧을수록 시장 진출이 더 용이하고 성공 가능성이 높아진다고 강조한다.

미국 기업이 캐나다에 먼저 진출하는 것은 문화·행정·경제적 유사성으로 인해 진입 장벽이 낮기 때문이다. 이와 마찬가지로, 우리 은행들이 동유럽이나 중남미 대신 인도네시아를 선택한 이유도 CAGE 요소에서 유리한 시장으로 판단되었기 때문이다. 이 이론에 따르면, 네 가지 요소에서 유사성이 높은 한국 기업은 인도네시아에 진출하는 미국이나 다른 서구 기업보다 더 경쟁력 있는 위치에 있다.

외국인이나 외국 기업의 성공 가능성을 평가하려면 CAGE 이론, 시장 규모, 경제지표만으로는 충분하지 않다. 얼마나 많은 성공 사례가 있는지 확인하는 것이 가장 직관적이고 확실한 방법이다. 그런 면에서 한 해를 마무리하는 한인회 송년 모임은 흥미로운 관찰 포인트를 제공한다. 다른 나라에서도 한인회 송년 모임은 열리지만 인도네시아 모임은 행사 말미의 경품 추첨에서 그 독특함이 극명하게 드러난다. 보통 다른 나라에서는 대한항공이나 아시아나항공 지점장이 기부한 왕복 항공권 한두 장이 가장 큰 상이지만 인도네시아에서는 차원이 다르다. 왕복 항공권이 20장 넘게 제공되고 절반 이상이 비즈니스 클래스다. 이 항공권들은 성공한 교민들과 기업가들이 자발적으로 기부한 것인데, 단순히 경품의 크기를 넘어 성공한 사람들, 즉 슈퍼리치들이 얼마나 많은지 생생하게 보여준다. 여러 국가에서 근무해본 대사관과 코트라 관계자들조차 인도네시아의 교민 사회가 가장 안정적이고 풍요로운 곳 중 하나라고 평가한다.

약 1만 7,000개의 섬과 약 300개의 종족으로 이루어진 인도네시아는 이미 수 세기 동안 서로 다른 언어, 문화, 종교를 조화롭게 공존시켜왔다. 이 뿌리 깊은 다양성의 존중은 외국인들에게도 친화적이고 개방적인 태도로 이어진다. 특히 경제 분야의 포용성이 돋보인다. 인도 출신의 사업가 스리 프라카시 로히아(Sri Prakash Lohia)가 대표적 예다. 그는 비료, 직물, 폴리머 분야의 사업을 통해 막대한 부를 축적했다. 그의 재산은 2024년 〈포브스(Forbes)〉지에 의해 87억 달러로 평가되었고 그는 부호 순위에서 인도네시아 8위, 세계 304위에 이름을 올렸다.

인도네시아 사회는 그의 성공을 특별한 저항 없이 받아들였다. 외국인이 큰돈을 벌더라도 시기나 질투보다는 그가 만들어낸 가치를 인정해주는 분위기가 형성되어 있다. 적어도 인도네시아에는 "사촌이 땅을 사면 배가 아프다"는 속담은 없는 듯하다. 만약 한국에서 화교 출신 기업가가 10대 재벌에 오른다면 어떤 일이 벌어질까? 아마도 성공 자체보다는 출신 배경에 대한 논란과 비판이 더 부각될지도 모른다. 하지만 인도네시아에서는 이러한 문제로 논쟁이 벌어질 일은 거의 없다. 인도네시아는 외국인들에게 부자가 될 진정한 기회의 땅이자 비즈니스의 장인 셈이다.

해외시장에서 성공하려면 제품과 조직 운영을 현지에 맞추는 현지화가 필요하다. 그 핵심은 언어다. 언어는 현지인과 신뢰 형성의 시작이기 때문이다. 동남아 일부 언어는 배우기 어렵다. 베트남어, 태국어, 미얀마어는 성조, 고유 문자, 낯선 발음 때문에 학습 난이도가 높은 편

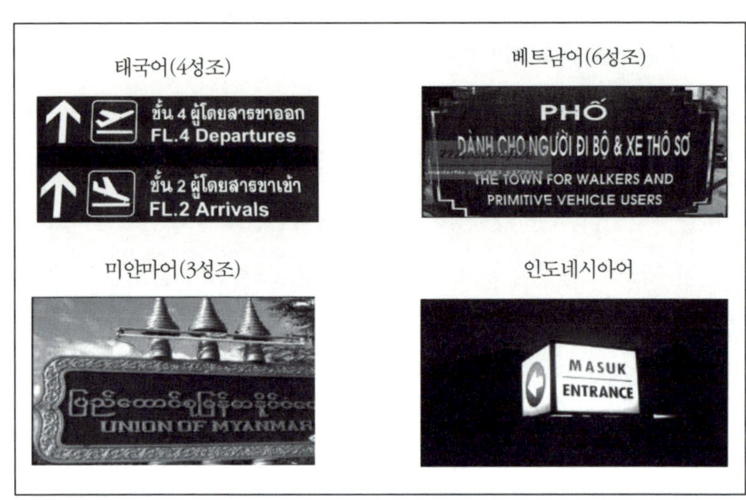

현지화에 유리한 인도네시아어

이다. 반면 인도네시아어는 비즈니스를 하기에 매우 유리한 언어다. 다행히도 성조가 없고 영어 알파벳을 사용하며 철자와 발음도 대부분 일치한다. 문법 또한 간단해 동사 변화나 복수형 변화가 거의 없다. 예를 들어 오랑(Orang: 사람)의 복수형은 오랑-오랑(Orang-orang: 사람들)이며 동사의 시제 역시 부사로 간단히 표현한다. 이러한 특징 덕분에 인도네시아어는 일본어만큼 배우기 쉬운 언어로 꼽힌다. 실제 한국 기업들은 베트남보다 본사 파견 인력을 40퍼센트 이상 줄일 수 있다고 한다. 배우기 쉬운 언어는 인도네시아 사회에 빠르게 적응하고 현지인과 더욱 깊은 비즈니스 관계를 만드는 데 유용하다.

4장

독특한 인도네시아의 사회 문화를 알아야 생존 근육이 생긴다

오바마 대통령의 포용적 리더십을 길러낸 인도네시아의 정서와 문화

"뿔랑 깜뿡 니(pulang kampung nie), 제가 돌아왔습니다." 유창한 인도네시아어로 인사하는 오바마 미국 대통령의 목소리에 국립 인도네시아대학교(University of Indonesia) 강당을 가득 메운 학생들이 환호와 박수로 응답했다. 2010년 버락 오바마 대통령은 유년 시절을 보냈던 인도네시아를 40년 만에 방문했다. "바기안 다리 디리 사야(bagian dari diri saya), 인도네시아는 제 정체성의 일부입니다." 그가 진심 어린 목소리로 전한 이 말은 청중의 마음을 움직이며, 그의 어린 시절과 인도네시아의 특별한 인연을 다시금 떠올리게 했다.

1967년 여섯 살이던 오바마는 어머니가 하와이대학교 대학원생이었던 인도네시아인 로로 소에토로와 재혼하면서 가족과 함께 자카르타로 이주했다. 그는 열 살이 되던 1971년까지 4년간 인도네시아에서 생활했다. 오바마 가족은 앞마당에 망고나무가 있는 작은 집에서 살

오바마 대통령의 국립 인도네시아대학교 연설

았고 오바마는 국제학교가 아닌 현지 초등학교에 다니며 인도네시아 어를 배웠다. 그리고 친구들과 연을 날리고 논밭을 뛰어다니며 활기찬 어린 시절을 보냈다. 길거리 노점에서 파는 사떼(sate: 꼬치구이)는 그가 좋아하는 음식 중 하나였다. 그 시기에 그의 여동생 마야도 태어났다.

오바마는 인도네시아에서 보낸 시간이 자신의 삶에 깊은 영향을 미 쳤다고 회상했다. 외국 아이였던 자신을 따뜻한 미소로 맞아준 인도네 시아 사람들 덕분에 그는 이곳을 집처럼 편안하고 소중한 장소로 느꼈 다고 말했다. 그는 인도네시아를 수많은 섬과 언어, 다양한 종교와 민 족이 조화를 이루며 공존하는 곳으로 묘사하고는 이곳에서 관용과 다 양성의 가치를 배웠다고 강조했다. 그의 새아버지는 무슬림이었지만 모든 종교를 존중해야 한다는 신념을 가지고 있었다. 그 덕분에 오바 마는 다문화에 대한 이해와 공존의 중요성을 배웠고, 연대와 포용의 리더십을 기를 수 있었다.

　인도네시아에서 보낸 유년 시절은 오바마의 가치관과 세계관 형성에 중요한 역할을 했다고 할 수 있다. 오바마가 높게 평가한 인도네시아의 존중과 관용의 문화를 좀 더 자세하게 숙지할 필요가 있다. 인도네시아인의 문화를 이해해야 인도네시아와 발전된 파트너십을 맺을 수 있기 때문이다.

②

인도네시아 핵심 인사, 자바인을 알아야 비즈니스 문화가 보인다

인도네시아는 수많은 섬과 언어 그리고 다양한 종교와 민족으로 이루어진 결코 단순하지 않은 나라다. 이 복잡한 사회를 관통하는 주류 문화의 중심에는 자바족 문화가 있다. 자바족은 약 9,500만 명으로 총인구의 40퍼센트 이상을 차지하는 최대 민족 집단이며, 오랫동안 정치·경제·사회 전반에 막강한 영향력을 행사해왔다. 오늘날에도 정부, 군, 경찰, 정당 등 주요 권력기관의 요직은 대부분 자바족 출신으로 채워져 있다. 인도네시아 공공 부문이 어떻게 작동하는지를 알려면 자바 문화의 특성을 제대로 파악해야 한다. 이는 인도네시아의 시장과 제도의 빗장을 여는 중요한 열쇠가 될 것이다.

권력에 대한 높은 충성심과 수용성

권력의 사전적 정의는 남을 자기 의사에 복종시키거나 지배할 수 있는 권리와 힘이다. 인류학자 베네딕트 앤더슨(Benedict Anderson)의 저서 《권력과 언어(Language and Power: Exploring Political Cultures in Indonesia)》에 따르면 서양에서는 권력이 추상적인 존재여서 관계 속에서 개별적 형태로 발현되는 반면, 전통적인 자바 사회에서 권력은 세상 만물을 지배하고 우주를 움직이는 신성한 에너지 그 자체로서 구체적으로 존재하는 것으로 여겨진다.

서양에서는 재산, 사회적 지위, 물리적 힘 등 권력의 원천이 다양한 반면 자바 사회의 권력은 우주에서 비롯된 신성한 힘이기 때문에 권력의 정당성이 항상 인정된다. 따라서 권력의 정당성에 대해 의문을 제기하지 않는 전통이 강하게 자리 잡게 되었다. 이러한 독특한 권력관은 권력에 대한 충성심과 신분의 차이에 대한 수용도가 높은 자바 문화의 근간이 되었다.

2020년 인도네시아 정부가 외국인 투자 환경 개선을 위해 옴니버스법을 제정했을 때 노동자 보호 약화와 환경 규제 완화로 이어질 수 있다는 우려 탓에 인도네시아 전역에서 시위가 벌어졌다. 수많은 청년과 노동자가 거리로 나섰지만 조코위 대통령을 향한 직접적인 비난은 삼가고 그저 끄쩨와(Kecewa: 실망했다)라는 표현이 자주 사용된 것을 보면 인도네시아 사회에서 직접적인 권력과의 대립보다는 간접적이고 상징적인 저항 방식이 주로 나타나는 것을 알 수 있다. 이는 권력을 자연스럽게 수용하는 인도네시아의 전통적 권력관과 깊은 관련이 있는 것으로 해석할 수 있다.

조화로운 삶의 추구와 갈등의 회피

인도네시아 사람들은 늘 미소를 띠고 있는 모습이 인상적이라는 외국인들이 많다. 실제로 인도네시아 사람들이 화를 내거나 심각한 표정을 짓는 경우는 보기 드물다. 오바마 대통령도 어린 시절 인도네시아에서 남녀노소 모두 자신을 따뜻하게 대해줬던 것을 떠올리며, 그들의 미소가 특히 기억난다고 했다. 갤럽(Gallup)의 〈글로벌 감정 리포트 2022〉에 따르면, 인도네시아는 아세안 10개국 중 가장 잘 웃는 나라로 선정되었다.

우리나라는 역사적으로 약 900회가 넘는 외국의 침략을 겪었던 반면, 인도네시아는 중국, 몽골 등 주변 강대국과 멀리 떨어져 있어 15세기 포르투갈과 네덜란드가 도래하기 전까지는 외침을 거의 경험하지 않았다. 인도네시아는 오랜 평화 속에서 전쟁의 위협을 겪지 않았고, 비옥한 토양에서 자란 풍부한 열대 과일과 작물 덕분에 굶주림의 공포도 겪지 않았다. 이러한 환경은 인도네시아 사람들에게 항상 웃는 얼굴을 가진 너그러운 성격과 여유로운 기질을 형성해주었다.

인도네시아가 미소의 나라로 불리는 또 다른 이유는 문화적 배경에 있다. 자바 문화의 핵심 가치인 '루꾼(rukun)'은 조화와 화목을 뜻한다. 자바 사람들은 개인, 조직, 국가, 우주 간의 조화와 질서가 유지될 때 행복을 느낀다. 루꾼에는 두 가지 의미가 있다. 하나는 갈등이 없는 이상적인 상태이고, 다른 하나는 갈등이 있어도 말이나 행동으로 드러내지 않는 경우다. 후자의 경우 솔직하지 못하다는 비판을 받을 수 있지만 자바 문화에서는 솔직함보다 상대방의 감정을 상하지 않게 하는 것이 더 중요하다. 그래서 자신의 감정을 통제하고 표현을 삼가는 태도를 강조한다. 이러한 문화적 배경에서 인도네시아 사람들의 미소는 종종 어색함을 덮거나 불편한 상황을 감추는 도구로 사용된다. 갈등보다 조화와 평화를 중시하는 삶의 방식인 것이다.

한국 사람이 루꾼의 두 번째 의미를 제대로 이해하지 못하면 인도네시아 비즈니스 세계에서 예상치 못한 난감한 상황을 경험할 수 있다. 우리는 상대방이 긍정적인 의사 표시를 했다고 생각했지만 사실은 부정적인 의미였음을 뒤늦게 알아차리는 경우가 허다하다. 이런 인도네시아 사람들의 독특한 의사소통 방식 때문에 한국인들은 종종 그들이 약속을 지키지 않는다고 오해하며 서운해하기 십상이다. 실제로는 인도네시아 사람들이 우리의 기분을 고려해서 직접적인 부정적 표현을 하지 않고 미묘한 단어 선택, 표정, 몸짓으로 암시를 준 것인데, 이를 우리가 놓친 경우가 대부분이다. 따라서 우리는 인도네시아인의 말과 웃음을 액면 그대로 받아들이지 말고 행간의 의미와 숨은 의도를 파악하기 위해 노력해야 한다. 마치 "내가 웃는 게 웃는 게 아니야"라는 노래 가사처럼, 인도네시아인의 웃음 이면에 숨겨진 메시지를 눈치로 읽어내는 센스가 필요하다.

일본의 한 TV 방송에서 인도네시아 사람들이 얼마나 화를 내지 않는지 실험하는 프로그램을 제작했다. 제목은 "세계에서 화를 내지 않는 국가 1위 잠입 취재"였다. 첫 실험은 발리 해변의 그늘에서 쉬고 있는 서양 관광객을 대상으로 진행됐다. 제작진이 몰래 다가가 귓가에서 풍선을 터뜨리자 그들은 깜짝 놀라며 화를 내고 자리를 박차고 일어났다. 이번에는 같은 실험을 인도네시아 사람에게 시도했다. 한 남성이 탁자에서 밥을 먹는 동안 풍선이 큰 소리를 내며 터졌지만 그는 뒤를 돌아보고 아무렇지 않은 듯이 해맑게 웃더니 놀란 기색 없이 다시 식사에 집중했다.

또 다른 실험은 극한의 매운맛에 대한 반응을 알아보는 것이었다. 빙수 가게에서 상대방 모르게 하바네로(Habanero : 멕시코가 원산지인 매우 매운 고추 품종) 소스보다 20배 매운 시럽을 뿌린 빙수를 내놓았다. 일본 사람은 한 입 먹자마자 얼굴을 찡그리고 비명을 지르며 먹기를 포기했다. 인도네시아 사람은 빙수를 한 입 맛본 후 잠시 고개를 갸우뚱하더니 조용히 빙수를 끝까지 비웠다. 주인에게 불평 한마디 안 했다. 사회자가 "인도네시아 사람은 왜 화를 내지 않느냐"고 묻자 어린 시절부터 가정교육을 통해 화내지 않는 법을 배운다고 설명했다. 화를 내지 않으면 갈등이나 싸움으로 번질 일이 없기 때문이다.

이처럼 인도네시아를 대표하는 자바 사람들은 어릴 적부터 '에우 쁘께우(Ewuh pekewuh)'를 몸에 배도록 교육받는다. 이는 상대방에게 불편함이나 민망함을 줄까 봐 말이나 행동을 조심스럽게 자제하는 태도를 의미한다. 따라서 누군가가 실수하더라도 이를 직접적으로 지적하는 것은 실례가 될 수 있다고 여겨 조용히 넘어가는 경우가 많다. 이러한 태도는 갈등을 예방하고 자바 사회의 조화와 화합을 유지하는 데 중요한 역할을 한다(유튜브 https://www.youtube.com/watch?v=_PgHF4eMptY 참조).

상대방의 체면 존중과 수치심 회피

자바 사회는 '알루스 까사르(alus-kasar)'라는 개념으로 올바른 행동 양식을 설명한다. 알루스는 '예의 바르고 품위 있는'을, 까사르는 '무례하고 거친'을 뜻한다. 알루스한 언행과 태도는 존경받는 삶의 기준으로 여겨지는 반면, 까사르한 말씨와 몸가짐은 부정적인 비판과 평가를 받는다. 품위와 예의는 자바 사회에서 매우 중요한 가치다.

자바 문화에서는 상대방이 잘못했거나 의견이 다르더라도 상대방의 체면을 지켜주는 것이 무엇보다 중요하다. 속이 숯덩이처럼 까맣게 타들어가도 이를 악물고 억지로라도 미소를 지으며 감정을 드러내지 않는 것이 기본적인 태도라고 보면 된다. 반대로 화를 내거나 불편한 감정을 얼굴에 드러내고 큰소리치는 행동은 예의에 어긋난 것으로 간주된다. 심지어 인간이 아닌 짐승으로 여겨질 수도 있는 아주 부정적인 평가를 받는다. 인도네시아에서 이런 태도를 가진 사람은 신뢰를 얻기 어렵기에 비즈니스 파트너로 선택되는 경우가 거의 없다.

겸손과 절제도 중요한 가치로 여겨진다. 상대를 이기더라도 굴욕감을 주지 않고 승리 후에도 상대방을 존중하는 태도가 사회적으로 존경받는다. 칼을 함부로 휘두르기보다는 칼집에 넣어둔 채로 상대를 제압

캉드시 IMF 총재 앞에서 구제금융 협정서에 서명하는 수하르토 대통령

하는 절제력이 진정한 강함으로 간주되는 것이다. 1998년 아시아 외환위기 때 인도네시아는 IMF 구제 금융을 요청했다. 당시 미셸 캉드시(Michel Camdessus) IMF 총재가 팔짱을 끼고는 동의서에 서명하는 수하르토 대통령을 거만하게 내려다보는 장면이 TV로 생중계되면서 인도네시아 국민들은 굴욕감과 충격에 빠졌을 정도다. 상대방의 체면을 지켜주는 것이 얼마나 중요한지 단적으로 보여주는 사건이었다.

느긋한 태도와 자연에 대한 순응

인도네시아 사람들은 매사에 매우 느긋한 편이다. 적도 근처에 위치한 인도네시아는 계절 변화가 없고 해 뜨는 시간과 해 지는 시간이 연중 거의 일정하다. 어제와 오늘 그리고 내일이 크게 다르지 않은 하루가 반복되는 환경에서 인도네시아 사람들은 시간의 흐름을 크게 의식하지 않는다. 이러한 자연적 특성은 빠른 변화나 치열한 경쟁보다는 느긋하고 여유로운 삶의 방식을 형성하는 데 영향을 주었다.

'알론 알론 아살 끌라꼰(Alon-alon asal kelakon)'이라는 자바의 유명한 격언이 있다. '목표만 이룰 수 있다면 천천히 해도 된다'는 뜻이다. 때가 되면 모든 일이 이루어지니 조바심내거나 서두르지 말라는 것이다. 목적지에 안전하게 도달하는 것이 중요할 뿐, 다른 사람과 비교하며 과속하거나 스트레스 받을 필요는 없다는 철학을 담고 있다.

영국 통상부 홈페이지에는 '단기간에 성과(Quick win)'를 기대한다면 단연코 인도네시아를 선택하지 말라는 조언이 실려 있다. 인도네시아에서는 비즈니스 요청에 대한 회신과 의사결정이 늦더라도 불평하지 말라는 뜻이다. 인도네시아 사람들은 상대방을 개인적으로 더 깊이 이해하려 노력하고, 신뢰를 쌓는 데 시간을 아끼지 않는다. 이곳에서 시간은 비용이 아니라 관계와 조화를 위한 투자다.

그리고 자바 사람들은 재난을 신의 섭리로 받아들여 신의 권능과 뜻에 순응하는 태도를 지닌다. '불의 고리', 즉 환태평양 조산대의 유라시아판과 태평양판이 맞닿은 곳에 위치한 인도네시아는 지진과 화산 폭발이 빈번하다. 세계에서 가장 많은 130여 개의 활화산을 보유하고 있으며 대규모 폭발과 지진은 종종 쓰나미와 홍수를 일으켜 큰 피해가 발생한다. 그러나 인도네시아 사람들은 화산 폭발이 토양을 비옥하게 만든다는 점에서 자연은 위협이자 축복이라 여긴다. 그래서 그들은 재난이 닥쳐도 안전한 곳으로 떠나기보다는 조상이 살아온 땅을 지키는 것을 큰 자부심으로 여긴다. 이러한 태도는 자바 철학의 핵심 가치 중 하나인 '느리모(Nrimo)'와 깊이 연결되어 있다. 느리모는 '받아들이다' 또는 '불평 없이 수용하다'라는 뜻으로 자신이 처한 상황에 대해 불만을 표하기보다는 고요한 마음으로 현실을 받아들이는 것이다. 자바 사람들은 삶의 어떠한 변화도 신의 뜻으로 받아들이는 태도를 미덕으로 여긴다.

③

홉스테드 지수로 살펴본
한국과 인도네시아의 조직 문화

인도네시아와 한국의 문화를 비교해보려면 홉스테드 지수(Hofstede's index)를 활용하는 것이 효과적이다. 이 지수는 네덜란드의 심리학자 헤르트 홉스테드(Geert Hofstede)가 1970년대 전 세계 50여 개국에 주재한 IBM 직원들에게 실시한 설문조사를 기반으로 국가 간의 문화적 차이를 수치화하여 비교한 것이다. 오늘날까지도 글로벌 경영 현장에서 현지 문화를 분석하는 가장 신뢰받는 틀로 사용된다. 홉스테드는 문화를 다음과 같은 다섯 가지 차원으로 구분하여 정의했다.

① 권력거리(Power Distance): 권력을 적게 가진 사람이 권력을 많이 가진 사람을 수용하는 정도 또는 권력이 평등하게 배분되지 않은 상황을 수용하는 정도

② 개인주의-집단주의(Individualism – Collectivism): 개인이 집단과 사

회보다 자신의 이익을 중요하게 생각하는 정도

③ 남성성-여성성(Masculinity - Femininity): 성공과 경쟁을 중요하게
생각하는 정도

④ 단기-장기 지향성(Short Term - Long Term Orientation): 현재와 미래
중 어디에 더 많은 가치를 두는 정도

⑤ 불확실성 회피(Uncertainty Avoidance): 불확실한 상황에서 느끼는
불안감과 이를 해결하려는 노력 정도

첫 번째, 권력거리는 인도네시아가 100점 만점에 78점, 한국은 60점
으로 인도네시아가 더 높다. 상급자의 권위에 대한 부하 직원의 수용
도가 더 높고 위계질서도 더 강하다고 해석할 수 있다. 점수 차이는 18
점으로 커 보이지 않을 수 있지만, 그 뒤에 숨겨진 질적인 차이를 간과

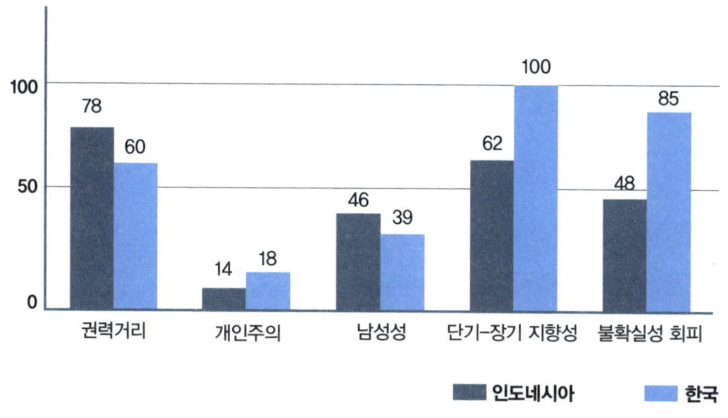

해서는 안 된다. 자바 문화에서 권력은 우주에서 비롯된 신성한 힘이기 때문에 권력의 정당성이 항상 인정된다. 상급자는 능력과 관계없이 그 지위만으로도 특별한 권위를 지닌 존재로 인식된다. 따라서 부하 직원들은 상급자의 지시를 생각 없이 받아들이는 경향이 있고 상황에 따라 맹목적으로 실행하는 경우도 많다. 조직을 효과적으로 운영하기 위해서는 이러한 문화적 특성을 이해하고 명확한 커뮤니케이션과 피드백을 유도하는 리더십이 필수적이다.

자바 문화의 핵심 가치인 루꾼은 조직 내의 소통을 어렵게 만들 수 있다. 부하 직원들은 상사와의 원만한 관계를 중요하게 여기기 때문에 상대방의 감정을 상하지 않게 하려 한다. 그로 인해 지시가 불분명해도 의도를 확인하는 질문을 하지 않는 경우가 많다.

따라서 상사는 언세, 어디서, 무엇을, 어떻게 해야 하는지 명확하고 구체적으로 지시를 내려야 한다. 업무 진행 상황을 주기적으로 점검하지 않으면 원하는 결과를 얻기 어려워진다. 상사의 잘못된 결정에 반대하거나 비판적인 피드백을 하지 않으려는 경향은 상황을 더 어렵게 한다. 부하 직원들의 이러한 행태는 '상사가 행복하기만 하면 된다'는 뜻의 '아살 바빡 스낭(Asal bapak senang)'이라는 표현에 잘 드러난다. 그런데 이런 식으로 상사가 듣기 싫어하는 불편한 진실을 숨기게 되면 조직의 변화와 발전은 더뎌진다. 2014년 당선된 조코위 대통령은 이러한 보신주의를 없애기 위해 적극적으로 나섰다. 그는 자신이 아부성 보고를 좋아하지 않는다며, 불편한 진실이라도 솔직히 보고해줄 것을 공식 석상에서 여러 차례 강조했다.

한편 인도네시아에서 상사는 '바빡(Bapak: 아버지)' 또는 '이부(Ibu: 어머니)'로 불린다. 상사와 부하 직원의 관계는 부모 자식의 관계와 유사하게 여겨져서 부하 직원은 상사를 아버지처럼 존경하고 상사는 부하 직원을 자식처럼 보살펴야 한다. 이상적인 리더는 업무 능력뿐만 아니라 원만한 성격과 소통 능력을 갖춘, 따뜻한 부모 같은 존재여야 한다. 따라서 우리 기업이 인도네시아에 주재원을 파견할 때는 현지 직원들의 어려움에 귀 기울이고 배려할 수 있는 따뜻한 성품을 가진 리더를 선발하는 것이 좋다.

두 번째, 한국의 개인주의 지수는 18점, 인도네시아는 14점으로, 두 나라 모두 집단주의 성향이 강하다. 서구권과 달리 개인보다 집단의 이익이 우선하며, 조직에 충성하면 조직이 개인을 보호해줄 것이라는 믿음이 존재한다. 그러나 점수는 비슷해도 문화적 접근 방식에는 차이가 있다. 한국은 업무 성과와 결과 중심적 사고가 강한 반면, 인도네시아는 성과보다 관계 형성과 유대감이 더 중요한 가치로 여겨진다.

성과보다 관계를 중시하는 인도네시아의 문화는 의사소통 방식에도 강한 영향을 미친다. 자신의 이익을 위해 갈등을 만들지 않고 조직에 필요한 갈등조차도 타인을 배려해 회피하는 경향이 있다. 또한 동료들 사이에서 잘난 척한다는 부정적 인식을 피하려고 눈에 띄는 행동이나 솔직한 의견 제시를 꺼리는 경우가 많다. 이러한 특성으로 인해 직원들의 자발적인 협조를 얻어 상황을 파악하고 문제를 해결하는 것이 쉽지 않다.

이는 부하와 상사 간 또는 직원 간 비교적 자유롭게 의견을 주고받는 한국의 조직 문화와는 차이가 있다. 인도네시아에서는 직원들이 상사와 친밀한 유대관계가 있어야만 마음을 열고 업무에 적극적으로 나서는 경향이 강하다. 따라서 조직의 성과를 높이기 위해서는 단순히 업무 지시를 내리는 것만으로는 부족하고 상사가 먼저 다가가 직원들과 정서적 관계를 형성하는 것이 필수적이다.

세 번째, 인도네시아의 남성성 점수는 46점, 한국은 39점으로, 두 나라 모두 상대적으로 남성성이 강하지 않다. 그러나 인도네시아에서는 성공과 물질적 보상만이 전부가 아니라서 체면을 의미하는 '겡시(Gengsi)'가 중요한 문화적 요소로 자리 잡고 있다. 금전적 보상이 동기부여에 영향을 미치긴 하지만 사회적 인정이나 직책이 더 큰 동기부여 요인이 되는 경우가 많다. 이러한 문화적 특성은 인도네시아인의 명함에서도 드러난다. 인도네시아에서는 단순히 직책만이 아니라 자신이 취득한 학위를 명함에 기재하는 것이 일반적이다. 예를 들면 박사 학위를 가진 사람이 MBA를 마쳤다면 두 학위를 모두 표기해 자신의 성취를 강조하는 모습을 자주 볼 수 있다.

네 번째, 단기-장기 지향성 지수에서 인도네시아는 62점, 한국은 세계 최고 수준인 100점을 기록하고 있다. 인도네시아는 현재와 과거를 중시하는 경향이 강하며, 미래의 성공을 위해 현재의 어려움을 극복하려는 끈기나 집념이 상대적으로 부족하다는 평가를 받는다. 대신 영악하지 않고 순박·친절하며 현재에 만족하는 태도를 가진다. 반면 한국은 강한 미래 지향성을 바탕으로 끊임없는 노력과 인내를 통해 발전을 이룬다. 인도네시아 사람들이 한국을 높이 평가하는 이유도 여기에 있다. 두 나라는 일본의 패망 이후 비슷한 시기에 독립했지만 한국만이 눈부신 경제성장을 이루었다. 인도네시아인들은 이를 한국인의 근성과 노력 외에 현재의 어려움을 감내하며 미래를 개척하는 강한 정신력 덕분이라고 평가한다.

다섯 번째, 한국과 인도네시아는 불확실성에 대한 태도에서도 큰 차이를 보인다. 한국의 불확실성 회피 지수는 85점, 인도네시아는 48점으로, 한국은 불확실성을 회피하는 성향이 높은 국가 중 하나다. 한국 사람들은 불확실한 상황을 해결해야 할 문제로 인식하고 명확한 계획 하에 철저히 준비한다. 그 과정에서 염려와 걱정으로 스트레스를 쉽게 받는 경향이 있다. 반면 인도네시아 사람들은 불확실성을 자연스러운 일로 받아들이며, 느긋하고 낙천적인 태도를 유지한다. 계획이 틀어져도 동요하기보다는 상황에 맞춰 대응하는 편이다.

두 나라의 문화적 차이는 업무 수행 방식과 일상에서 상당한 간극과 온도 차이를 만들며, 한국인이 인도네시아 사회와 비즈니스 조직 문화에 적응하는 데 가장 큰 도전으로 다가온다. 실제로 인도네시아에서는 우리 기업의 전투적인 '빨리빨리 문화'와 인도네시아의 여유로운 '부다야 스늄스늄(Budaya Senyum-Senyum: 스마일-스마일 문화)'이 충돌하면서 노사 갈등의 주요 원인이 되고 있다. 한국 기업들은 인도네시아 직원들의 느린 업무 속도와 지시 외에는 스스로 나서지 않는 태도에 답답함을 느낀다. 반면 인도네시아 직원들은 명확한 지시 없이 알아서 하라는 한국식 요구에 불만을 토로한다.

경영 성과에 대한 압박과 정서 차이에 대한 이해 부족이 합쳐지면 한국 관리자들은 감정을 주체하지 못하고 큰소리를 내거나 좌절감을 표출하곤 한다. 그러나 인도네시아에서는 부정적인 감정을 직접적으로 드러내는 것이 금기시된다. 특히 감정이 격해진 상태에서 한국어로 넋두리를 하거나 비속어를 사용하는 것은 더 주의해야 한다. 한국 드라마와 영화의 영향으로 많은 현지인이 한국어 욕설과 비속어를 알아듣기 때문에 예상치 못한 오해와 반감을 일으킬 수 있다. 혹시 이런 장면이 핸드폰에 촬영되어 SNS에 확산된다면 기업의 이미지와 신뢰도는 치명적인 타격을 입을 수 있다.

한국인 상사가 소리를 지르며 질책할 때 감정을 잘 숨기는 인도네시아 직원들은 겉으로는 웃으며 넘기는 듯하지만 속으로는 깊은 수치심과 분노를 느낀다. 특히 공개적인 자리에서의 질책과 비난은 큰 모욕으로 간주되기 때문에 사실상 회사를 그만두라는 신호로 해석된다. 일방적인 감정의 배설은 아무런 도움이 되지 않는다. 설령 직원이 실수했더라도 공개적인 자리에서는 이빨을 꽉 다물고 미소를 띠며 고개를 끄덕이고 넘어가는 것이 현명하다. 인도네시아에서는 체면을 중시하는 문화가 강하므로, 상대방의 자존심을 지켜줘야 한다. 나중에 일대일로 만나 솔직하고 차분하게 문제를 논의하는 것이 효과적인 해결 방법이다.

평소 말수가 적던 인도네시아 직원이 갑자기 솔직한 의견을 털어놓는다면 이는 대개 퇴사를 결심한 순간이다. 더욱이 그가 회사의 법령 위반 사례나 내부 문제점을 정확히 파악하고 있다면 관리자로서는 등골이 서늘해질 수도 있다.

그렇다면 한국의 '빨리빨리 문화'와 인도네시아의 '스마일-스마일 문화'를 어떻게 조화시킬 수 있을까? 사실 한국인의 다혈질 기질과 인도네시아인의 느긋한 성격은 쉽게 바뀌지 않는다. 업무 프로세스를 표준화하고 성과 평가 시스템을 체계적으로 구축하는 것이 최선의 해결책이다. 명확한 지침과 객관적인 평가 기준이 마련되면 한국인 상사의 기대와 현지 직원들의 업무 수행 방식 간의 차이를 줄일 수 있다. 이러한 시스템이 정착되면 불필요한 감정 소모 없이도 조직의 생산성과 신뢰를 동시에 높일 수 있을 것이다.

그렇다면 이렇게 상반된 한국과 인도네시아 사람 중 누가 더 행복할까? 타인과의 경쟁과 비교에서 자유로운 인도네시아의 문화적 특성 덕분일까? 인도네시아 사람들은 삶에 대한 높은 만족도와 행복감을 보여준다. 글로벌 컨설팅 기관인 입소스(Ipsos)의 〈국제 행복 보고서 2024〉에 따르면 인도네시아는 조사 대상 30개국 가운데 3위를 차지해 가장 행복한 나라 중 하나로 꼽혔다. 반면 한국은 29위로 최하위권에 머물렀다. 이 조사는 미국, 프랑스, 이탈리아, 남아프리카공화국, 네덜란드, 아르헨티나, 말레이시아, 인도네시아 등 30개국의 2만 5,000명을 대상으로 진행되었고 한국과 인도네시아에서는 각각 2,000명이 참여했다.

이 조사에 따르면 행복에 대한 두 나라의 인식도 확연히 달랐다. 한국은 자기 삶에 만족한다고 응답한 비율이 48퍼센트에 불과했지만 인도네시아는 82퍼센트로 2배 가까운 차이를 보였다. 소득 수준은 한국이 훨씬 높았지만 직업과 재정 상황에 대한 만족도는 오히려 인도네시

분야	인도네시아		한국	
	순위	만족 비율	순위	만족 비율
전반적인 삶	3위	82%	29위	48%
직업	3위	85%	29위	54%
재무 상황	3위	67%	27위	40%
건강	1위	87%	29위	47%
외모	2위	86%	28위	50%
자식	1위	94%	25위	79%
친구	2위	85%	27위	64%

출처: 2024 세계 행복 보고서(Ipsos)
주) 만족 비율은 만족한다고 응답한 사람의 비율

아가 월등히 앞섰다. 특히 인도네시아는 건강과 자녀 양육 만족도에서 세계 1위, 외모에 대한 자신감에서도 세계 2위를 기록하며 삶의 여러 측면에서 긍정적인 태도를 보여주었다. 반면 한국은 경제적 풍요에도 불구하고 경쟁과 비교 중심의 문화로 인해 스트레스와 불안이 만연하다. OECD 국가 중 자살률 1위라는 통계가 이러한 문제를 여실히 드러낸다. 인도네시아 사람들의 느긋하고 여유롭고 현재에 충실한 삶의 태도는 우리에게 깊은 시사점을 준다.

④
GLOBE 프로젝트 연구가 제시하는 인도네시아식 리더십의 조건

인도네시아 문화를 전 세계 국가와 비교해보면 어떤 결과가 나올까? 미국 펜실베이니아대학교의 로버트 하우스(Robert House) 교수가 수행한 글로브(GLOBE, Global Leadership and Organizational Behavior Effectiveness) 프로젝트가 그 답을 준다. 글로브 프로젝트는 전 세계 62개국의 서로 다른 조직에서 일하는 직원 약 1,000명을 대상으로 아홉 개 항목을 평가하여 각국의 문화 특성과 리더십 관계를 조사한 프로젝트였다. 홉스테드 지수는 IBM 직원만을 대상으로 다섯 개 항목에 대해 조사한 결과인 반면 글로브 프로젝트는 조사 대상과 조사 항목을 확대한 것이라 볼 수 있다. 아홉 개 평가 항목은 다음과 같다.

① 권력거리: 구성원 간 권력 격차를 받아들이는 정도

② 불확실성 회피성: 불확실성을 줄이고자 규칙에 의존하는 정도

③미래 지향성: 미래 성공을 위해 현재 만족을 포기하는 정도

④양성 평등: 조직 내에서 성차별을 최소화하는 정도

⑤그룹 집단주의: 집단에 대한 충성심과 결속력

⑥성과 지향성: 성과 기반의 평가와 보상

⑦제도 집단주의: 조직이 자원을 집단으로 배분하고 보상하는 정도

⑧인본주의 지향성: 상대방을 배려하고 이타적으로 행동하는 정도

⑨직설적인 태도: 직설적, 대립적 의견을 제시하고 수용하는 정도

인도네시아는 다양한 지표에서 중간 수준을 기록한다. 그리고 일부 항목에서는 상대적으로 높은 점수를 보인다. 권력거리, 불확실성 회피, 미래 지향성, 양성 평등 지표에서는 62개국 중 중간 수준을 유지하고 있다. 앞서 살펴본 홉스테드 지수에서 한국과 인도네시아의 가장 큰 차이는 미래 지향성과 불확실성 회피였다. 그런데 글로브 프로젝트의 결과를 보면, 이런 차이는 인도네시아가 아니라 오히려 한국 문화의 강한 특징에서 비롯된 것임을 알 수 있다.

전 세계와 인도네시아의 문화적 차이를 가장 극명히 보여주는 요소는 인본주의 지향성(4.69점, 7위)과 직설적인 태도(3.86점, 47위)다. 인본주의 지향성이 최상위권에 속한다는 것은 인도네시아 사람들이 상호 배려와 인간적인 유대를 중시하고 공동체 의식이 강하다는 것을 반영한다. 반면 직설적인 태도가 최하위권이라는 점은 직설적이고 솔직한 의사소통보다는 부드럽고 완곡한 표현을 선호한다는 의미다. 이러한 문화적 특성을 통해 인도네시아에서 효과적인 리더십이 무엇인지 추

구분	인도네시아 점수	세계 순위	세계 평균 점수
권력거리	5.18	33위	5.14
불확실성 회피성	4.17	28위	4.17
미래 지향성	3.86	27위	3.84
양성 평등	3.26	37위	3.38
그룹 집단주의	5.68	15위	5.10
성과 지향성	4.41	15위	4.10
제도 집단주의	4.54	15위	4.24
인본주의 지향성	4.69	7위	4.09
직설적인 태도	3.86	47위	4.13

주) 62개국을 대상으로 6점 척도로 조사

측할 수 있다. 가장 이상적인 리더는 단순히 지시만 내리는 사람이 아니라 직원들을 가족처럼 배려하고 보살피는 존재여야 한다는 것이다. 직원들과의 소통 방식 또한 직설적이고 강한 어조보다는 배려심 있고 부드러운 접근이 더 효과적임을 다시 한번 명심해야 한다.

5장

인도네시아 무슬림 이해하기,
이슬람 경제 벨트를 잡아라

종교적 다양성을 인정한
세계 최대의 온건 무슬림 나라

비즈니스를 계획할 때 해당 나라의 공휴일을 확인하는 것은 단순한 준비를 넘어 그들의 문화와 철학을 이해하는 중요한 열쇠다. 공휴일은 국가와 사회가 중시하는 가치를 반영하여 모든 국민이 함께 기념하는 날이기 때문이다. 인도네시아 달력을 보면 종교와 관련된 공휴일이 눈에 띄게 많다. 인도네시아는 이슬람, 힌두교, 불교, 기독교 등 대표적인 종교의 신년과 주요 기념일을 모두 공휴일로 지정했다. 이는 인도네시아 사회가 종교의 다양성과 조화를 얼마나 중요한 가치로 여기는지를 단적으로 보여준다. 세계에서 무슬림 인구가 가장 많은 나라인 인도네시아는 전체 인구 2억 8,000만 명 중 약 86퍼센트인 2억 4,000만 명이 이슬람 신자다. 이슬람 발상지인 사우디아라비아, 이집트, 이란 등 중동 여러 국가의 이슬람 인구를 모두 합친 것보다 많다. 그러나 인도네시아는 이슬람교를 국교로 삼지 않고 기독교, 천주교, 불교, 힌두교, 유교를 포함한 여섯 개의 종교를 공식적으로 인정하고 있다. 헌법은 국민에게 종교 선택의 자유를 보장하며, 인도네시아는 다양한 종교가 서로 존중하고 조화롭게 공존하는 사회를 형성하고 있다.

비록 이슬람이 인도네시아의 국교는 아니지만 그 영향력은 여전히 국가와 사회 전반에 강력하게 작용하고 있다. 인도네시아에 비즈니스 도전장을 던진 사람이라면 인도네시아인의 행동, 습관, 가치, 그리고 세계관을 이해하기 위해 이슬람교부터 깊이 있게 알아야 한다.

인도네시아의 이슬람교는 중동과 달리 온건하고 중도적인 성격을 갖는 것이 특징인데, 그 배경에는 다음과 같은 이유가 있다.

첫 번째는 이슬람의 평화적인 전파 방식 때문이다. 7세기경 이슬람교가 정복 전쟁을 통해 중동과 남아시아에서 확산된 것과 달리 인도네시아는 아랍 세계에서 5,000킬로미터 이상 떨어져 있어서 전쟁의 참화를 피할 수 있었다. 그 대신 13세기 수피즘(Sufism) 선교사들이 무력을 사용하지 않고 평화적으로 이슬람교를 전파할 수 있었다. 수피즘은 이슬람 신비주의로, 경전 중심의 엄격한 교리를 따르는 대신 개인의 수행과 영적 체험을 중시하는 종파다. 이러한 접근법은 기존 종교와 토착 신앙을 배척하지 않고 갈등을 최소화하며 자연스럽게 이슬람을 확산시키는 데 기여했다. 특히 왈리 송오(Wali Songo: 아홉 성인)로 알려진 이슬람 지도자들이 지역 문화를 존중하면서 이슬람을 전파했기 때문에 인도네시아 사회는 이슬람과 토착 문화가 조화를 이룬 독특하고 포용적인 신앙의 형태로 형성되었다.

두 번째는 인도네시아의 문화 혼합주의다. 문화 혼합주의는 전통과 외래문화를 조화롭게 융합하는 것으로 이슬람이 토착 신앙, 힌두교, 불교의 요소를 포용해 독특한 형태로 발전시키게 했다. 이러한 문화와 종교 간의 관용이라는 전통의 뿌리는 '다양성 속의 통일'을 뜻하는 '비네까 뚱갈 이까(Bhinneka Tunggal Ika)'에서 찾을 수 있다. 이 표현은 14세기 마자파힛(Majapahit) 왕국 시대의 시인 음뿌 딴뚤라르(Mpu Tantular)가 쓴 서사시 〈수따쏘마(Sutasoma)〉에서 유래했다. 마자파힛 왕국은 힌두교와 불교를 포용하며 종교와 신념이 달라도 하나의 공동체로 공존할 수 있음을 보여주었다.

특히 비네까 뚱갈 이까라는 문구는 인도네시아 건국의 아버지들에게 깊은 영감을 주어 헌법에 포함되었고 인도네시아 국장인 전설의 새 가루다(Garuda)의 발톱에 잡힌 흰 띠에도 새겨졌다. 수많은 섬과 다양한 부족·문화·언어·인종을 하나로 통합하고 다양성을 자산으로 삼으려는 의지가 이 문구에 담겨 있다. 영어로는 'Unity in Diversity'로 번역되며, 2000년부터 27개 회원국으로 구성된 유럽연합(EU)의 공식 표어로도 사용되고 있다.

인도네시아 이슬람교의 융합적 성격은 종교 의식과 성묘 문화에서 잘 드러난다. 토속신앙과 힌두교에서 기원한 슬라마딴(Selamatan)은 조상과 신에게 보호와 축복을 기원하고 불행 대신 평안을 바라는 전통 의식이다. 이 의식을 치를 때는 원뿔 모양의 노란 밥과 다양한 음식을 준비해 친척 및 이웃과 함께 나눈다. 현지 사람들은 시험, 승진, 결혼, 개업 등 중요한 삶의 순간마다 슬라마딴 의식을 치른다. 그리고 중동과 달리 인도네시아에는 조상의 묘소를 찾는 성묘 문화가 깊이 뿌리내

인도네시아 국장 가루다와 EU 국기

리고 있다. 힌두교 장례 의식의 영향으로 사망 후 3일, 7일, 10일, 100일, 1,000일에 기념 의식을 올리는 전통이 이어지고 있다. 무덤에 꽃을 바치는 풍습 역시 인도네시아에서는 일반적이지만 중동 이슬람권에서는 그리 권장되지 않는 관행이다.

또한 중동과 인도네시아 이슬람의 가장 큰 명절은 다르다. 중동을 포함한 대부분의 이슬람 국가에서는 희생제(Idul Adha)를 가장 중요한 축제로 여긴다. 이슬람력 12월 10일에 기념되는 이 명절은 아브라함이 신의 뜻에 따라 아들을 제물로 바치려 했던 신앙과 헌신을 강조한다. 반면 인도네시아에서 가장 성스러운 명절은 이둘피뜨리(Idul Fitri)로 현지에서 르바란(Lebaran)으로 불린다. 이는 한 달간의 금식(라마단)이 끝나는 날로, 배고픔을 경험하며 가난한 이웃의 어려움을 공감하고, 가족 및 이웃과 서로 용서하고 화해하고 축하하는 날이다. 다른 이슬람 국가들은 하루나 이틀만 쉬는 반면 인도네시아에서는 7~10일간 긴 연휴가 이어진다. 마치 한국의 추석이나 설처럼 수천만 명이 고향을 찾아 가족과 시간을 보내는 대이동이 펼쳐진다. 이는 인도네시아의 가족 중심 문화와 이슬람 전통이 결합한 독특한 명절 풍경이라 할 수 있다.

세 번째는 정부의 강력한 극단주의 억제 정책이 결합한 결과다. 인도네시아 정부는 이슬람이 정치에 개입하는 것을 막고 극단주의 세력을 엄격하게 통제해왔다. 공산당의 쿠데타 시도를 진압하며 집권한 수하르토 정부(1967~1998)는 공산주의뿐만 아니라 이슬람 급진 세력의 부상을 경계했다. 특히 1979년 이란 혁명 이후 이슬람 근본주의가 인도네시아로 확산할 가능성을 차단하기 위해 강력한 통제 정책을 시행했다. 이에 따라 급진적 이슬람 지도자들은 해외로 망명하거나 정치적 영향력을 상실하게 되었다. 또한 군소 이슬람 정당들을 하나의 정당(PPP: 통합개발당)으로 통합하여 종파 간 갈등도 최소화했다. 1985년에는 모든 이슬람 정당과 단체가 인도네시아 국가 이념인 빤짜실라(Pancasila)를 유일한 원칙으로 수용하도록 법제화했다. 이 조치는 이슬람 정당이 샤리아(이슬람 율법)를 정치 강령으로 채택하는 것을 사실상 금지하는 결과를 낳았다.

이후 조코위 대통령도 강경 이슬람 세력에 대한 규제를 이어갔다. 그는 사법부 판결 없이 정부의 재량으로 종교 단체를 해산할 수 있도록 법령을 개정해 2017년과 2020년 각각 히즈부트 타흐리르 인도네시아(HTI)와 이슬람 수호전선(FPI) 같은 강경 단체를 해산했다. 인도네시아 정부의 이러한 노력들은 오랫동안 강경 이슬람이 정치적 힘을 얻는 것을 막고, 중도적이고 온건한 이슬람이 인도네시아 사회에 뿌리내리는 데 중요한 역할을 했다.

수도 자카르타에는 독특하게도 동남아 최대 규모를 자랑하는 이스

티클랄 모스크(Istiqlal Mosque: 수용 인원 12만 명)와 100여 년의 역사를 자랑하는 자카르타 대성당(Gereja Katedral Jakarta: 높이 60미터)이 나란히 자리하고 있다. 두 건축물은 단순히 가까이 위치했을 뿐만 아니라 지하 터널로 연결되어 있다. 그래서 라마단 이후 열리는 이둘피뜨리 예배 기간에는 대성당이 모스크 방문객들에게 주차 공간을 제공하고, 크리스마스에는 모스크가 대성당 방문객들을 위해 주차장을 개방한다. 또한 인도네시아 최대 이슬람 단체 나다뚤 울라마(Nahdlatul Ulama, NU)는 크리스마스마다 경찰과 함께 대성당의 치안과 교통을 지원하며 협력하고 있다. 이러한 전통은 서로의 신앙을 존중하며 평화롭게 공존하려는 인도네시아의 종교적 관용과 화합의 정신을 상징하는 이색적인 광경인 셈이다.

인도네시아가 이슬람 국가 중
비즈니스 하기에 좋은 이유

인도네시아의 이슬람과 다른 나라의 이슬람을 비교했을 때 어떤 차이점이 있을까? 미국의 비영리 연구 기관 퓨 리서치 센터(Pew Research Center)는 2012년 아시아와 아프리카, 중동, 유럽 등 39개국의 이슬람 신자 중에서 약 4만 명을 대상으로 정치·종교·사회 이슈에 대한 인식을 조사했다.

같은 이슬람권이라도 이슬람 극단주의를 반기질 않는다

이슬람을 포함한 종교의 극단주의에 대한 우려 수준은 국가별로 큰 차이를 보인다. 튀르키예(37퍼센트)와 요르단(46퍼센트)은 상대적으로 낮은 편인 반면, 인도네시아(78퍼센트)는 세계에서 가장 높은 수준을 기록했다. 나이지리아(50퍼센트), 파키스탄(56퍼센트), 말레이시아(63퍼

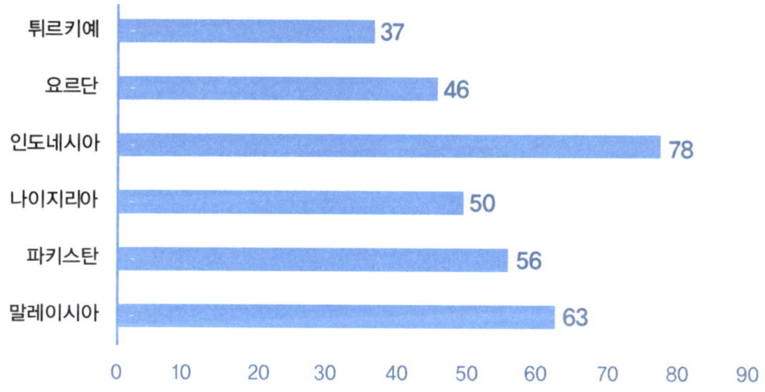

센트)는 그 중간 정도에 위치한다.

비록 과거의 조사이지만 현재도 크게 다르지 않을 것이다. 인도네시아가 이슬람 극단주의에 대한 우려가 높은 것은 온건한 이슬람 전통이 인도네시아의 사회 전반에 깊숙이 자리 잡고 있기 때문이다. 인도네시아의 이슬람은 다원주의와 공존을 중시하는 가치 위에서 발전해왔다. 이러한 문화적 기반이 극단주의를 사회 통합을 위협하는 요소로 인식하게 만들어 이슬람 극단주의에 대한 경계심이 높은 것이다.

여섯 개나 되는 공식 종교를 인정, 이슬람 포교의 의무 낮다

아직 믿지 않는 자들에게 전하고 그들이 무슬림이 되도록 초대하는 종교적 활동인 포교를 종교적 의무로 여기는 비율은 대부분의 이슬람 국가에서 매우 높은 편이다. 요르단(92퍼센트)과 이집트(88퍼센트)는 최

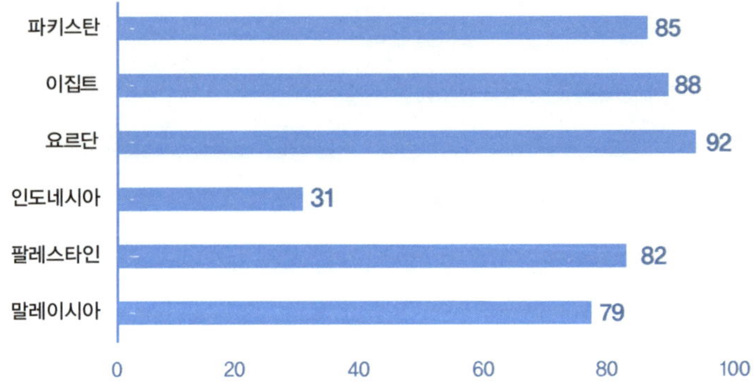

고 수준을 보이고, 파키스탄(85퍼센트)과 팔레스타인(82퍼센트)도 비슷한 경향을 나타낸다. 말레이시아(79퍼센트) 역시 높은 편으로, 대부분의 응답자가 포교를 신앙의 핵심적 실천 행위로 받아들이고 있음을 보여준다.

하지만 인도네시아에서는 '사람들을 이슬람으로 개종시켜야 한다는 의무감'이 낮은 편이다. 인도네시아(31퍼센트)의 수치가 상대적으로 매우 낮은데 이는 인도네시아가 헌법상 여섯 개의 공식 종교를 인정하며 종교 선택의 자유를 폭넓게 보장하고 있기 때문이다. 따라서 인도네시아에서는 포교 행위가 공적 의무라기보다 개인적 신앙의 영역으로 인식되는 경향이 강하다.

여성의 히잡 착용 여부마저도 자유롭다

이슬람 문화에서는 '히잡, 쓸 것인가, 벗을 것인가?', 즉 여성의 히잡 착용을 개인의 자유로운 선택으로 보느냐, 아니면 국가가 강제하거나 금지해야 하는 대상으로 보느냐를 둘러싼 논쟁이 지속되어왔다. 히잡 착용에 대한 여성의 자율적 선택권에 대해 튀르키예(90퍼센트)와 인도네시아(79퍼센트)는 폭넓게 인정하는 반면, 요르단(45퍼센트), 이집트(46퍼센트), 팔레스타인(53퍼센트)은 절반 정도의 비율로 인정한다. 특히 나이지리아는 인정하는 비율이 34퍼센트로 가장 낮아, 전통적이고 보수적인 가치관이 여전히 강하게 남아 있음을 보여준다.

이처럼 중동과 아프리카의 일부 국가는 보수적인 사회 규범과 종교적 권위의 영향으로, 여성의 히잡 착용을 개인의 선택보다 종교적·도덕적 의무로 인식하는 경향이 강하다. 이러한 사회적 압력과 공동체의

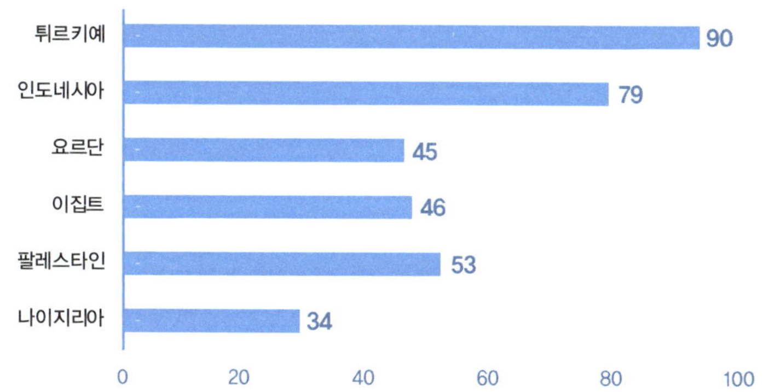

기대가 여성의 복식 선택에 영향을 미쳐서 결정권이 여성에게 있다고 응답한 비율이 낮게 나타난다. 반면, 세속주의 전통의 튀르키예와 종교적 관용이 자리 잡은 인도네시아는 다원주의와 종교의 자유가 보장되어, 히잡 착용을 여성의 자율적 선택으로 존중하는 문화가 자리 잡았다.

음주 문화에 대해 관대하지 않다는 걸 기억하라

음주에 대한 도덕적 인식에서만큼은 인도네시아도 다른 이슬람 국가들과 비슷한 인식을 갖고 있다. 팔레스타인(92퍼센트)과 인도네시아(91퍼센트)에서는 대부분의 사람이 음주를 도덕적으로 바람직하지 않은 행위로 인식한다. 요르단(82퍼센트)과 이집트(79퍼센트) 역시 비슷한 경향을 보여, 종교적 규범이 일상 도덕의 기준으로 작용하고 있음을 알 수 있다. 반면 세속주의 전통이 뿌리내린 튀르키예(66퍼센트)와 카자흐스탄(59퍼센트)에서는 음주를 신앙의 문제보다는 개인의 문화적 선택으로 받아들이는 경향도 일부 나타난다.

실제로 인도네시아에서는 수도 자카르타와 발리 같은 유명 관광지의 대형 마트나 슈퍼마켓을 빼고는 중소도시의 작은 편의점이나 미니 마켓에서는 맥주 한 병 사기도 어려운 것이 사실이다. 음주를 즐기는 한국 조직의 술 문화도 인도네시아에서는 한 번쯤 신중히 고려해야 할 부분이다. 현지에서는 식사 위주의 회식 문화가 자리 잡고 있음도 명심해야 한다.

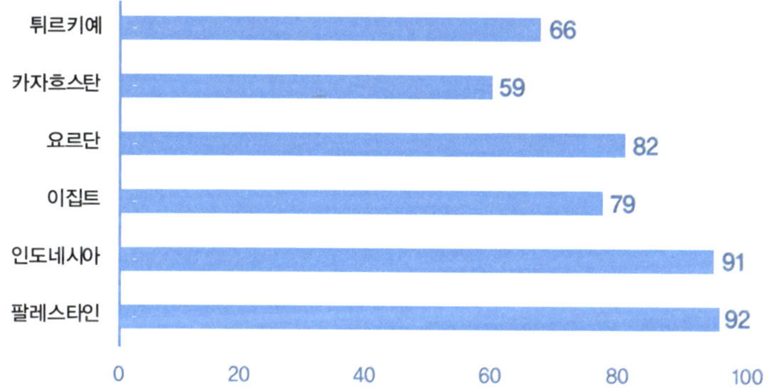

지금까지 살펴본 바에 따르면, 인도네시아는 세계에서 무슬림 인구가 가장 많은 국가임에도 정치·종교·사회 전반에서 다른 이슬람 국가들과는 구별되는 온건하고 포용적인 특성을 보인다. 이는 교리에 얽매이기보다 실용성과 조화를 중시하는 균형적인 인도네시아 이슬람의 특징 덕분이다. 따라서 한국인도 현지 종교를 존중하는 태도와 예의만 갖춘다면 큰 어려움 없이 인도네시아 사회에 잘 적응하며 살아갈 수 있다. 이슬람 문화가 낯선 한국인들이 다른 이슬람 문화권의 나라보다 덜 부담스럽게 인도네시아에서 비즈니스를 시작할 수 있는 이유이기도 하다.

③
이슬람 관용의 한계,
선을 넘은 자카르타 주지사의 몰락

앞에서 살펴보았듯이 인도네시아의 이슬람은 온건하고 관용적인 태도로 잘 알려져 있다. 하지만 그 경계를 넘으면 상상하기 어려운 대가를 치를 수도 있다. 그렇다면 인도네시아에서 종교적 관용의 한계는 어디까지일까? 자카르타 주지사가 이슬람 신성모독 혐의로 유죄 판결을 받아 2년간 복역한 사건은 종교적 민감성을 넘는 행위가 어떤 결과를 초래하는지 큰 경종을 울렸다.

화교 출신인 바수끼 차하야 뿌르나마(Basuki Tjahaja Purnama), 일명 아혹(Ahok)은 2012년 자카르타 주지사 선거에서 조코위와 러닝메이트로 출마해 당선되었다. 이후 조코위가 대통령이 되면서 아혹은 50년 만에 비무슬림 주지사로 자카르타를 이끌게 되었다. 화교 출신답게 특유의 저돌적인 추진력으로 자카르타의 고질적인 교통 혼잡 완화, 최저임금 인상, 무상 교육과 의료 서비스 확대, 공무원 부패 척결 등 과감한 개혁을 단행하며 시민들의 큰 지지를 받았다. 그의 정책은 자카르타의 변화를 가속했고 아혹은 개혁의 상징적 인물로 자리 잡았다.

그는 첫 번째 임기를 성공적으로 마치고 재선이 유력했지만 예기치 않은 사건이 그의 정치적 운명을 바꿔놓게 된다. 2016년 9월 선거 유세 중에 그는 코란 5장 51절의 "유대인과 크리스천을 지도자로 삼지 말라. 그들을 지도자로 받아들이는 사람은 그들과 같은 부류다"라는 구절을 언급하며 일부 세력이 이를 정치적으로 악용하고 있다고 지적했다. 그는 "그들에게 속았다면 나에게 투표하지 않아도 된다"라고 발언했다. 이는 즉시 보수 강경파 무슬림 단체의 강한 반발과 대규모 시위를 촉발했다. 무슬림이 대다수인 유권자들이 아혹에게 등을 돌리며 지지율은 급락했다. 결국 아혹은 2017년 4월 선거에서 패배했다. 혁신적인 개혁가에서 한순간에 논란의 중심에 선 그는 선거 이후 신성모독 혐의로 재판에 넘겨졌고, 유죄 판결을 받아 2년간 복역하게 된다.

조코위 대통령의 사례에서 그랬던 것처럼, 자카르타 주지사라는 직책은 인도네시아에서 대통령으로 가는 중요한 정치적 디딤돌일 수 있다. 2017년 선거에서 승리한 무슬림 후보 아니스 바스웨단(Anies Baswedan)은 주지사로 재직하며 정치적 입지를 다졌고 결국 2024년 대통령 선거에서 2위를 차지할 만큼 성장했다. 반면 출소 후 아혹은 정계 은퇴를 선언하고 21세의 젊은 무슬림 여성과 결혼해 그녀를 기독교로 개종시켰다. 단 한마디의 실수로 정치적 운명이 완전히 엇갈린 것이었다. 아혹은 평생 쌓아온 정치적 업적과 대통령으로서의 가능성까지 한순간에 잃고, 정치 무대에서 퇴장해야만 했다.

인도네시아에서 오래 거주하다 보면 익숙함 속에서 방심하기 쉬워진다. 하지만 우리는 손님이라는 사실을 잊지 말아야 한다. 한순간의 실수가 돌이킬 수 없는 결과를 초래할 수 있음도 명심해야 한다.

인도네시아에서 효율적인
이슬람 비즈니스 에티켓

대중 앞 연설은 '신의 평화가 당신에게 있기를'로 시작하라

역사상 최고의 연설로 꼽히는 에이브러햄 링컨 대통령의 게티즈버그 연설은 단 272단어로 구성되었고, 단 2분 만에 끝났다. 특히 'of the people, by the people, for the people(국민의, 국민에 의한, 국민을 위한)'이라는 아홉 단어는 민주주의의 본질을 담은 표현으로 유명하다. 반면 하버드대학교 총장을 역임한 정치인 에드워드 에버렛(Edward Everett)은 링컨과 같은 자리에서 약 1만 3,000단어로 두 시간 동안 장황하게 연설했지만 그 내용은 거의 기억되지 않는다.

인도네시아에서 비즈니스를 하다 보면 그룹 미팅이나 행사에서 연설을 하거나 대표로 인사할 일이 종종 생길 수도 있다. 인도네시아 청중의 관심을 사로잡는 효과적인 방법은 분명히 있다. 연설자가 외국인

이면 무엇보다도 현지 언어와 문화에 대한 존중을 보여주는 것이 큰 차이를 만든다. 이슬람 인사말로 시작하면 청중과의 신뢰와 연결고리를 빠르게 형성할 수 있다. 외국인이기 때문에 발음은 정확하지 않아도 된다. 중요한 건 말하는 사람의 성의다. 이렇게 시작해보자. 짧은 문장이니 외워두는 것도 괜찮다. 말을 잘하는 것보다 중요한 건 기억에 남는 것이다. 그러니 관점을 바꿔야 한다. '내가 무슨 말을 했는가?'가 아니라 '그들은 무엇을 느끼고 돌아갔는가?'로.

- 아살라무알라이꿈(Assalamualaikum : 신의 평화가 당신에게 있기를)
- 와러마뚤러히 와바라까뚜(Warahmatullahi Wabarakatuh : 신의 은총과 축복이 있기를)
- 슬라맛 빠기(Selamat Pagi : 좋은 아침입니다)
- 나마사야 홍길동(Nama Saya 홍길동 : 제 이름은 홍길동입니다)

간단한 네 문장일 뿐이지만 그 효과는 기대 이상이다. 이 말을 들은 청중들은 대부분 고개를 끄덕이며 연설자가 인도네시아에 대해 잘 알고 있고 거만하지 않으며 현지 문화를 존중하는 마음과 태도를 가졌다는 긍정적인 이미지를 갖는다. 마치 결혼을 앞두고 상견례에서 예비신랑이 신부의 부모님께 첫인사를 잘 드려 좋은 인상을 남기는 것과 같다.

초등학교 시절 인도네시아에서 살았던 미국의 오바마 대통령 역시 40년 만에 자카르타를 방문했을 때 환한 미소를 지으며 "슬라맛 빠기,

아살라무알라이꿈"이라는 인사로 연설을 시작했다. 그러자 청중은 우레와 같은 환호와 박수로 뜨겁게 화답했다. 이렇게 작은 배려와 성의는 인도네시아 청중과의 거리감과 이질감을 좁히기 때문에 각종 연설이나 비즈니스 만남의 성공 가능성을 높여준다. 인도네시아 사람들은 자신들을 존중해주는 진심 어린 노력을 귀하게 여긴다.

만남의 성공 확률을 높이는 격식 있는 인도네시아식 인사법

인도네시아인과 인사할 때 악수는 오른손으로 하고 때에 따라 악수를 한 후에 오른손을 가슴에 대어 상대방에 대한 존경심을 표현할 수 있다. 특히 이슬람 여성의 경우 이성 간의 신체적 접촉이 금지될 수 있기 때문에 상대방 여성이 먼저 손을 내밀지 않으면 악수를 청하지 않는 것이 예의다. 가장 무난한 인사 방법으로는 살람 호르맛(Salam Hormat)이 있다. 이는 인도의 나마스테와 비슷하게 손바닥을 합장하듯 가슴 앞에 모으고 살짝 고개를 숙이는 동작이다. 이 인사는 존경을 나타내며 대통령을 포함한 인도네시아의 정치 지도자들이 대중 앞에서 자주 사용하는 인사 방식이기도 하다.

또한 서양과는 달리 상대방의 눈을 오래 응시하는 것은 공격적으로 받아들여질 수 있으니 적절한 시선 처리가 필요하다. 방향을 가리킬 때는 집게손가락 대신 손바닥을 펴서 다섯 손가락을 모두 사용하는 것이 권장된다. 그리고 상대방의 머리를 만지는 행동은 금기시되므로 반드시 피해야 한다.

주한 인도네시아대사관에서는 한국에 살고 있는 인도네시아 사람들의 애환과 문화 차이를 소재로 한 미니 영화제를 수년간 개최한 적이 있다. 그중 "사장님, 머리 그만 만지세요"라는 제목의 작품이 눈길을 끌었다. 문화적 차이에서 비롯된 어려움을 유머러스하게 다룬 이 작품은 한국 사장이 친근함의 표시로 인도네시아 직원의 머리를 만지는 장면으로 시작된다. 문화 차이로 불편함을 느낀 직원은 "사장님, 머리 그만 만지세요"라는 한국어 문장을 가장 처음 배운다.

인도네시아인 식사 초대 시 알아야 할 기본 매너

한국인은 현지인을 식사에 초대할 때 한국 음식을 대접하려는 마음이 강하다. 인도네시아 현지 한국 식당은 대부분 메뉴에 돼지고기 요리를 포함하고 있다. 돼지고기가 아닌 다른 요리를 주문하면 된다고 생각할 수도 있지만, 인도네시아인은 메뉴에 돼지고기가 포함되어 있다는 사실만으로도 식사를 꺼리는 경우가 있다. 2022년 무함마드 빈 살만 알사우드 사우디 왕태자가 서울 롯데호텔에 머물렀을 때도 기존 호텔 식기를 쓰는 대신 1억 원을 들여 별도의 식기를 준비했다는 흥미로운 기사가 소개된 적이 있었다. 이는 종교적으로 금지된 음식을 만들었던 조리 기구나 이를 담은 식기가 사용되는 것을 꺼렸기 때문인 것으로 풀이된다.

신앙심이 깊은 인도네시아 상류층 무슬림 사이에서도 이러한 반응이 나타날 수 있다. 따라서 중요한 인도네시아 손님을 모실 때는 상대방의 선호를 먼저 물어보는 것이 안전하다. 한식, 중식, 일식 등 선호하는 식당을 물어보고, 메뉴에 돼지고기가 포함되어 있어도 괜찮은지 미리 확인하는 게 안전하다.

현지인을 초대할 때는 예정된 인원보다 많은 사람이 함께 오는 경우가 종종 발생한다. 예를 들어, 세 명이 온다고 해놓고 사전 통보 없이 그보다 많은 인원이 참석하기도 한다. 한국에서는 초청 인원이 늘어나면 주최 측의 경제적 부담이 커질 수 있다고 생각하지만, 인도네시아에서는 손님이 많을수록 좋은 일로 여긴다. 음식이 부족할 경우 나눠 먹는 것이 미덕이라고 생각하기 때문이다. 특히 정부 부처 공무원을 초대할 때 참석 인원이 늘어나는 일이 더 자주 발생한다.

한국에서는 호스트가 세 명 나간다고 하면 상대방도 그 숫자를 맞추는 것이 일반적이다. 그러나 인도네시아에서는 이런 관례가 통하지 않는다. 실제로, 한국 기업이 인도네시아 신수도 이전 사업 관련 부서를 점심 식사에 초대하면서 우리 측은 세 명이 나간다고 통보했다. 그리고 가벼운 마음으로 식사 자리에 갔는데 상대방은 무려 12명이 나와 한국인 모두를 놀라게 했다. 이런 상황을 방지하려면 식사 약속 시에 상대방의 인원수를 명확히 지정하는 것이 필요하다. 그러나 이렇게 해도 여전히 예정보다 많은 사람이 참석하는 일은 흔하다.

아울러 식사 자리에서는 연장자나 귀빈이 먼저 식사를 시작할 때까지 기다리는 것이 예의이며, 왼손은 개인위생 관리에 사용되어 불결하다는 인식이 있으므로 식사에는 오른손을 써야 한다. 그리고 의자에 앉을 때는 다리를 꼬거나 양팔을 끼는 행동은 무례하게 여겨질 수 있으니 주의해야 한다. 또한 이슬람 남성들은 매주 금요일 12시에서 1시 사이에 사원이나 기도소에서 예배를 드려야 하므로 점심 약속은 다른 요일에 잡는 것이 바람직하다.

6장

국제 무대의 절대 강자, 인도네시아 외교의 힘

시련 속에서 배운
슈퍼 파워 자주 외교력

인도네시아와 관련해서 전 세계 언론의 헤드라인을 장식한 장면이 있었다. 러시아와 우크라이나 전쟁이 한창이던 2022년 인도네시아 조코위 대통령은 두 나라를 방문한다. 러시아 대통령 푸틴과 우크라이나 대통령 젤렌스키와 정상회담을 갖고 젤렌스키 대통령의 메시지를 푸틴에게 전달하며 전쟁의 중재에 나선 것이다. 전쟁 지역에서 수천 킬로미터 떨어진 개발도상국 인도네시아의 대통령이 '거기서 왜 나와?'라는 의문을 가지기에 충분하다. 중진국 레벨의 인도네시아가 강대국 러시아를 상대로 훈수를 두는 게 선뜻 이해하기 어려울 수 있다. 그러나 인도네시아는 전통적으로 국제 무대에서 상당한 외교적 영향력을 보여주는 것으로 유명하다.

한 국가의 외교적 영향력은 상대방 국가에 이득을 줄 수 있는 수단의 종류와 크기에 의해 결정된다. 상대방 국가를 위협으로부터 지켜줄

수 있는 군사력, 상대방 국가의 발전에 도움을 줄 수 있는 경제력, 높은 수준의 과학과 문화 등 소프트 파워가 중요한 요인으로 꼽힌다. 외교 강국인 미국, 영국, 중국은 대체로 이런 요인들을 두루 갖추고 있다. 2차 세계대전 후 갓 독립한 인도네시아는 시작부터 빼어난 외교 실력을 보여줬다. 특별히 내세울 게 없는 인도네시아는 어떻게 외교 강국이 되었을까? 인도네시아의 탁월한 외교 실력은 우리 국가를 넘어서 우리 기업에 어떤 점을 시사해줄까?

외교력 절대 강자인 인도네시아를 이해하려면 네덜란드로부터의 독립 투쟁을 살펴봐야 한다. 2차 세계대전 이후 바로 해방을 맞이한 한국과는 달리 인도네시아 앞에는 또 하나의 시련이 기다리고 있었다. 1942년부터 1945년까지 인도네시아를 점령했던 일본이 패배하자 민족주의 지도자 수카르노(Sukarno)와 하타(Hatta)가 1945년 8월 17일 인도네시아의 독립을 선포했다. 그러나 이 기쁨의 순간은 잠시였다. 일본이 점령하기 전에 350년간 인도네시아를 수탈했던 네덜란드가 승전국의 일원으로 다시 돌아온 것이다. 미국, 소련, 영국의 주도로 결성된 연합국에 호주, 네덜란드 등이 나중에 가담했다. 네덜란드는 호주 및 영국과 함께 일본의 무장 해제를 위해 다시 인도네시아에 등장했다. 좀비 같은 네덜란드의 재등장은 일본의 지배에서 벗어나 안도하던 인도네시아에 또 다른 악몽의 시작이었다. 여우 피했더니 호랑이를 다시 만난 격이었다. 외세의 손아귀에서 벗어나 독립 국가를 수립하려는 인도네시아의 염원이 좌절되기 일보 직전이었다.

네덜란드로서는 350년간 막대한 수익을 안겨주었던 황금알을 낳는 프로젝트인 인도네시아를 포기하기에는 그 경제적 손실이 너무 컸다. 따라서 네덜란드는 인도네시아의 독립 선포를 인정하지 않고 인도네시아 군도를 여러 개의 구역으로 나눈 다음 네덜란드 왕의 통치를 받는 연방제를 통해 네덜란드의 과거 영광을 재현하려고 했다. 자바, 수마트라, 마두라에 대해서는 인도네시아 신생 독립 정부의 지배를 인정하고 나머지 지역은 친네덜란드 세력과 협력해 통제하는 연방제를 구상했다. 일본 점령 이전까지 인도네시아는 통합된 식민지였지만 이제는 민족주의의 확산으로 군도를 나누는 것이 영구 지배에 유리하다고 판단했던 것이다. 진정한 독립을 원하던 인도네시아로서는 받아들이기 어려웠다.

이렇게 인도네시아 군도는 다시 한번 전쟁과 살육의 소용돌이에 휩쓸리게 된다. 네덜란드는 인도네시아로 17만 명의 군대를 파병했고 4

년간의 전쟁 중에 인도네시아 국민 10만 명 이상이 희생되었다. 열세에 몰린 인도네시아는 수도를 자카르타에서 족자카르타로 옮기고 항전했으나 독립 전쟁을 이끌던 수카르노와 하타가 체포되어 투옥되었다. 네덜란드는 인도네시아 군도의 통일 독립을 막기 위해 동자바, 남수마트라 등 별도의 주를 설립하고 자기편으로 포섭해나갔다. 식민 지배를 연장하기 위한 이러한 네덜란드의 행태는 인도네시아 국민의 강한 반발을 불러일으켰다. 거머리처럼 계속 달라붙는 네덜란드의 제국주의 속성에 인도네시아는 진저리 쳤으며 새 시대를 맞이하려는 국민의 열망과 염원은 네덜란드에 대한 강한 저항으로 나타났다.

유엔을 포함한 국제사회의 여러 휴전 제의에도 네덜란드는 계속해서 전쟁을 진행하며 인도네시아 대부분의 지역을 장악해나갔다. 그러나 미국이 마셜 플랜(Marshall Plan : 2차 세계대전 이후 미국의 원조로 이루어진 유럽의 재건 계획)에 네덜란드를 포함시키지 않겠다고 위협하자 마침내 네덜란드는 굴복하여 물러나게 된다.

당시 협상에는 네덜란드가 인도네시아 독립전쟁에 사용한 전쟁 비용 약 43억 네덜란드 길더(당시 약 11억 달러 상당)의 부채를 인도네시아가 대신 떠안는 조건이 포함되었다. 인도네시아로서는 매우 부당하고 이해하기 어려운 요구였지만, 독립이라는 더 큰 가치를 위해 수용할 수밖에 없었다.

1949년 12월 인도네시아의 주권이 마침내 인정되었다. 일본이 패망한 후에도 4년간 네덜란드와 치열한 전쟁을 거치고서야 인도네시아는 독립을 이룬 것이다. 이러한 역사적 배경은 국제 질서에 대한 독특하고 현명한 시각을 갖게 하는 데 일조했다. 이는 인도네시아 외교의 방향을 제시하는 나침반과 같은 중요한 역할을 했다.

②
두 개의 암초 사이에서 노 젓기, 외교 전략

인도네시아 외교 정책의 오랜 전통과 핵심 가치는 '자유롭고 적극적인(Bebas dan akitf, free and active)' 외교다. 초대 부통령 하타가 독립전쟁이 한창이던 1949년 '두 개의 암초 사이에서 노 젓기(Rowing between two reefs)'라는 제목으로 연설하며 널리 알려졌다. 이 실용주의 외교 노선은 당시 냉전 상황(미국과 소련이 전 세계를 서구와 동구 두 개의 블록으로 나누었다)에서 어느 편에도 서지 않되, 소극적인 중립을 지키는 것이 아니라 자국의 이익과 세계 평화 증진을 위해 독자적인 목소리를 내는 것을 골자로 한다. 왜 이런 자유롭고 적극적인 외교 정책을 갖게 되었을까? 첫째는 인도네시아를 다시 식민지화하려는 네덜란드에 대한 국제사회의 이중적인 태도에 실망했기 때문이다. 또한 강대국 간의 국제 정치 게임으로 인도네시아 독립이 좌지우지되는 현실을 명확히 인식했기 때문이다.

예를 들면 미국은 민족자결주의에 따라 인도네시아의 독립을 적극 지지할 것으로 예상되었지만, 1946년 유엔 안전보장이사회에서 인도네시아 문제를 다루는 것에 대해 다른 강대국들과 함께 반대했다. 미국이 네덜란드의 오랜 동맹국이었던 데다가 2차 세계대전 이후 마셜 플랜을 추진하면서 인도네시아의 독립보다는 유럽의 안정과 재건을 더 우선시했기 때문이다. 그러나 인도네시아와 네덜란드 간의 전쟁이 장기화하고 민족주의 운동이 격화되자 미국은 네덜란드의 폭력적 억압 조치가 오히려 민족주의 세력을 궁지에 몰아넣고 급진화시켜서 공산주의 세력과 연합할 가능성에 주목하게 되었다. 이는 공산주의 확산을 최대 위협으로 간주하던 냉전 초기 미국의 안보 전략과 충돌하는 문제였다.

당시 미국이 인도네시아를 바라보는 관점은 오로지 동남아시아에서 공산주의 확산을 막는 데에만 초점이 맞추어져 있었다. 독립전쟁 초기에 미국이 인도네시아를 전폭적으로 지지하지 않은 이유 중 하나는 수카르노가 독립전쟁에 참여한 공산주의 세력에 대해 모호한 태도를 보였기 때문이다. 그러나 수카르노가 1948년 9월 자바섬의 마디운(Madiun) 지역에서 발생한 공산주의 반란을 진압하자 인도네시아 독립운동가들이 공산주의와 확실히 선을 긋는 정치 세력임을 인식하게 된다.

이후 미국은 태도를 바꾸어 인도네시아 독립에 대한 확실한 지지로 돌아섰다. 네덜란드에 외교적 압박을 가하기 시작했고 마셜 플랜에서 배제하겠다는 강력한 경고를 통해 네덜란드를 협상 테이블로 끌어냈다. 결국 1949년 네덜란드는 인도네시아의 주권을 공식 인정했다. 인도네시아는 독립했지만, 민족자결이 아닌 국제 정치의 힘의 논리, 특히 미국의 이해관계에 따라 인도네시아의 운명이 결정되는 것을 뼈아프게 경험했다.

자유롭고 적극적인 외교 정책은 미국과 러시아를 자기편으로 끌어들이려는 국내 정치 세력 간의 극한적인 경쟁을 막으려는 목적도 있었다. 독립 과정에서 공산주의를 비롯한 극단주의 세력의 확산을 방지하기 위해선 어느 한 강대국의 블록에 동조하는 외교 정책을 피해야 했다. 친미나 친소 패러다임에서 벗어나 독자적인 태도를 보이는 게 국가적인 단결에는 바람직하다는 것이다. 그래서일까. 지금까지 75년이 넘는 세월 동안 자유롭고 적극적인 인도네시아의 외교 정책 기조는 변하지 않고 있다. 다만 정권에 따라 이 원칙을 해석하고 실행하는 방법에만 차이를 보였을 뿐이었다.

이러한 외교 전통의 첫 번째 사례는 1955년 인도네시아 반둥에서 열린 '아시아·아프리카' 회의였다. 이 회의에서는 과거 식민지였던 아시아와 아프리카의 29개국이 한자리에 모여 힘을 결집하고 강대국의 패권주의에 맞서는 새로운 세계 질서의 대안을 제시했다. 당시 대통령이던 수카르노는 인류 역사상 유색인종의 국제회의는 처음이라고 말하면서 인도네시아의 주도적 역할에 자부심을 드러내기도 했다.

이 회의에서는 첫째, 국가 간 평화로운 공존, 둘째, 식민주의·제국주의 등 패권주의로부터 전 세계 해방, 셋째, 인종과 국가 간 평등, 넷째, 약소국 간의 연대 및 발전 협력이라는 내용으로 반둥회의 최종 결

2015년 반둥회의 60주년 기념식

의안이 채택되었다. 이 결의안은 미국과 소련의 냉전 시기에 제3세계를 결집하여 새로운 국제 질서를 만드는 토대가 되었다. 회의는 계속해서 열리지 못했다. 그러나 이는 1961년 제3세계 120개 회원국을 보유한 국제기구인 비동맹운동(Non-Alignment Movement)의 설립으로 이어졌다. 비동맹운동의 창설에는 수카르노 대통령이 주도적인 역할을 했다. 반둥회의 이후 대부분의 개도국은 탈식민지화와 독립에 성공했다. 반둥회의의 기본 원칙은 여전히 개도국 간 국제 협력을 이끌어가는 중요한 방향이 되고 있다. 2015년 반둥회의 60주년 기념행사에 아프리카, 남미 등에서 100개국 이상의 개도국이 참여한 것에서도 알 수 있듯이 제3세계 국가에 대한 인도네시아의 외교적 영향력은 아직도 굳건하다.

한편 1955년 반둥회의 개최를 통해 비동맹 세력의 중심으로 떠오른 인도네시아는 미국과 소련 양대 진영으로부터 러브 콜을 받았다. 그 덕분에 양국을 경쟁시키면서 많은 원조를 받아낼 수 있었다. 소련은 신생 독립국가를 사회주의 체제로 전환시키려는 목적으로 많은 경제 원조를 제공했다. 특히 반둥회의를 주최한 인도네시아가 집중 공략 대상이었다. 반둥회의 개최 이듬해인 1956년 소련이 중동, 아프리카, 아시아, 남미의 비사회주의 국가를 대상으로 총 2.4억 달러의 원조를 제공했는데, 전체 금액의 40퍼센트에 달하는 1억 달러가 인도네시아로 향했다. 인도네시아는 1960년에도 전체 6.3억 달러 중 2.5억 달러를 받아 1위 수혜국이 되었다. 미국과 소련 사이에서 펼친 독자적이고 자주적인 외교적 노력이 인도네시아에 커다란 경제적 이득을 가져다준 것이다.

• 소련의 비사회주의 국가에 대한 공적 원조 •

1956년			1960년		
순위	국가	금액 (100만 달러)	순위	국가	금액 (100만 달러)
1	인도네시아	100	1	인도네시아	250
2	아프가니스탄	100	2	이집트	225
3	예맨	20	3	아프가니스탄	46
4	인도	18	4	이라크	45
			5	가나	40
			6	기니	22
총계		238	총계		628

출처: 제임스 리처드 카터(James Richard Carter), 소련의 해외 원조 1971

아세안을 이끌어가는
핵심 국가

　인도네시아 2대 대통령인 수하르토의 취임 첫해인 1967년 8월 인도네시아, 말레이시아, 필리핀, 싱가포르, 태국의 외무장관이 태국 방콕에 모여 문서에 서명함과 동시에 오늘날 가장 성공적인 개도국 간의 지역 협의체로 평가받는 아세안이 탄생했다. 5개국 외무부 장관은 아세안 설립의 아버지로 칭송받게 되었다.

　아세안 설립 이전인 1961년부터 말레이시아, 필리핀, 태국으로 구성된 느슨한 협의체인 동남아시아연합(Association of Southeast Asia, ASA)이 존재했다. 미국으로부터 독립한 필리핀, 영국으로부터 독립한 말레이시아, 그리고 태국, 이 세 나라는 공산주의의 영향력 확산에 반대하고 미국과 영국의 친서방 정책을 따른다는 공통점을 가지고 있었다. 그러나 1961년 당시 인도네시아에는 반제국주의 투쟁에 평생을 바쳐온 수카르노 초대 대통령이 있었다. 그는 동남아시아연합을 제국주의의 앞

잡이로 보았다. 따라서 동남아시아연합의 확장은 벽에 부딪히게 되었다.

1967년 수카르노 대통령이 물러나고 반공주의와 친서방 노선을 표방한 수하르토 대통령이 집권하자 아세안의 설립 협상이 급물살을 타게 되었다. 아세안의 출범은 인도네시아의 정치적 지형 변화에 힘입은 바 크며, 이는 인도네시아가 추구해온 자유롭고 독립적인 외교 노선의 연장으로 해석할 수 있다. 인도네시아는 1973년 아세안 사무국을 자카르타에 유치하여 명실상부한 아세안의 핵심 국가로 인정받게 되었다. 처음에는 5개국으로 출범한 아세안은 이후 미얀마, 베트남, 라오스, 캄보디아, 브루나이, 동티모르 등 6개국이 추가 가입하여 현재 11개 회원국을 보유하고 있다.

아세안의 핵심 작동 원리 중 하나로 '아세안 중심성(ASEAN Centrality)'이 있다. 이는 아세안이 아시아 태평양 지역에서 협력의 중심축이자 조정자 역할을 수행해야 한다는 의미다. 중요한 국가들을 아세안의 직접 회원으로 가입시키거나 다자간의 협의체 참여를 통해 하나로 결속하는 강력한 접착제 같은 역할을 해야 한다는 뜻이다.

인도네시아는 아세안 중심성을 중요한 가치로 여기며, 현재 미국, 중국, 러시아, 일본, 한국 등이 아세안+3(ASEAN Plus Three), 동아시아정상회의(East Asia Summit, EAS), 아세안 확대 국방장관회의(ASEAN Defense Ministers' Meeting Plus, ADMM+)를 통해 다자간 협의체에 공동으로 참가하고 있다.

만인의 연인 인도네시아!
천 명의 친구 그러나 적은 없다

인도네시아 최초로 직선제로 선출된 수실로 밤방 유도요노 대통령은 2010년 현대 인도네시아 외교의 또 다른 대표적인 슬로건인 '천 명의 친구와 0명의 적(A thousand friends and zero enemy)'을 내걸었다. 이는 인도네시아의 국익을 지키기 위해 어떤 국가에도 적대하지 않고 포용적 관계를 유지하며, 강대국 사이에서 등거리와 균형을 지키는 외교를 추구하겠다는 의미를 담고 있다. 당시 외교부 장관이었던 마띠 나딸레가와(Marty Natalegawa)는 이를 위한 실천 전략으로 '역동적 균형(Dynamic Equilibrium)'을 제시했다. 역동적 균형은 힘의 균형과는 다른 개념이다. 대립하는 세력 간 힘의 균형을 통한 평화 유지와 갈등 해결은 지속 가능하지 않다는 믿음으로 새로운 방안을 모색한 것이다.

미국과 중국 등 강대국 간의 갈등에 휘말리지 않고 강대국이 강요하는 편들기와 줄서기를 피하는 인도네시아의 외교 전략은 과연 무엇일까? 인도네시아는 역동적 균형의 국제 시스템을 만들어야 한다고 본다. 역동적 균형의 국제 시스템은 다수의 중견국이 주도하고 미국, 러시아, 중국 등 강대국들이 참여하되, 어떤 강대국도 지배적인 지위가 인정되지 않고 어떤 국가도 배제되지 않는 경제와 안보 분야의 다자간 협력 체제를 중첩적으로 구성하는 것이다. 강대국들과 중견국들을 중첩적인 견고한 그물망에 함께 갇히게 함으로써 강대국 간의 대립과 중견국에 대한 편 가르기를 방지하고 우리의 승리가 상대방의 패배로 이어지는 갈등 상황을 피할 수 있다는 것이다. 이로써 어떤 강대국이든 아시아 태평양 지역에서 일방적이고 완전한 승리자가 되는 걸 방지하겠다는 전략이다.

지금 중견국 주도의 다자간 협력 체제의 핵심은 바로 아세안이다. 인도네시아는 아세안을 기반으로 다수의 역외국이 참여하는 중첩적인 다자 협력 체제에 참여하고 있다. 아세안+3은 1997년 아시아 금융 위기를 계기로 아세안 회원국과 한국, 중국, 일본이 발족시킨 경제협력을 위한 회의체로 매년 회원국 정상들이 참석한다. 또한 정치와 안보 현안에 관한 협의체로 동아시아 정상회의도 운영되고 있다. 동아시아정상회의는 아세안 회원국과 미국, 러시아, 중국, 한국, 일본, 인도 등 총 18개국이 참여하는 회원국 정상 간의 전략적 협의체다. 아세안 확대 국방장관회의는 아세안 회원국과 미국, 중국, 러시아, 일본, 한국 등이 참여하여 아시아 태평양 지역의 안보 현안을 논의한다. 최근 유럽연합과 영국, 프랑스도 가입 신청을 했다.

한편 조코위 대통령은 2022년 20개 선진국 정상들의 모임인 G20 정상회의를 발리에서 성공적으로 개최했다. 미국과 중국의 갈등 속에서도 러시아의 우크라이나 침공을 규탄하고 철수를 요구하며, 기후변화와 에너지 위기 등 세계가 직면한 공동 과제에 대해서도 선언문을 채택하는 성과를 올렸다. 인도네시아는 G20 회의에 러시아 대통령 푸틴을 초청하지 말라는 서방의 압력에도 불구하고 마지막까지 푸틴을 초청하기 위해 노력했다. 푸틴은 스스로 불참하기로 했지만, 글로벌 외교에서 인도네시아의 조정자 역할이 빛을 발하는 순간이었다. '천 명의 친구와 0명의 적'을 만드는 외교 원칙이 충실히 지켜진 셈이다.

국제 외교 무대에서 조코위 대통령의 활약은 여기서 그치지 않았다. 그는 미·중 갈등과 러시아-우크라이나 전쟁의 중재를 위해 광폭 횡보를 보였다. 2023년 미국의 바이든, 중국의 시진핑, 러시아의 푸틴, 우크라이나의 젤렌스키를 모두 만난 국가의 정상은 조코위 대통령이 유일했을 정도다. '두 개의 암초 사이에서 노 젓기'라는 인도네시아의 자유롭고 적극적인 외교 정책이 '여러 개의 암초 사이에서 노 젓기'로 업그레이드된 것이다.

인도네시아는 정부뿐만 아니라 기업도 뛰어난 협상 능력을 자랑한다. '천 명의 친구와 0명의 적 만들기'와 '두 개의 암초 사이에서 노 젓기'는 기업에도 유효한 전략이다. 좀처럼 속내를 드러내지 않고 느긋한 시간관념으로 무장한 인도네시아 기업은 마치 미소만 짓는 만인의 연인과 비슷하다. 만인의 연인을 상대할 때는 상대방이 오직 나만을 생각한다는 집착을 버리고 느긋한 마음을 가져야 하듯이 인도네시아 기업과 협상할 때도 조급해지면 원하는 결과를 얻기 어렵다는 점을 기억해야 한다.

계약서를 작성할 때 계약 조건에 이견이 있어 계약서를 상호 합의하에 수정할 경우가 생긴다. 우리 기업은 상대방의 수정 요청에 대해 즉각 회신하는 반면 인도네시아 기업은 우리의 요청에 대해 일부러 무반응으로 일관할 때가 있다. 우리 기업과 기업인은 조급한 마음에 계약 조건을 상대방에게 유리하게 변경하는 실수를 경계해야 한다. 탱고는 두 사람이 같은 박자로 추어야 하듯이 우리도 상대방의 박자에 맞춰야 한다. 상대방이 느릴 때는 느리게, 상대방이 빠를 때는 빠르게 가야 한다는 뜻이다. 상대방은 느린데 우리만 서두르면 스텝이 엉길 뿐이다.

7장

절대 만만치 않은 시장에서 슈퍼리치의 성공 확률을 높여라

목표 시장을 정확히 겨누는 기업만이 살아남는다

시골에서 고등학교를 마친 필자는 대학 진학을 위해 서울로 올라온 첫날 밤, 하숙집 뒤의 작은 야산에 올랐다. 눈앞에는 수백만 개의 네온사인으로 뒤덮인 서울의 야경이 펼쳐졌다. 숨이 멎을 듯한 도시의 전경은 나와는 다른 세계에 속한 듯했다. 한편으로는 무한한 가능성이 그려졌지만, 다른 한편으로는 두려움과 막막함이 동시에 밀려왔다. 이 넓은 서울에서 과연 내 자리는 어디일까? 인도네시아 시장에 첫발을 내딛는 개인이나 기업이 마주하는 현실이 이와 비슷하지 않을까?

숫자만 보면 인도네시아 시장은 거대하다. 인구 2억 8,000만 명이라는 규모는 언제나 강력한 유혹이다. 그러나 규모는 출발선을 열어줄 뿐, 결승선을 보장하지 않는다. 이곳에서 가장 위험한 출발은 시장이 크다는 사실을 전략으로 착각하는 것이다.

인도네시아 시장은 단순하지 않다. 지역마다 문화가 다르고, 소비

계층과 소득 수준은 극명하게 갈린다. 대도시와 지방, 상위 소비층과 중·저소득층, 젊은 세대와 중장년층은 각기 다른 논리로 움직인다. 이런 환경에서 누가 우리의 고객인지, 어떤 가치를 제공할지를 분명히 하지 않으면 실패는 불가피하다. 결국 이 복잡한 시장에서 우리의 목표 시장을 명확히 해야 한다.

이 선택이 흐려지는 순간, 사업 계획서의 숫자도 함께 흔들린다. 과장된 매출 전망은 전략을 왜곡하고, 실행 단계에서 리스크로 되돌아온다. 몇 차례 출장과 단기 조사만으로 매출을 예측하는 것은 이 시장에서는 위험하다. 신뢰할 만한 데이터가 부족하기 때문이다. 충분한 시간과 반복적인 현장 확인, 그리고 현지 전문가의 검증이 없으면 숫자는 착시에 불과하다.

이 원칙을 정면으로 적용해 성공을 거둔 모범 사례가 있다. 우리나라 종근당은 2015년 인도네시아 의약품 제조 업체 오또(OTTO)로부터 주사용 항암제 생산 공장을 공동으로 설립하자는 제안을 받았다. 당시 인도네시아에서는 깔베 파르마(Kalbe Farma) 등 세 개 기업이 주사용 항암제를 생산하고 있었지만 연간 450만 명분의 생산량만으로는 암 환자 치료 수요를 충족시키기에 턱없이 부족했다. 종근당은 당시 인도네시아에서 암이 가장 심각한 질병으로 꼽히는 현실과 항암제 시장의 수요-공급 불균형을 자세히 분석했다.

종근당은 1년에 20번 이상 인도네시아 출장을 오가며 철저한 시장 조사와 수요 예측을 통해 시장의 공백과 기회를 정확히 파악했다. 이를 바탕으로 인도네시아를 장기적인 성장 가능성이 높은 투자처로 판단하고 투자를 결정했다. 종근당은 2024년 기준 매출 273억 원, 순이익 79억 원, 이익률 29퍼센트라는 성과를 기록하며 인도네시아 시장에서 확고한 입지를 다졌다.

기업이 목표 시장을 정할 때 흔히 수요 규모, 성장성, 소비자 특성, 경쟁사부터 본다. 그러나 그것만으로는 부족하다. 특히 인도네시아처럼 정부 정책 변화가 잦은 시장에서는 정책 리스크 자체가 핵심 변수다. 정책 한 줄이 시장 분위기와 매출 구조를 단번에 바꿀 수 있기 때문에 변화의 신호를 얼마나 빨리 포착하느냐가 성패를 가른다.

2024년 의료 재정 악화 속에서 단행된 전격적인 약가 인하는 이를 분명히 보여준다. 불가피한 조치였지만, 그 결과 제약사들의 마진 구조와 신제품 출시 계획 등 사업 전반의 재조정이 필요해졌다. 흐름을 미리 읽고 시나리오별 대응을 준비한 기업들은 충격을 흡수했지만, 그렇지 못한 기업들은 큰 타격을 피하지 못했다.

결국 이 시장에서 더욱 중요한 것은 무엇이 변할 수 있는지, 그리고 그 변화가 오면 우리는 어떻게 움직일지다. 과거의 매출 그래프는 미래를 보장하지 않는다. 변화의 징후를 먼저 읽는 기업만이 기회를 선점한다.

핵심 자산 주재원,
글로벌 성공 전략을 좌지우지한다

전 세계에서 활동하는 글로벌 기업의 자회사는 무수히 많다. 같은 본사, 같은 브랜드인데 어떤 나라의 지사는 눈에 띄는 성과를 내는 반면, 어떤 곳은 존재감조차 드러내지 못한다. 무엇이 차이를 만드는 걸까? 캐나다 웨스턴대학교의 클라우스 마이어(Klaus Meyer) 교수는 1990년부터 2019년까지 다국적기업의 자회사 성과를 다룬 647편의 연구를 분석했다. 그 결과, 학계가 중요 요인으로 지목한 것은 본사와 자회사 간 역할과 기능(24.9퍼센트), 자회사의 혁신과 지식(27.4퍼센트), 주재원과 비시장 전략(18.1퍼센트), 자회사의 조직 구조(16.5퍼센트) 등 네 가지였다. 이 가운데 특히 주목받은 존재가 바로 주재원이었다. 기업 전략을 현장에서 실행으로 옮기는 핵심 주체이기 때문이다.

마이어 교수가 핵심 자산으로 규정한 주재원은 단순히 본사의 지시를 전달하는 관리자가 아니다. 이들은 본사와 자회사 사이의 전략적 공백을 메우고, 문화 충돌을 완화하며, 현지 인재의 성장을 이끄는 멘토 역할을 수행한다. 동시에 정부·NGO·미디어 등 주요 이해관계자와 네트워크를 구축해, 정치·사회·법적 환경에 효과적으로 대응하도록 자회사를 이끈다. 결국 자회사의 전략과 성과는 주재원의 판단과 행동에 달려 있다. 주재원은 단순한 해외 파견 인력이 아니라 현지 시장의 최전선에서 자회사의 성패를 가르는 핵심 전략 자산이다. 자회사의 성과를 좌우하는 변수는 많고 복잡해 보이지만 그 핵심은 결국 사람인 셈이다.

글로벌 격전지인 인도네시아에서 자회사를 승리로 이끌 리더로 어떤 주재원을 파견해야 하는가? 4장에서 살펴본 바와 같이, 인도네시아는 조화와 협력이 사회의 뿌리를 이루는 나라다. 이곳에서는 직설적인 화법보다 상대방의 체면을 지켜주는 간접 화법이 비즈니스의 기본 언어다.

아무리 탁월한 업무 능력을 갖췄더라도 감정을 통제하지 못하는 다혈질 주재원은 현지에서 환영받지 못한다. 강압적인 지시 앞에서 인도네시아 직원들은 '루꾼'의 문화적 습성대로 겉으로는 웃으며 동의할지 모른다. 그러나 뒤돌아서면 움직이지 않을 가능성이 크다. 이러한 침묵의 저항은 조직 내 갈등과 불만을 누적시켜 결국 팀워크 붕괴와 매출 하락이라는 성적표로 돌아올 뿐이다.

특히 압박감에 대한 내성이 우리보다 낮은 현지 직원들에게 고압적인 태도는 줄퇴사의 방아쇠가 된다. 잦은 인력 교체는 조직의 영속성을 해칠 뿐 아니라 자칫 기업 이미지를 넘어 '인도네시아의 자존심'을 건드리는 치명적인 평판 리스크로 번질 수 있다. 한국식 '빨리빨리'와 강압적 리더십이 단기적 성과를 낼지 몰라도 장기적으로는 조직을 무너뜨리는 시한폭탄임을 명심해야 한다.

따라서 주재원 선발의 제1원칙은 단연 '인성'이다. 업무 스킬은 주입할 수 있어도 사람의 그릇은 하루아침에 빚어지지 않기 때문이다. 관계가 곧 생명인 이곳에서, 차가운 지시만 내리는 리더는 설 자리가 없다. 인도네시아가 원하는 인재는 군림하는 '관리자'가 아니라 현지 직원들의 마음속으로 스며드는 '조율자'다. 문화적 결을 이해하고 사람과 사람을 잇는 공감 능력이 더 큰 성공을 만드는 열쇠다.

결국 현지인의 마음을 여는 마스터키는 '겸손'과 '솔선수범'이다. 스스로를 점령군으로 착각하여 '시키는 대로 하라'는 독불장군식 태도를 고집한다면 실패는 예정된 수순이다. 그러나 리더가 먼저 팔을 걷어붙이면 상황은 반전된다. 직원들은 권위 뒤에 숨은 상사가 아니라 자신들을 존중하며 함께 땀 흘리는 리더에게 기꺼이 충성을 다하기 때문이다.

막연한 지시는 동상이몽을 낳는다. 흔히 겪는 좌절 중 하나는 현지 직원에게 보고서를 맡겼을 때 지시 의도와는 전혀 다른 엉뚱한 결과물을 받아보는 순간이다. 마감 시간은 다가오는데 결과물은 엉망이니, '도대체 여태까지 뭐 했냐'는 날 선 반응이 튀어나오기 십상이다. 하지만 이는 직원의 무능 탓이 아니라 '지시의 공백' 탓일 확률이 높다. 이를 방지하는 가장 확실한 방법은 번거롭더라도 지시 단계에서부터 서론, 본론, 결론, 주요 목차를 영어로 정리한 가이드라인을 제공하는 것이다. 이 작은 친절은 시행착오를 줄이는 업무의 내비게이션 역할을 하며, 직원들이 헤매지 않고 효율적으로 완주할 수 있도록 돕는다. 명확한 가이드는 곧 리더에 대한 신뢰이자 성과라는 두 마리 토끼를 잡는 지름길이다.

분노는 리더십의 무덤이다. 일이 틀어졌을 때 현지 직원에게 화를 내는 것은 주재원으로서 '최악의 악수'다. 공개적인 질책과 분노를 금기시하는 인도네시아 문화에서 화는 문제 해결의 열쇠가 아니라 관계를 끊는 가위가 될 뿐이다. 상황이 답답할수록 '왜 이것밖에 못 했을까?'라는 비난의 화살을 거두고, '왜 이렇게 할 수밖에 없었을까?'라는 이해의 눈으로 바라보아야 한다. 주재원의 역할은 실수를 들추어내는 '심판관'이 아니라 장애물을 치워주는 '조력자'다. 아침 출근길, 당신의 머릿속은 '누가 무엇을 못했나?'를 감시하는 생각이 아니라 '그가 어떤 어려움을 겪고 있으며, 내가 무엇을 도와줄 수 있을까?'를 고민하는 생각으로 채워져야 한다.

주재원에게 언어는 '기술'이 아니라 '태도'다. 인도네시아는 영어가 꽤 잘 통하는 나라다. 알파벳을 공유하고 어순이 비슷한 덕에 유창한 영어를 구사하는 현지인이 많아, 주재원들이 '서바이벌 수준'의 현지어만 익히고 영어라는 안락한 퇴로에 머무는 경우가 흔하다. 하지만 '여기 산 지가 몇 년인데 아직도?'라는 현지 친구의 농담 섞인 핀잔은 뼈 있는 조언이다. 완벽하지 않아도 좋다. 영어 사이에 서툰 인도네시아어를 섞어 쓰며 다가가려는 노력, 그 진심의 태도가 현지인들에게는 감동으로 다가간다. 유창함보다 중요한 것은 소통하려는 의지다. 당신

이 구사하는 어설픈 현지어 한마디가 영어로는 좁혀지지 않던 그들과
의 심리적 거리를 단숨에 좁히는 마법 같은 윤활유가 될 것이다.

③
쉽지 않은 인도네시아 시장에서
현지화하기

해외시장 진출은 단순히 제품을 판매하는 것이 아니라 문화를 들여가는 것이란 말이 있다. 이 말은 나라마다 고유한 문화적 특성이 있기 때문에 한 국가에서 효과적이었던 전략이 다른 국가에서는 전혀 통하지 않을 수 있다는 뜻이다. 인도네시아처럼 문화적 다양성이 풍부한 시장에서는 표면적인 접근만으로는 성공하기 어렵다. 현지인의 생활방식, 가치관 그리고 의사소통 스타일을 깊이 이해하고 존중하는 태도가 필요하다. 현지의 문제를 그들의 시각에서 바라보고, 그에 맞는 리더십, 보상 체계, 조직 운영, 마케팅 전략 등의 솔루션을 제공하는 능력이 중요하다. 현지화(localization)는 글로벌 시장에서 성공하는 기업이 반드시 넘어야 할 관문이다. 문화적 차이를 이해하고 이를 전략에 반영할 때 비로소 지속 가능한 성과와 성공을 기대할 수 있다.

글로벌 기업인 우버(Uber)와 세븐일레븐(7-Eleven)의 실패 사례를 살

퍼보면 얼마나 인도네시아 시장이 독특하고, 현지화가 중요한지 알 수 있다. 2014년 차량 공유 서비스의 글로벌 선두 주자인 우버는 '전 세계를 우버화하자(Uberize the world)'라는 슬로건을 내세우며 인도네시아 시장에 진출했다. 혁신적인 기술과 미국에서의 성공 사례를 기반으로, 글로벌 서비스 모델이 국가와 지역을 불문하고 동일하게 적용될 수 있다는 자신감이 강했다. 그러나 이는 '현지화 부족'이라는 치명적인 약점으로 작용하여 우버는 결국 2018년 철수했다.

차량 공유 서비스가 성공하려면 운전기사와 차량 확보가 필수적이다. 그러나 우버는 인도네시아 현지의 경제적 현실과 운전기사들의 요구를 이해하지 못한 채 글로벌 기준인 주 단위 급여 지급 방식을 적용하며 어려움을 겪었다. 대부분의 인도네시아 운전기사는 하루 벌어 하루를 살았기 때문에 선급으로 지출한 기름 값과 유지비를 감당하며 일주일을 기다리는 것은 비현실적이었다. 반면 토종 경쟁 업체 고젝(Gojek)은 매일 급여를 지급해 운전기사들의 요구를 충족시켜줬다. 결국 우버는 고젝에 밀려 양질의 운전기사와 차량 확보에 실패했다.

우버는 고객 확보 면에서도 한계를 드러냈다. 인도네시아의 신용카드 보급률은 5퍼센트 미만인데도 초기에 결제 수단으로 신용카드만 허용하고 현금 결제는 지원하지 않았던 것이다. 대다수 서민은 신용카드를 사용할 수 없었기에 결국 우버의 고객층은 외국 주재원이나 중상류층으로 제한되었다. 반면 고젝은 현금 결제를 지원하며 신용카드가 없는 서민들도 쉽게 이용할 수 있게 함으로써 빠르게 고객층을 확장했다.

우버는 차량의 청결 상태와 앱의 편리함, 서비스의 정확성에서는 높

우버를 물리친 인도네시아의 고젝

은 점수를 받았다. 반면 고젝은 앱의 인터페이스가 직관적이지 않고 시스템이 불안정해 작동이 멈추는 일이 잦았다. 복구될 때까지 5분 정도 기다려야 했지만 인도네시아 사람들은 기술적으로 우수한 우버보다 고젝의 손을 들어주었다. 토종 기업을 키우고자 하는 애국심도 있었겠지만, 더 큰 이유는 문화적 요인에 있었다. '알론 알론 아살 끌라꼰(Alon-alon asal kelakon)', 즉 '천천히 가더라도 목표를 이루면 된다'는 자바 격언처럼 인도네시아 사람들은 목적지 도착이 보장되고 가격이 합리적이면 다소의 불편함은 크게 신경 쓰지 않았다. 결국 우버가 자신했던 기술적 우위는 소비자들에게 큰 매력으로 작용하지 못했고, 고젝은 시간이 갈수록 시스템의 결함을 개선하고 시장에서 확고한 위치를 차지하게 되었다.

우버와의 경쟁에서 승리한 고젝은 또꼬빼디아(Tokopedia)와 합병해

고뚜(GoTo)로 재탄생하며 2022년 인도네시아 증시에 상장했다. 당시 시가총액은 320억 달러를 기록했다. 고뚜는 1,400만 가맹점, 250만 명의 운전기사, 1억 명의 활성 사용자를 보유하며, 모빌리티(mobility), 이커머스(e-commerce), 결제 서비스를 아우르는 인도네시아 대표 디지털 기업으로 자리 잡았다.

편의점 체인 세븐일레븐은 전 세계 19개국에서 약 8만 개의 매장을 운영하는 글로벌 유통 기업이다. 그러나 동남아시아에서 유일하게 실패한 시장이 인도네시아였다. 세븐일레븐의 전통적인 강점은 도심 중심의 시장 공략과 각국의 생활 방식에 맞춘 매장 운영 전략이다. 실제로 홍콩에서는 공과금 납부 서비스를, 대만에서는 자전거 수리 서비스를, 미국에서는 택배 픽업 서비스를 제공하며 지역별 생활 인프라로 자리 잡았다. 이러한 세밀한 현지화 전략은 2009년 인도네시아 시장 진출 당시에도 충실히 적용됐다. 그럼에도 불구하고 세븐일레븐은 인도네시아에서 자리 잡는 데 실패했다.

세븐일레븐이 주목한 것은 인도네시아 특유의 '농끄롱(Nongkrong) 문화'였다. 농끄롱은 '함께 모여 이야기를 나누며 시간을 보낸다'는 의미로, 인도네시아 사람들의 일상에서 매우 중요한 사회적 활동이다. 세븐일레븐은 젊은 층이 자유롭게 모여 머물 수 있는 공간이 부족하다는 점에 착안해, 물건을 사는 편의점만이 아닌 사교와 여가를 즐기는 공간으로 재구성했다. 무료 와이파이, 조리 음식과 맥주 판매, 테이블과 의자가 놓인 야외 테라스, 넉넉한 주차 공간까지 당시로서는 파격적인 요소들을 도입했다. 이는 편의점과 카페의 경계를 허무는 시도였고, 스타벅스와 유사한 새로운 경험을 제공하며 큰 주목을 받았다.

이 전략은 초기에는 분명한 성과를 냈다. 세븐일레븐은 젊은이들과 직장인들 사이에서 자연스러운 약속 장소로 자리 잡았고, 매장에서의 경험은 소셜 미디어를 통해 빠르게 확산됐다. 그 결과 2009년 첫 점포를 연 뒤, 2012년에는 100곳, 2014년에는 190곳으로 사업 규모를 빠르게 확장하며 급성장했다. 외형상으로만 보면 성공적인 현지화 사례처럼 보였다.

그러나 고급화 · 공간 중심 전략은 예상치 못한 문화적 장벽에 부딪혔다. 한국에서는 여러 명이 식당을 찾으면 인원수에 맞춰 주문하는 것이 자연스러운 관행이다. 반면 인도네시아에서는 성인 다섯 명이 함께 카페나 식당을 방문하더라도 2인분만 주문하는 일이 흔하다. 손님은 이를 부담스럽게 여기지 않고, 점주 역시 문제 삼지 않는다. 세븐일레븐 매장에서도 비슷한 상황이 반복됐다. 다섯 명이 들어와 생수 두 병만 구매한 뒤, 몇 시간 동안 와이파이를 이용하며 머무는 일이 잦았다. 늘 사람들로 붐볐지만, 실제 매출은 기대에 크게 못 미쳤다. 농끄롱 문화를 겨냥한 전략은 참신했지만, 소액 주문이 일상적인 소비 관행에 대한 대비가 부족했던 것이다.

여기에 더해 2015년 맥주 판매 허가가 취소되면서 상황은 급격히 악화됐다. 매출의 15퍼센트 이상을 차지하던 맥주 판매가 전면 금지되자 수익 구조는 무너졌고, 고정비를 감당하기 어려워졌다. 결국 세븐일레븐은 2017년 모든 매장을 철수하며 인도네시아 시장에서 퇴출됐다.

이렇게 우버와 세븐일레븐은 인도네시아 시장에서 실패했다. 그 이

유는 단순하다. 본사에서 설계한 범용적인 글로벌 전략을 현지 시장에
충분히 재해석하지 않은 채 그대로 들이밀었기 때문이다. 인도네시아
에서는 현지 문화와 소비자 특성, 경제적 현실에 맞춘 전략이 아니면
통하지 않는다. 인도네시아 시장에서는 브랜드 인지도나 매장 수도 중
요하지만 성공의 열쇠는 얼마나 깊이 현지를 이해했는가에 있다.

④

나의 현지 문화 적응 지수
측정하기

　2000년대 중반 인기 TV 프로그램 〈미녀들의 수다〉에서 외국인들이 유창한 한국어를 구사하며 한국 사람보다 더 한국 사람다운 모습을 보여준 장면은 정말 인상적이었다. 코트라 본사에서 10년 넘게 일한 캐나다인 영문 에디터는 한국어를 배울 생각조차 없이 영어로만 생활했다. 반면 포르투갈 투자청에서 온 교환 직원은 한국에 도착하자마자 연세어학당에 등록해 한국어를 배우며, 짧은 기간 동안 한식, 한글, 한류까지 온전히 경험하고 돌아갔다. 두 사람이 모국으로 돌아가 주변에 전하는 한국의 모습은 완전히 다를 것임이 자명하다.

　인도네시아에 오는 한국 사람도 마찬가지다. 인도네시아를 이해하는 깊이는 누구와 교류하느냐에 따라 크게 달라진다. 만약 한국 사람들하고만 어울리거나 대화의 주 대상이 운전기사, 가사도우미 또는 식당 종업원이라면 내가 경험하는 인도네시아는 그만큼 제한적일 수밖에 없다. 인도네시아의 지식인이나 상류층과 교류하면 그들이 보여주는 전혀 다른 세상을 만나게 된다. 그들은 평균적으로 뛰어난 영어 실력과 높은 지적 능력을 바탕으로 국제적 감각을 갖추고 있다. 결국 체류 기간이 길다고 해서 문화에 대한 이해도가 저절로 따라오는 건 아니다. 중요한 건 내가 소통하고 교류하는 사람 그리고 배우고자 하는 마음이다. 노력하지 않으면 그 나라를 제대로 알기 어렵다. 결국 진심으로 다가가고자 하는 태도가 진짜 경험과 성공 비결을 만든다.

다음의 '자가 진단 현지 문화 적응 테스트'는 우리가 인도네시아의 문화와 관습, 규범에 얼마나 잘 적응하고 있는지를 간단히 점검할 수 있는 평가다. 이 테스트는 총 20개 문항, 60점 만점으로 구성되어 있으며, 점수 계산 방법은 아래와 같다.

① 각 문항에서 1), 2), 3)을 각각 몇 번 선택했는지 개수를 센다.
② 선택한 횟수에 해당 번호의 숫자를 곱한다.
   (예: 2)를 5회 선택했다면 → 5 × 2 = 10점)
③ 이렇게 계산된 점수를 모두 합산한다.
④ 최종 점수가 나오면, 아래 점수표에서 자신의 등급을 확인하면 된다.

등급	점수	상태
탁월	51~60	현지 문화 완전 적응, 현지 방식의 갈등 관리 가능
우수	41~50	일상 · 비즈니스 관습에 익숙, 오해 없이 소통 가능
보통	31~40	문화는 이해하지만 행동은 아직 한국식
미흡	21~30	문화 차이를 강하게 체감

자가 진단 현지 문화 적응 테스트

I. 언어

1. 인도네시아어를 체계적으로 배운 기간
1) 6개월 미만
2) 6개월~1년
3) 1년 이상

2. 인도네시아어 구사 능력
1) 간단한 인사말이나 숫자 정도만 가능
2) 일상 대화는 어느 정도 가능
3) 업무 협상이나 회의도 인도네시아어로 진행 가능

3. 대중 매체 및 현지 콘텐츠 이용
1) 외국인을 위한 영문 신문 또는 잡지를 읽음
2) 현지 인플루언서의 유튜브·인스타그램을 팔로우하며 트렌드 파악
3) 인도네시아 TV 뉴스 채널 또는 신문을 정기적으로 시청하거나 구독

II. 직장과 비즈니스

4. 비판을 돌려 말하거나 우회적으로 표현해야 하는 상황
1) 답답하고 비생산적이라 생각한다
2) 익숙해지려 노력한다
3) 감정을 상하게 하지 않는 방식에 공감하고 자주 활용한다

5. 갑작스러운 일정 변경이나 기간 연장 요청
1) 계획이 틀어져 불쾌함을 느낀다

2) 유연하게 대처하려 한다

3) 변화가 잦은 걸 전제로 일정을 세운다

6. 직원이나 비즈니스 상대방의 실수나 잘못에 대한 대응

1) 큰 소리로 불만을 표시하며 질책

2) 아쉬운 표정을 짓거나 짧은 한숨을 내쉬거나 혼잣말로 넋두리

3) 감정을 드러내지 않고 부드럽게 돌려 말하며 담담하게 대응

7. 회의 중 현지인이 의견을 명확히 표현하지 않거나 침묵할 때

1) 답답함을 느끼며 직접적인 질문으로 압박한다

2) 그냥 넘어가되, 나중에 따로 확인한다

3) 맥락을 고려해 침묵도 의견으로 존중하고 기다린다

8. 약속 상대가 30분 이상 늦거나 초청받은 행사가 30분 이상 지연될 때

1) '왜 이렇게 시간을 못 지키는 거야?'라며 짜증이 확 치밀어 오른다

2) 조금 불편하지만 별일 아니라는 생각으로 넘긴다

3) 자카르타 교통은 많이 막히니 이해하는 마음으로 여유롭게 기다린다

9. 현지 직원에게 피드백을 주는 방식

1) 잘못은 즉각 지적하고 문제를 정확히 짚는다

2) 최대한 부드럽게 표현하되, 본질을 짚는다

3) 감정이 상하지 않도록 돌려서 말하거나 나중에 따로 이야기한다

10. '응가 아빠-아빠(Nggak apa-apa)', '괜찮아요'라는 말에 대한 인식

1) 말 그대로 괜찮다는 뜻으로 받아들인다

2) 상황에 따라 진짜 의미를 파악하려고 노력한다

3) 때로는 불편함을 숨기는 표현임을 알고 맥락을 중시한다

III. 현지인과의 친교

11. 자주 만나는 현지인

1) 가사 도우미 또는 운전기사

2) 직장 동료 또는 비즈니스 파트너

3) 이웃 주민 또는 취미 활동에서 만나는 동호회 사람들

12. 현지인과 장기적으로 친구로 발전한 경험

1) 업무상 관계에만 머문다

2) 식사나 간단한 교류를 지속한다

3) 가족처럼 편한 친구가 있으며 사적인 모임에도 자주 초대한다

13. 현지인과의 사적 관계 형성 정도

1) 현지인과 외부 식당에서 식사

2) 현지인 가족과 가족끼리 외부 식당에서 식사

3) 현지인과 서로의 가족을 집으로 초대하는 사이

14. 현지인의 경조사에 참석해본 경험

1) 생일 파티

2) 결혼식

3) 장례식

IV. 일상생활

15. 자동차 운전과 대중교통 이용 경험

1) 운전기사가 있는 개인 차량 또는 택시

2) 버스, 기차, 지하철

3) 스스로 개인 차량을 운전하거나 오토바이 택시 이용

16. 현지 음식에 대한 적응 정도

1) 대부분 외국 식당이나 한식 위주로 먹는다

2) 인도네시아 음식도 종종 먹지만 익숙하진 않다

3) 나시고렝(nasi goreng), 른당(rendang) 등 현지 음식을 즐겨 먹는다

17. 현지 재래시장 이용 경험

1) 복잡하고 불편해서 가능하면 피한다

2) 흥미로우나 아직 자주 이용하지 않는다

3) 가격 흥정과 현지 상인과의 대화까지 즐긴다

18. 새벽에 주변 이슬람 사원에서 들려오는 경전 읽는 소리에 대한 반응

1) 시끄러워 귀마개를 사용하거나 집주인에게 방음창 설치를 요청

2) 알람처럼 생각하며 '이슬람 문화의 일부이니 이해해야지'라고 생각

3) 소리를 일종의 배경음처럼 받아들일 정도로 무감각해짐

19. 차량에서 모기를 발견했을 때

1) 반드시 잡아야 할 대상으로 보고 손바닥으로 쳐서 모기를 박살 낸다

2) 창문을 열고 '나가라'며 손짓으로 모기를 몰아낸다

3) 가볍게 손을 흔들어 모기를 쫓아내지만 대수롭게 생각하지는 않는다

20. 열대 과일 '두리안'을 권한다면?

1) 도망친다. 냄새부터 부담스럽다

2) 살짝 고민하다가 한 입만 먹어본다

3) 바로 먹는다! 궁금했던 맛! 이 맛이야!

비시장 전략으로
제도적 불확실성을 극복하라

　많은 우리 기업이 인도네시아에 진출한 뒤 가장 먼저 마주하는 현실은 불명확한 법령과 예측하기 어려운 정책 변화다. 하지만 이와 같은 제도적 불확실성은 인도네시아만의 문제가 아니다. 미국 국무부가 매년 발표하는 〈투자 환경 평가 보고서(Investment Climate Statements)〉에 따르면, 한국, 일본, 베트남 등 여러 나라에서도 외국 기업들은 유사한 어려움에 직면했다.

　예를 들면 인도네시아는 명확하지 않은 법령 탓에 공무원의 재량적 해석이 가능하여 기업 운영의 불확실성이 커진다. 일본도 규제가 비공식적인 네트워크를 통해 결정되는 경우가 있기에 외국 기업이 공정한 기회를 얻기 어려울 수 있다. 한국 역시 일부 규정의 모호한 표현과 해석 차이로 인해 외국 기업에 불리한 행정 결정이 내려질 가능성이 있다. 반대로 싱가포르는 법과 규제 체계가 투명하고 국제 기준에 부합한다며 높은 점수를 주었다. 하지만 현실적으로 모든 기업이 싱가포르처럼 안정적인 국가에만 투자할 수는 없다. 성장 잠재력이 큰 신흥 시장일수록 제도적 불확실성은 어느 정도 감수해야 할 요소다. 중요한 것은 불확실성 자체가 아니라 그 상황에 어떻게 지혜롭게 대응하느냐다.

어떤 기업이 인도네시아에서 살아남고 성장할 수 있을까? 우선 자사의 강점(Firm-Specific Advantage, FSA: 자본, 기술, 브랜드, R&D 등)을 인도네시아 국가의 강점(Country-Specific Advantage, CSA: 노동력, 시장 규모, 자원 등)과 전략적으로 결합해 새로운 가치를 만들어내는 기업이다. 시장 변화와 소비자 요구를 면밀히 분석하고 경쟁사의 전략까지 고려해, 차별화된 제품과 서비스를 개발하는 것은 기본 조건이다.

그러나 기업의 성과는 시장 내의 경쟁 전략만으로는 지속될 수 없다. 왜냐하면 시장은 독립적으로 작동하지 않기 때문이다. 법령, 규제, 정부 정책, 여론, 사회적 요구 등 정치·사회적 요인과 밀접하게 연결되어 있어서 이러한 외부 환경의 변화는 시장 판도를 근본적으로 바꿔놓을 수 있다. 따라서 기업은 정부, 정치권, 시민단체, 노동조합 등 시장 외부 이해관계자들과의 관계를 전략적으로 관리해야 한다. 이를 위해 합법적인 로비, CSR(Corporate Social Responsibility: 기업의 사회적 책임), ESG(Environmental, Social, Governance: 환경·사회·지배구조) 등 다양한 비시장 전략(Non-market strategy)을 적극적으로 활용할 필요가 있다. 즉 시장 전략으로 경쟁력을 확보하는 한편, 비시장 전략으로 유리한 시장 환경을 선제적으로 조성해야 한다. 환경이 이미 불리하게 바뀐 뒤에 대응하기 시작하면 더 큰 비용과 위험이 따를 수 있기 때문이다.

우리나라에 진출한 글로벌 기업 CEO 중 비시장 전략의 달인이 있었다. 바로 2002년부터 4년간 GM대우(현 한국GM)를 이끌며, 정부, 정치권, 시민단체, 노동조합 모두에게 깊은 신뢰를 얻은 닉 라일리(Nick Reilly) 사장이다. 그는 부임 후 정리 해고된 대우 부평 공장의 직원 1,600명을 전원 복직시키는 결정을 내렸다. 이뿐만이 아니다. 노사 임금 교섭에서 진정성을 증명하기 위해 1년간 연봉 3억 원을 받지 않고 이를 회사와 노동자들을 위해 내놓았다. 그가 퇴임하는 날, 노조는 '당신을 언제나 잊지 않겠습니다'라고 적힌 감사패를 전달했다. 일반적으로 CEO와 노동자는 대립 관계로 인식되지만 닉 라일리는 신뢰와 협력을 바탕으로 새로운 길을 열었다.

그의 리더십은 기업 내부에만 머물지 않았다. 부평 대우자동차의 노사 분규 당시 경찰과 노동자의 충돌이 격화되고 경찰의 폭행 사건으로 경찰서장이 직위 해제되는 사태까지 벌어졌다. 대부분의 경영자는 이를 외부 문제로 여기고 개입하지 않았겠지만, 닉 라일리는 달랐다. 그는 직접 부평경찰서를 찾아가 노동자와 경찰을 위로하며, 갈등 해결을 위한 대화를 시도했다. 단순한 기업 운영을 넘어, 사회적 책임을 다하는 리더의 모습을 보여주었던 것이다. 탁월한 경영 성과와 이러한 행보 덕분에 그는 기업을 넘어 한국 사회에서도 인정받게 되었다. 서울시와 군산시는 그를 명예시민으로 선정했는가 하면, 인천항만공사는 그에게 홍보 영상 출연을 부탁했을 정도로 그의 영향력은 매우 컸다. 이런 리더가 있는 GM대우를 누가 지지하지 않을 수 있었을까.

인도네시아에 진출한 우리 기업에도 닉 라일리와 같은 리더십이 필요하다. 단순히 경쟁에서 승리하는 시장 전략만으로는 부족하다. 정부, 노동자, 지역사회와의 관계를 고려하는 비시장 전략이 함께 실행될 때 우리 기업의 지속 가능성은 높아질 것이다. 닉 라일리가 보여준 가장 큰 교훈은 명확하다. 이익도 중요하지만, 신뢰는 더욱더 중요하다는 것. 그리고 신뢰는 행동으로 증명해야 한다는 것이다.

2부

경제를 이끄는
인도네시아 슈퍼리치들의 성공 전략

위대한 기업, 최고 자산가들의 시크릿 비즈니스 수업

한국인들은 인도네시아의 비즈니스 세계에 대해서 얼마나 알고 있을까? 아직도 이 나라 사람들의 이름과 기업명조차 낯설다. 이제는 인도네시아를 통해야만 신흥 시장 아세안은 물론이고 중동과 아프리카에 이르는 이슬람 벨트 시장까지 공략할 수 있다. 인도네시아는 한국의 미래 생존과 경쟁력을 위한 확실한 해답이다. 이제 신남방 개척 시대의 중심에 서 있는 인도네시아 시장을 철저히 분석하고 준비하여 정점에 설 준비를 해야 한다.

레전드급의 인도네시아 기업들과 리더들은 인도네시아 경제에 큰 영향력을 행사하며 시장의 변화를 리드하고 있다. 그들의 성공 비결을 배움으로써 우리는 인도네시아를 바라보는 시야와 해석의 스펙트럼을 넓힐 수 있다.

1장

뼛속까지 몰방해야 성공할 수 있는 시장

①

한국을 사랑한 전 주한 인도네시아 대사, 인도네시아 외교부 우마르 하르디 차관보

현지 문화에 대한 이해 부족과 조급한 접근법은 필패를 부르는 공식

우마르 하르디(Umar Hardi) 전 주한 인도네시아 대사는 한국에 대한 깊은 애정을 가진 대표적인 지한파 외교관이다. 2017년부터 2021년까지 약 4년간 주한 인도네시아 대사로 활동했으며, 현재는 인도네시아 외교부에서 북미와 유럽을 책임지는 차관보직을 맡고 있다. 그는 한국을 각별하게 여기며, 서울시 명예 시민증을 항상 지갑에 넣고 다닌다. 그는 재임 중에 한국과 인도네시아의 관계 발전, 특히 한국 대기업의 인도네시아 진출을 적극 지원한 점을 높이 평가받아, 역대 인도네시아 대사 중 최초로 명예 시민증을 받았다.

그가 한국에 발을 디딘 것은 2017년이었다. 하지만 그전에 그가 미국 로스앤젤레스의 인도네시아 총영사관에서 근무할 때 월셔 대로를

따라 몇 블록 떨어진 곳에 한국 총
영사관이 있었고 양국의 총영사 관
저도 길을 사이에 두고 서로 마주
보고 있어서 한국 외교관들과 자연
스럽게 친해질 수 있었다. 그가 자
주 가던 식당도 북창동 순두부였고
주치의, 변호사, 은행 담당자도 모
두 한국인이었다. 이런 경험 덕분에

그가 한국 대사로 부임했을 때 한국은 이미 친숙한 곳이었다. 당시 한
국 정부는 신남방 정책을 추진하면서 아세안과의 협력을 미국, 일본,
중국, 러시아 등 4대 강대국과의 협력 수준으로 발전시키고자 하는 의
지가 강했다. 아세안에서 가장 중요한 국가인 인도네시아의 대사로서
그는 한국 정부와 기업으로부터 언제든 환영받았다.

우마르 하르디 차관보는 우리 기업이 인도네시아에서 성공하려면
전략이나 자본만 중요한 것이 아니라 현지 문화를 깊이 이해하는 것이
핵심이라고 강조한다. 그 역시 이런 지론 덕분에 한국과 인도네시아의
정상을 돈독하게 만든 1등 공신의 역할을 감당할 수 있었기 때문이다.

그는 문재인 대통령과 조코위 대통령의 정상회담을 극적으로 기획
하고 준비한 주역이었다. 회의 중에 소매를 걷는 등 격식을 따지지 않
는 소탈한 문재인 대통령과 서민의 삶 속에서 소통하는 것을 중요하게
여긴 조코위 대통령이 잘 맞을 것으로 생각했다.

두 정상의 성향을 파악했던 우마르 하르디 차관보는 2017년 11월에

문재인 대통령이 인도네시아를 국빈 방문했을 때 빛을 발하게 된다. 대통령궁에서 단독 회담과 기념식수를 마친 뒤, 조코위 대통령은 문 대통령을 골프 카트에 태우고는 근처 쇼핑몰까지 직접 운전해 갔다. 일정에 없는 돌발 행동이었지만 누구도 조코위 대통령을 제지할 수 없었다. 그렇게 두 정상은 쇼핑몰 한복판에서 보바차를 마시며 담소를 나눴고, 서로에게 인도네시아 전통 의상을 권하며 함께 쇼핑을 즐겼다. 격식과 형식을 내려놓은 순간, 두 정상은 단순한 외교적 파트너를 넘어 더 가까운 관계로 발전했다. 이 즉흥적인 만남은 국빈 방문의 공식 일정보다 더 큰 의미를 남기게 되었다. 이 사건은 단순한 우연이 아닌 우마르 하르디가 사전에 치밀하게 세운 기획이었다. 인도네시아 측은 문 대통령의 성향, 삶의 궤적, 그리고 당시 정치적 상황까지 고려해 이 특별한 순간을 준비한 것이었다. 덕분에 두 정상 간의 관계는 더욱 친밀해졌다.

이뿐만이 아니다. 2019년 11월 조코위 대통령이 2019 한·아세안 특별 정상회의 참석을 위해 한국을 찾았을 때도 우마르 하르디 대사는 조코위 대통령을 한국전쟁 당시 피난민들이 살던 피난촌이자 문 대통령이 북한에서 내려온 부모님과 함께 어린 시절을 보냈던 부산의 감천마을로 안내했다. 인도네시아 대통령이 그곳에서 산책을 하고, 커피를 마시고, 식사도 하던 모습이 한국의 TV와 언론에 뉴스로 보도되었다. 그는 조코위 대통령이 문 대통령의 개인적인 역사에 공감하는 순간을 만들고자 했다. 다음 날 정상회의에서 조코위 대통령이 감천마을을 언급하자 문 대통령은 놀라움을 표시했다. 그날 조코위 대통령은 문 대

통령을 "우리 존경하는 형님"이라고 부름으로써 두 정상 간의 신뢰와 우정이 더욱 깊어지는 순간을 연출해냈다. 그 영향이었을까. 양국 관계도 전략적 동반자 관계에서 특별 전략적 동반자 관계로 격상되었다.

물론 두 정상이 무기 판매나 대규모 프로젝트 수주처럼 양국의 이해관계가 걸린 문제를 직접 논의할 수도 있지만 형식적인 협상만으로는 원하는 성과를 보장할 수 없다. 우마르 하르디는 정상 간의 개인적 친밀도를 높이고 문화적 연결고리를 형성하는 것이야말로 훌륭한 외교관의 역할이자 외교의 핵심이라는 것을 알았다. 이 원칙은 비단 외교뿐만 아니라 인도네시아에 진출하려는 한국 기업에도 동일하게 적용되지 않을까 싶다.

우마르 하르디의 두 번째 조언은 조급함을 경계하라는 것이다. 인도네시아에서는 단기적인 성과를 좇기보다 장기적인 관점으로 접근해야 성공할 수 있다는 것이다. 인도네시아에 진출하는 순간부터 현지 기업이라는 마음가짐으로 뼈를 묻겠다는 각오가 필요하다. 한 발은 인도네시아에 걸치고 다른 한 발은 언제든 뺄 준비를 하는 태도로는 결코 승산이 없다.

그런 면에서 한국은 일본보다 상황이 더욱 긍정적이다. 일본 기업들은 오랜 역사를 바탕으로 인도네시아 시장을 지키려 하지만, 후발 주자인 한국 기업에도 충분한 기회가 있다. 일본은 1970년대부터 진출했지만 현재 교민 수는 1만 6,000명으로 크게 줄어든 반면, 한국 교민은 2만 6,000명으로 한국 기업들의 강한 정착 의지를 보여주고 있다. 앞으로 누가 더 오래 머물며 현지에 깊이 뿌리내리느냐가 승부를 결정할 것이다.

게다가 인도네시아 인구의 54퍼센트에 달하는 MZ세대가 한류의 영향으로 한국에 대한 호감도가 매우 높다. 경제력이 있는 젊은 층은 K팝 콘서트와 문화 공연을 보기 위해 직접 한국을 찾기도 한다. 10년 후 인도네시아의 핵심 소비층으로 성장할 이들은 한국이 일본을 넘어서는 데 강력한 자산이 되어줄 것이다. 결국 시간은 한국의 편이며, 이를 어떻게 활용할지가 관건일 뿐이다. 따라서 한국 기업은 인도네시아에서 존경받는 긍정적 이미지의 기업이 되어야 한다. 인도네시아는 산업 고도화를 추진하고 있지만 일본 등 선진국은 기술이전에 소극적이고 자원과 노동력만 빼먹는다는 우려가 있다. 따라서 한국 기업은 차별화된 전략으로 R&D(연구개발) 센터 설립, 공급망 참여 기회 확대, 근로자 교육·훈련 강화를 통해 인도네시아 경제에 부족한 부분을 메우며 함께 성장해야 할 것이다.

우마르 하르디는 2050년 인도네시아가 세계 4대 경제 대국으로 도약할 가능성을 한국의 발전 과정과 비교했다. 경제는 일정한 속도로 직선을 그리며 성장하는 것이 아니라 어느 순간 결정적인 모멘텀을 만나 폭발적으로 도약한다는 것이다. 한국은 1987년 대통령 직선제를 도입하여 정치 개혁을 이루었고, 이후 한미 FTA 체결, 외국인 투자 촉진 등 대담한 개방 정책으로 경제성장을 가속했다. 이렇듯 정치와 경제 개혁이 맞물리면서 한국은 제조업 강국에서 디지털, 문화, 의료 등 전 산업 분야에서 세계적인 경쟁력을 갖춘 국가로 도약했다.

그는 인도네시아도 충분히 같은 길을 걸을 수 있다고 확신했다. 이미 민주주의 개혁을 이룬 인도네시아는 경제성장의 토양을 갖추었으며, 자유로운 표현과 창의성이 보장되는 사회로서 혁신적인 기업들이 속속 등장하고 있다는 것이다.

인도네시아 슈퍼리치의 성공 전략 수업

자본만으로 인도네시아를 사로잡을 수는 없다. 우마르 하르디 차관보는 한국 기업이 성공하려면 단순히 전략이나 자본이 중요한 것이 아니라 현지 문화를 깊이 이해하는 것이 핵심이라고 재차 강조한다. 한국의 최첨단 장비와 기술은 인도네시아에 늘 매력적이다. 하지만 한국 기업은 장기적 헌신과 신뢰 구축을 통해 인도네시아 소비자를 사로잡는 전략을 써야 한다. 한국인의 성급한 투자와 전략은 오히려 마이너스다.

인도네시아에서 비즈니스에 성공하기 위한 첫 단계는 단기적인 성과를 좇기보다 장기적인 관점에서 접근하는 것이다. 더는 한국 기업이 아닌 현지 기업이라는 살신성인의 마음가짐으로 뼈를 묻겠다는 각오가 필요하다.

②
세계적인 마케팅 석학,
반둥공대 경영학과 이완 스띠아완 교수

현지 맞춤 상품, 맞춤형 기술 그리고 신뢰가 성공 공식

현대 마케팅의 아버지로 불리는 미국 노스웨스턴경영대학원 교수 필립 코틀러(Philip Kotler)는 《마케팅 3.0》, 《마케팅 4.0》, 《마케팅 5.0》, 《마케팅 6.0》 등 세계적인 베스트셀러 시리즈를 만들어냈다. 이 책들의 공저자는 인도네시아 반둥공대(Bandung Institute of Technology) 경영대학원 교수이자 마케팅 컨설팅 회사 마케티어스(Marketeers)의 대표 이완 스띠아완(Iwan Setiawan)이다. 그는 2010년 미국 노스웨스턴경영대학원 재학 시절 28세의 나이로 《마케팅 3.0》을 공동 집필하며 필립 코틀러와 인연을 맺었다. 이후 15년간 공동 연구와 저술을 이어오고 있다.

이완 스띠아완은 인도네시아에서 성공적인 마케팅을 하려면 현지 시장과 소비자 특성을 제대로 이해하는 것이 필수라고 말한다. 중요

필립 코틀러와 공동 집필한 세계적 베스트셀러들

한 요소 중 하나는 젊은 인구구조다. 인도네시아의 인구 2.8억 명 중 M(밀레니얼)세대는 26퍼센트, Z세대는 28퍼센트로, MZ세대가 전체 인구의 54퍼센트를 차지하기 때문이다. 한국의 인구구조와는 대조적이다. 이들은 소셜미디어와 디지털 기술에 능숙하다. 특히 인도네시아는 PC와 노트북 사용 단계를 건너뛰고 바로 스마트폰으로 디지털 환경에 적응했다. 미국, 일본, 한국이 PC에서 노트북 그리고 스마트폰 순서로 발전했다면 인도네시아는 처음부터 스마트폰 중심으로 디지털 생활이 이루어졌다. 따라서 마케팅 전략도 PC가 아닌 모바일 중심으로 접근해야 한다. 복잡한 웹페이지보다 사용하기 쉬운 모바일 애플리케이션을 최적화하는 것이 가장 효과적인 방법일 수 있다.

두 번째로 인도네시아는 단일한 시장이 아니라는 걸 알아야 한다. 1만 7,000개가 넘는 섬으로 이루어진 거대한 나라인 만큼 지역마다 소비자 행동과 문화, 선호 제품이 크게 다르다. 단순히 자카르타와 자바 중심으로 접근한다면 인도네시아 시장의 큰 부분을 놓칠 수 있다. 자바는 인도네시아 경제의 중심으로

GDP의 60퍼센트를 차지하지만, 성장 속도는 수마트라, 칼리만탄 같은 지역이 더 빠르기 때문이다. 특히 브랜드 접근성과 소비 트렌드에서 차이가 크다. 자바는 유명 브랜드가 많이 진출해 있어서 새로운 제품이 나와도 소비자들은 비교적 차분한 반응을 보인다. 브랜드 활성화를 위한 캠페인과 이벤트가 지속적으로 열리는 시장이기 때문이다. 그러나 수마트라, 칼리만탄 같은 지역은 유명 브랜드를 접할 기회가 적어서 새로운 제품이 등장하면 반응이 훨씬 더 뜨겁다. 이렇게 같은 제품이라도 지역에 따라 소비자의 반응이 완전히 달라질 수 있다.

단순한 경제적 차이뿐만 아니라 문화적 배경도 소비자의 행동을 결정짓는 중요한 요소다. 예를 들어, 시멘트 회사 빠담(Padam)은 수마트라에서 가장 오래된 시멘트 브랜드로 높은 신뢰를 받고 있다. 가격은 가장 비싸지만 소비자들은 기꺼이 이 회사의 제품을 선택한다. 이 제품을 사용하면 지역사회에서 인정받을 수 있다고 생각하기 때문이다.

하지만 수마트라를 벗어나면 빠담의 영향력은 줄어들고 가격도 낮아진다. 이처럼 인도네시아 시장에서는 같은 브랜드라도 지역에 따라 완전히 다른 가치가 부여될 수 있다.

교통 인프라가 발달한 자바에서는 문화적 동질성이 높고 비교적 표준화된 전략이 적용될 수 있다. 그러나 수마트라, 칼리만탄 같은 지역은 자바와 연결성이 부족해 문화적 차이가 쉽게 좁혀지지 않는다. 결국 인도네시아 시장에서 성공하려면 지역별 특성을 반영한 맞춤형 마케팅과 유통 전략이 필요하다. 자바에서 통하는 전략이 수마트라와 칼리만탄에서도 효과적일 것이라 기대한다면 인도네시아 시장의 큰 기회를 놓칠 수 있다.

세 번째는 인도네시아 소비자의 행태가 하이브리드 방식으로 바뀌었다는 것이다. 코로나 팬데믹은 소비자들의 행동과 기대치를 완전히 바꿔놓은 디지털 혁명이었다. 팬데믹 기간에 사람들은 온라인 쇼핑, 배달 서비스, 화상회의 등 디지털 기술을 필수적으로 활용하는 삶에 적응했다. 하지만 이제 상황이 달라졌다. 소비자들은 단순히 온라인에 의존하는 것이 아니라 오프라인 경험도 중요하게 생각하는 하이브리드 방식으로 변화했다. 이제 온라인 대 오프라인이라는 경계는 사라지고, 두 가지를 자연스럽게 결합하는 피지털(Phygital) 방식이 새로운 기준이 되고 있다. 예를 들어 레스토랑을 직접 방문해 QR 코드로 주문하고 식사를 한다. 콘서트나 스포츠 이벤트에 직접 가서 현장을 즐기는 동시에 라이브 스트리밍을 통해 공유한다. 오프라인 매장에서 제품을 직접 체험한 후 모바일로 결제하거나 온라인에서 추가로 구매한다.

이처럼 인도네시아 소비자의 기대치는 점점 높아지고 있다. 소비자들은 디지털 기술이 더 깊이 녹아든 오프라인 경험도 원하기 때문에 기업들은 이 변화에 적응해야 한다. 특히 소비자들은 제품을 구매하기 전에 온라인에서 정보를 얻고 브랜드를 비교한다. 예를 들어, 화장품이나 자동차 같은 제품을 찾는 과정의 90퍼센트는 온라인에서 이루어진다. 하지만 실제 구매는 여전히 오프라인이 70퍼센트를 차지하고 있으며, 전자상거래의 비중은 상대적으로 작다. 이 때문에 인도마릇(Indomaret), 알파맛(Alfamart) 같은 인도네시아의 현대적 오프라인 채널뿐만 아니라 와룽(Warung)과 같은 전통적인 소매점도 여전히 중요한 유통망이다. 결국 인도네시아 소비자들도 하이브리드 소비 패턴이 일반적이다. 따라서 기업들은 단순히 온라인 판매를 확대하는 것만으로는 부족하다. 온라인과 오프라인을 매끄럽게 연결해 끊김 없는 경험을 제공해야 한다. 이를 제대로 실현하지 못하는 기업은 소비자의 선택에서 점점 밀려날 것이다.

그렇다면 인도네시아에서 인기 있는 소비재 시장은 어디일까? 특히 주목받는 분야는 화장품과 스킨케어다. 이 시장에서는 브랜드 충성도의 변화가 뚜렷하게 나타나고 있다. 과거에는 나이 많은 세대가 익숙한 브랜드를 계속 사용하는 경향이 강했다. 그 브랜드를 좋아해서가 아니었다. 새로운 브랜드를 찾기보다는 익숙한 것을 선택하는 것이 편리했기 때문이다. 그러나 이제 젊은 세대가 소비의 중심이 되면서 상황이 달라지고 있다. 화장품과 스킨케어 제품을 처음 사용하는 연령대는 12~15세, 즉 사춘기 무렵이다. 이 시기의 소비자들은 여드름이나 피부 트러블을 해결하기 위해 제품을 찾지만, 특정 브랜드에 대한 선입견은 없다. 그래서 새로운 브랜드를 쉽게 시도한다. 부모 세대와 같은 브랜드를 사용하는 것을 멋지다고 생각하지 않는다. 대신 새롭고 트렌디한 브랜드를 찾는 경향이 강하다. 그래서 이제 P&G, 유니레버 같은 글로벌 브랜드의 독점 시대는 끝나가고, 신생 브랜드들이 빠르게 시장을 장악하며 리더가 되고 있다. 과거에는 오래된 브랜드들이 강세였지만, 지금은 젊은 소비자들의 선택을 받은 브랜드들이 앞서가고 있다. 브랜드 충성도가 낮은 젊은 세대를 공략하는 것이 소비재 시장에서 성공의 핵심 전략이 되고 있다.

그다음 주목받는 시장은 헬스케어 분야다. 코로나 팬데믹을 거치면서 질병 치료보다 예방이 중요하다는 인식이 확산되었고, 면역력 강화와 건강 유지가 트렌드로 자리 잡았다. 젊은 세대가 비타민 C, 비타민 D, 종합 비타민 등 건강 보조제를 적극적으로 섭취하며, 외모와 체형 관리에 관심을 가지면서 관련 제품 소비도 증가하고 있다. 남성들은 건강한 몸을 만들기 위해 헬스를 하고 프로틴, 아르기닌 등 운동 보조제를 섭취한다. 여성들은 피부 탄력, 노화 방지, 주름 개선을 위한 미용 보조제를 주로 찾는다. 팬데믹 이후 사람들이 건강에 더욱 관심을 가지게 되면서 예방과 관리 중심의 헬스케어 소비가 급격히 증가하고 있다.

최근 인도네시아의 젊은 세대는 단순한 물건보다 여행, 콘서트, 스포츠 경기, 엔터테인먼트 등 체험형 소비에 더 많은 지출을 하고 있다. 이들은 단순한 소비가 아닌, 특별한 경험을 통해 가치를 느끼고, 이를 공유하는 것을 더욱 중요하게 생각한다. 대표적인 예로 K팝 콘서트 티켓은 인도네시아가 서울보다 훨씬 비싸지만, 여전히 엄청난 인파가 몰린다. 인도네시아 축구 국가대표팀의 경기장 역시 항상 만석이다. 축구에 큰 관심이 없는 사람들조차도 경기장에 가서 응원하는 행위 자체를 하나의 트렌드로 받아들이며, 이를 소셜 미디어에 공유하는 것을 중요한 소비 활동으로 인식하고 있다. 즉 체험형 소비는 단순한 즐거움을 넘어, 사회적 교류와 트렌드 참여라는 의미가 있다.

인도네시아 진출을 희망하는 기업들은 그들이 바라보는 시장과 실제 인도네시아 시장이 다를 수 있다는 점을 반드시 인지해야 한다. 글로벌 기업을 컨설팅할 때 가장 먼저 묻는 것이 바로 시장에 대한 정의다. 시장 정의가 다른 탓에 기업이 당초 계획했던 제품과 다른 제품을 준비해야 할 수도 있다. 그러니 기업은 언제든 기술 사양이나 제품 카테고리를 현지 소비자가 원하는 방향으로 조정할 준비가 되어 있어야 한다. 그렇게 현지의 기대와 요구에 유연하게 대응하지 않으면 성공하기 어렵다.

인도네시아에서 필요한 이커머스 기술을 예로 들어보자. 인도네시아 소비자는 실용성을 가장 중요하게 생각한다. 첨단 기술이라도 실생활에 도움이 되지 않으면 큰 의미가 없고 환영받지도 못한다. 또한 교육 수준이 선진국보다 낮기 때문에 복잡한 기술보다 쉽고 실용적인 기술이 선호된다. 특히 자바를 벗어난 2~3선 도시에서 이러한 경향이 더욱 강하다. 인도네시아는 사람 중심의 시장이기 때문에 자동화를 반기지 않는다. 기계가 일자리를 대체하는 것에 대한 거부감이 크며, 이는 자동화가 강한 이커머스 분야에서도 마찬가지다. 즉 기술보다는 사람이 중심이 되는 방식이 더 효과적이다.

많은 국가에서 전자상거래는 웹사이트에서 원하는 제품을 검색하고 장바구니에 담아 결제하는 방식이 일반적이다. 그러나 인도네시아에서는 구매 과정에 사람과의 소통이 중요한 요소로 작용한다. 인도네시아 소비자들은 국민 메신저 왓츠앱(WhatsApp)을 활용한 대화형 상거래(Conversational Commerce)를 선호한다. 예를 들어, 주부가 동네 채소 가게에 왓츠앱으로 원하는 채소 목록을 보내면 가게에서 확인한 후 배달을 진행하는 방식이다. 단순한 주문이 아니라 구매 과정에서 판매자와 직접 대화하며 신뢰를 쌓을 수 있기 때문에 소비자들이 더 선호하는 방식이다.

인도네시아에서는 라이브 커머스(Live Commerce: 실시간 방송 판매)도 빠르게 성장하고 있다. 쇼호스트가 제품을 실시간으로 시연하는 가운데 소비자가 쇼호스트의 얼굴을 보고 질문하는 방식은 인도네시아 소비자들에게 보이는 신뢰를 제공한다. 중국에 이어 인도네시아가 세계 2위의 라이브 커머스 시장을 형성한 이유도 여기에 있다. 반면, 기술적으로 가장 앞선 완전히 자동화된 아마존 모델은 인도네시아에서 신뢰를 얻기 어렵다. 소비자들은 주문 후에 물건을 제대로 받을 수 있을지 불안해하며, 사람이 개입되지 않는 거래 방식에 대한 거부감이 크다. 에스크로(escrow) 계좌를 통한 안전한 결제 시스템이 있음에도 자신이 누구와 거래하는지 확인할 수 있어야 안심하는 심리가 강하다. 그래서 자동화가 아닌 사람과의 연결을 기반으로 한 상거래 모델이 인도네시아 시장에서 더 효과적이다.

　인도네시아 시장을 공략하는 한국·일본·중국 기업들의 접근 방식에 대한 이완 스띠아완 교수의 견해는 다음과 같다. 일본 기업들은 전국적으로 수천 명의 응답자를 대상으로 광범위한 시장조사를 실시하고 장기적인 전략을 세운다. 표본 규모가 가장 크고 조사 범위도 가장 깊은 만큼 신중하게 움직이며, 철저한 준비 없이는 시장에 진출하지 않는다. 반면 한국 기업들은 빠른 의사결정을 선호하며, 즉각적인 결과를 기대한다. 자카르타와 자바 지역을 중심으로 수백 명 단위의 비교적 소규모 조사를 진행하고, 시장조사가 끝나면 신속하게 실행에 옮긴다. 하지만 일본만큼 데이터 분석이 깊지도 않고, 중국만큼 공격적인 가격으로 밀어붙이지도 않는다. 중국 기업들은 사전 조사보다는 빠른 진출과 시장점유율 확대를 우선한다. 일부 기업은 사전 조사를 아예 생략하거나 최소한의 정보만으로 진출을 결정한다. 대신 공격적인 가격 정책을 앞세워 시장을 장악하며, '가격이 싸면 소비자는 따라온다'는 전략을 기반으로 한다.

　이완 스띠아완 교수는 인도네시아 전기차 시장에서 격돌하는 한국과 중국에 대해서는 다음과 같이 평가했다. 현대차는 고급 모델부터 출시한 후 점차 가격을 낮추어 대중 시장으로 확장하는 전략을 사용한다. 반면 중국의 울링자동차(Wuling Motors)는 저가 모델부터 시작해 점진적으로 상위 시장으로 올라가는 방식을 택했다. 이러한 차이로 인해 초기 판매량에서는 울링이 유리하다. 공격적인 가격 전략으로 보급형 시장을 빠르게 장악하기 때문이다. 당장은 울링의 판매량이 급격히 증가할 가능성이 높다. 소비자들은 저렴한 가격을 선택하는 대신, 애프터서비스나 충전 인프라 부족을 감수한다. 이러한 한계는 시간이 지날수록 차량의 유지 보수와 운전의 편의성에 영향을 미쳐 판매량 증가에 걸림돌이 될 가능성이 크다.

따라서 현대차가 인도네시아에서 프리미엄 전기차 브랜드로 자리 잡으려면 소비자 신뢰를 확보해야 한다. 높은 가격을 지불한 고객들이 만족하려면 단순히 좋은 제품을 제공하는 것만으로는 부족하다. 충전 인프라 구축, 사후 관리 강화, 고객 지원 개선 등 전반적인 서비스 품질을 높여야 한다. 기대 이상의 경험을 제공해야 브랜드 신뢰도가 높아지고, 프리미엄 브랜드로 정착할 수 있다. 하지만 이는 단기간에 성과를 낼 수 있는 전략이 아니다. 장기적인 투자와 지속적인 개선이 필수적이며, 이는 시간이 걸리는 과정이다.

그런 면에서 일본의 도요타가 인도네시아에서 쌓아온 신뢰와 성공의 과정이 참고할 만하다. 일본 기업은 인도네시아 내연기관 자동차 시장의 90퍼센트 이상을 점유하며 1위를 차지하고 있다. 도요타의 성공 요인은 단순한 기술력만이 아니다. 인도네시아 소비자들은 도요타를 신뢰하며, 최고의 자동차 브랜드로 인식한다. 오래 타도 중고차 가치(리세일 밸류)가 높고, 애프터서비스가 우수하다. 정비소가 어디에나 있고 예비 부품도 쉽게 구할 수 있어 유지 보수가 편리하다. 이렇듯 도요타가 최고 브랜드로 자리 잡은 것은 단순히 제품 때문만이 아니다. 인도네시아 소비자들에게 진정성을 보여주고 신뢰를 쌓아왔기 때문이다.

과거 일본의 식민 지배로 인해 양국 관계가 완벽하지 않고 반일 감정이 고조되던 어려운 시기에도 도요타는 인도네시아를 떠나지 않았다. 지난 50년 동안 꾸준히 시장을 지키며, 단기적인 이익이 아닌 장기적인 헌신과 신뢰 구축에 집중했다. 이러한 노력 덕분에 도요타는 단순한 자동차 브랜드를 넘어, 인도네시아 소비자들에게 친구 같은 존재로 자리 잡았다. 고가의 제품일수록 소비자의 신뢰가 필수적이다. 따라서 한국 기업들도 도요타처럼 단기적인 이익이 아닌 장기적인 헌신과 신뢰 구축을 통해 소비자의 마음을 사로잡는 전략이 필요하다.

인도네시아 슈퍼리치의 성공 전략 수업

인도네시아에서 성공적인 마케팅을 하려면 인도네시아의 다양한 소비 시장을 먼저 들여다봐야 한다. 특히 젊은이들이 주 소비자층이기에 이들에게 최적화된 마케팅 전략을 세우는 것이 가장 효과적이다. 아울러 자카르타 이외에 수마트라와 칼리만탄 같은 다른 지역에 대한 접근성도 높여야 하고 인도네시아 소비자의 행태가 하이브리드 방식으로 바뀌고 있다는 점에도 주목해야 한다. 화장품, 스킨케어, 헬스케어 등 체험 소비의 지출이 늘고 있는 추세이고 자동화보다는 사람과의 연결을 기반으로 한 이커머스 모델이 더욱 효과적이다.

③
인도네시아 비즈니스 전도사,
가톨릭대학교 김기찬 명예교수

첫판을 잘 짜라, 머리보다 가슴으로 승부하라

가톨릭대학교 김기찬 명예교수는 한국·인도네시아 경영학회와 세계 중소기업학회 회장으로서 인도네시아뿐만 아니라 전 세계를 무대로 종횡무진 움직이며 우리 기업들의 해외시장 진출을 위해 오랫동안 열정을 쏟아왔다. 특히 한국·인도네시아 경영학회에서는 인도네시아에 특화된 최고경영자(CEO) 과정을 개설하여 2019년부터 지금까지 약 250명의 졸업생을 배출하며 양국 기업 간의 교류에 큰 힘을 보태왔다. 김기찬 명예교수는 연구실에 머물지 않고 인도네시아 정부 부처와도 긴밀히 소통하며 현장에서 실질적인 변화를 만들어가고 있다. 현재는 인도네시아 프레지던츠대학교 국제 총장의 역할도 수행하고 있다. 그는 건배사로도 항상 "지화자(지금의 화두는 자카르타)"를 외칠 정도로 인도네시아 사랑이 남다르고 지금 우리에게 가장 큰 기회의 땅은 인도네시아라고 확신하고 행동으로 옮기는 리더 중 한 사람이다.

그는 우리 기업이 인도네시아 시장에서 성공하기 위해서는 품질과 혁신을 기반으로 전략적 접근을 함으로써 고급화된 수요를 공략하고 차별화된 시장을 점유해야 한다고 강조한다. 이런 주장에는 이유가 있다. 현재 인도네시아의 1인당 국민소득은 약 5,000달러 수준이다. 국민소득 5,000~1만 달러 구간은 개발도상국이 소비 패턴의 변화를 겪는 시기다. 특히 식품과 생활필수품 그리고 교육 분야에서 시장 기회가 크게 열린다. 생활수준의 향상과 함께 고급화된 제품과 서비스에 대한 수요가 증가하는 것이다. 따라서 중국처럼 저렴한 가격으로 인도네시아의 저가 제품과 서비스와 경쟁하려는 전략은 효과적이지 않다. 대신 혁신적이고 차별화된 가치로 시장에서 경쟁력을 확보하는 것이 중요하다. 프리미엄 식품, 건강 중심의 생활필수품, 개인화된 교육 서비스와 같은 고부가가치 분야에 집중해야 한다는 뜻이다.

1492년 신대륙에 도착한 콜럼버스의 목표는 식민지를 세우는 것이었다. 하지만 결국 그는 정착에 실패했다. 반면 1620년 청교도들은 새로운 땅에서 함께 살아가겠다는 마음으로 신대륙에 도착했고 인디언 추장들도 그들을 도와주었다. 이 차이는 단순한 탐욕이 아니라 상생의 의지가 있어야 지속적인 성공이 가능하다는 교훈을 남겼다. 이 교훈은 인도네시아에서도 통한다. 단순히 시장을 공략하고 제품을 판매하는 것이 아니라 인도네시아 사회가 직면한 문제를 함께 해결하며 새로운 가치를 창출하는 접근이 한국 기업들에는 필요하다. 예를 들면 인도네시아의 평균 수명은 남성 70.2세, 여성 74.2세로 낮은 편이다. 낮은 평균 수명은 의료 서비스 부족, 식품 안전 문제, 삶의 질을 높일 사회적 시스템 부재와 맞닿아 있다. 인도네시아 할랄청장(The Head of Indonesia's Halal Product Assurance Organizing Agency)은 "할랄은 단순한 종교 규제가 아니라 더 나은 삶을 위한 건강 기준"이라고 강조한다. 이는 식품을 넘어 인도네시아 사회 전반에서 건강과 안전을 중시하는 요구가 크다는 것을 보여준다. 따라서 한국 기업이 진정한 성공을 이루려면 단순한 판매 중심 전략에서 벗어나 건강·안전·삶의 질 향상을 아우르는 솔루션을 제시해야 한다. 인도네시아와 문제를 함께 해결하며 공감과 신뢰를 쌓을 때 지속 가능한 성장과 장기적 파트너십이 가능해진다.

한국 기업들이 인도네시아에 진출할 때는 최대한 멀리 보고 큰 그림을 그려야 한다. 다시 말해 단기 성과보다는 장기적 관점에서 판을 짜야 한다는 뜻이다. 예를 들면, 개발도상국, 특히 인도네시아에서는 부동산이 단순한 자산이 아니라 기업과 지역의 성장을 결정짓는 중요한 요소다. 유통업에서 성공한 기업은 자연스럽게 주변 부동산의 가치를 끌어올린다. 하지만 많은 한국 기업가가 부동산을 소유하기보다 임대를 선택하는 경향이 있다. 이는 초기 비용을 줄이는 데는 효과적이지만, 장기적으로는 기업의 성장 기회와 지역 발전의 흐름을 놓치게 한다. 만약 기업이 사업 공간을 직접 소유하고 개발하면서 혁신적인 서비스를 도입한다면 더 많은 사람이 모이고 자연스럽게 부동산 가치도 상승할 것이다. 결국 이는 기업의 지속 가능성을 높이는 중요한 전략이 될 수 있다. 따라서 단기적인 비용 절감에만 집중하기보다는 지역과 함께 성장하는 큰 그림을 그리는 것이 필요하다.

인도네시아에서는 예상 밖의 일이 자주 벌어진다. 서류를 준비했는데도 처리가 미뤄지고, 담당자가 바뀌며, 절차가 불명확할 때도 있다. 이런 상황에서 법과 규정을 앞세워서 해결하려 하면 오히려 벽에 부딪히게 된다. 인도네시아에서는 시스템이 아니라 사람 중심의 접근이 필요하다. 법과 절차만으로 문제를 풀려 한다면 단기적으로는 해결될지 몰라도 장기적인 협력은 기대하기 어렵다. 그러나 일단 신뢰가 쌓이면 상황은 완전히 달라진다. 예상치 못한 문제도 빠르게 해결되고, 상대방이 먼저 도움을 주기도 한다. 인도네시아 시장은 논리와 규칙만을 생각하고 머리로 접근하면 복잡하고 어려운 곳이다. 하지만 가슴으로 다가가 신뢰를 쌓으면 큰 기회가 열리는 곳이다. 단순한 거래 상대를 찾는 것이 아니라 함께 성장할 파트너를 만드는 것, 그것이 인도네시아에서 진정한 성공을 이루는 길이다.

한국 기업들은 종종 인도네시아 문화에 대한 이해 없이 시장에 접근한다. 최소한 홉스테드 지수라도 참고해 기본적인 문화적 차이를 파악해야 한다. 이때 가장 중요한 것은 공감 능력이다. 인도네시아의 시스템이 미비하고 현지 문화에 적응하는 것이 쉽지 않지만, 이는 외국 기업이라면 누구나 겪는 도전이다. 이 차이를 이해하고 극복하는 기업만이 경쟁력을 갖출 수 있다. '신이 인간에게 선물을 줄 때 시련이라는 포장지에 싸서 준다'라는 말처럼, 인도네시아 시장의 복잡함은 피해야 할 장애물이 아니라 더 큰 기회를 만들어내는 요소다. 이 도전을 극복하는 기업만이 장기적인 성공과 성장을 이룰 수 있다.

김기찬 교수가 인도네시아의 미래를 긍정적으로 보는 이유 가운데 하나는 바로 젊은 세대의 잠재력 때문이다. 다른 개발도상국에 비해 IT 적응력이 높고, 영어 실력이 우수하며, 무엇보다 순수하고 착한 태도를 지니고 있다.

올바른 교육을 제공하기만 하면 성장할 가능성이 충분하지만 현재 많은 학생이 제대로 된 교육의 기회를 얻지 못하고 있다. 교육이야말로 변화의 핵심 요소가 될 수 있기에 한국식 교육 콘텐츠를 제공하는 것이 유망한 비즈니스 모델이 될 수 있다. 예를 들어, 인도네시아의 유치원은 오전 수업만 진행하고 아이들을 집으로 돌려보낸다. 한국식 유치원 모델을 도입해 점심을 먹이고 태권도와 같은 체력 단련 프로그램을 추가한다면 새로운 교육 트렌드를 만들어갈 수 있다.

교육을 넘어 문화와 라이프스타일을 포함한 종합적인 한국 체험 공간, 예를 들어 코리아타운을 조성하는 것도 고려할 만하다. 이는 단순한 교육 사업을 넘어 한국 콘텐츠와 문화를 자연스럽게 확산시킬 기회가 될 것이다. '아마추어는 걱정하며 살고, 프로는 상상하고 도전하며 산다'라는 말처럼, 인도네시아의 가능성을 보고 한국 기업이 더욱더 도전해야 하는 이유다.

이제 인도네시아는 잠재 시장이 아닌 필수 시장이다. 소득 향상과 소비 패턴의 변화로 프리미엄 식품과 건강 분야의 생활필수품 그리고 개인화된 교육 서비스 분야에서 시장 기회가 크게 열리고 있기 때문이다. 따라서 단순히 저가 제품으로 경쟁하는 것은 더 이상 유효하지 않다. 인도네시아 사회가 직면한 문제를 함께 해결하며 새로운 가치를 창출하는 접근이 필요하다. 현지 문화에 대한 깊은 이해를 바탕으로 가슴으로 다가가야 큰 기회가 열린다. 함께 성장할 파트너를 찾고 만드는 것이야말로 인도네시아에서의 성공을 판가름한다.

④

이슬람 비즈니스 매직 맨, 현대자동차 이강현 고문

상호 신뢰와 보완으로 기다려야 고속 성장하는 인도네시아 시장

인도네시아인과의 펜팔에서 시작된 인연 덕분에 삶이 바뀌고, 이를 계기로 40년 동안이나 한국과 인도네시아를 잇는 가교 역할을 해온 이가 있다. 대표적인 한국 기업인 삼성전자와 현대자동차의 인도네시아 법인에서 상무이사를 역임했던 현대자동차 이강현 고문이다.

1987년 KBS 라디오 프로그램 〈라디오 코리아〉에서 한국을 알고 싶다면서 한국 친구와의 펜팔을 희망하는 한 인도네시아 대학생의 사연이 전해졌다. 이 사연을 들은 청년 이강현은 펜팔을 시작했다. 그리고 1년 후인 1988년에 그 친구를 직접 만나기 위해 인도네시아로 향했다. 그는 공항에 도착하자마자 깜짝 놀랐다. 인도네시아 친구의 부모님이 환영한다는 한국어 플래카드를 들고 공항에서 기다리고 있었던 것이다. 친구의 가족은 손수 담근 김치까지 마련해 그를 맞이했다. 그 따뜻한 환대는 한국으로 돌아온 뒤에도 꿈속에서까지 인도네시아를 그리워하게 만들 만큼 깊은 인상을 남겼다. 귀국 후에도 인연은 끊기지 않고 이어졌다. 인도네시아 배드민턴의 전설 수시 수산티(Susi Susanti)가 한국을 방문했을 때 통역을 맡았고, 더 나아가 인도네시아 여성과 결혼해 가정을 꾸리며 스스로 이슬람으로 개종했다. 이렇게 오랜 시간에 걸쳐 쌓인 애정과 현장에 대한 깊은 이해는 그를 인도네시아를 입체적으로 꿰뚫는 전문가로 자리매김하게 했다.

그는 한국 기업이 인도네시아에서 확실한 성공을 거두려면 무엇보다 현지의 속도에 맞춰야 한다고 강조한다. 오랜 현장 경험을 통해서 볼 때 인도네시아 시장에서 가장 경계해야 할 태도는 다름 아닌 조급함이다. 단기 성과에 집착하는 순간, 거의 100전 100패에 가깝다. 이 시장은 빠른 결실을 요구하는 곳이 아니라 시간을 들여 신뢰와 기반을 쌓아야 하는 곳이기 때문이다. 철저한 사전 준비와 장기 전략 없이는 한 걸음도 나아가기 어렵다. 준비 단계에서는 법률과 제도, 시장 구조, 문화적 특성을 충분히 이해하고, 현지 실정에 맞는 실행 가능한 전략을 세워야 한다. 익숙한 한국식 방식만을 고집하는 태도는 오히려 시행착오와 난관에 부딪칠 가능성이 높다. 인도네시아는 기본적으로 5년은 지나야 성과가 나오고, 10년이 지나서야 고속 성장 국면에 진입할 수 있는 시장이다. 따라서 우물에서 숭늉 찾듯 성급한 태도로는 결코 원하는 성과를 얻을 수 없다. 이 시장에서 통하는 해법은 분명하다. 충분한 준비, 긴 호흡, 그리고 현지를 존중하는 겸손한 자세가 성공의 가장 확실한 토대다.

아울러 한국의 투자 관행 역시 점검해볼 필요가 있다고 조언한다. 한국 기업은 대체로 단독 투자를 선호하며, 합작 투자에서도 지분 51퍼센트 이상을 확보해 경영 주도권이 보장되지 않으면 참여를 꺼리는 경향이 강하다. 이러한 방식은 통제력은 높일 수 있지만, 새로운 시장에서는 오히려 진입을 어렵게 만들 수 있다. 반면, 오랜 해외 진출 경험을 가진 일본 기업의 접근법은 다르다. 이들은 20~30퍼센트 수준의 소수 지분만으로도 골프장과 쇼핑몰 등 다양한 분야에 투자한다. 합작 투자를 통해 리스크를 분산하고, 충분한 시간을 들여 시장을 이해하며, 현지 파트너의 노하우를 배우는 데 집중한다. 새로운 산업과 사업 기회가 많은 인도네시아에서는 이러한 접근이 효과적일 수 있다. 모든 것을 직접 통제하려 하기보다 함께 배우고 성장하는 전략이 장기적으로 더 큰 성과로 이어질 수 있다.

그는 인도네시아를 이해하려면 이슬람을 개인의 신앙을 넘어 일상과 사회를 지탱하는 운영 원리로 바라봐야 한다고 말한다. 이 맥락을 이해하고 존중할 때 비로소 현지 사회와 비즈니스의 본질에 가까이 다가갈 수 있다. 이를 간과하면 인도네시아 사회의 선택과 판단을 왜곡되게 해석하기 쉽다.

이슬람 신자들은 이슬람이 삶의 전반을 책임져준다고 믿는다. 부모들은 아이가 아주 어릴 때부터 사원에 데려가고, 코란 암송 교육을 받게 하며, 이슬람 기관이 운영하는 유치원과 초등학교에서 무상 교육을 받도록 한다. 실제로 인도네시아에서는 종교부 산하 학교 수가 교육부

산하 학교보다 많을 만큼, 이슬람 교육은 사회 전반에 깊은 영향력을 행사한다.

이슬람의 역할은 교육에 그치지 않는다. 성공을 꿈꾸며 자카르타로 올라왔다가 실패하고 일자리를 잃더라도 이슬람 사원은 마지막으로 기댈 수 있는 공간이 된다. 먹을 것이 없을 때는 음식을 제공하고, 머물 곳이 없을 때는 잠자리를 내어준다. 이처럼 이슬람은 신앙을 넘어 공동체를 유지하는 사회적 안전망으로 기능한다.

이강현 고문도 무슬림의 의무에 따라 하루 다섯 차례 기도를 드린다. 그는 하루에 다섯 번 기도를 하다 보면 정말 놀라운 변화를 겪게 된다고 말한다. 처음에는 기도 내용이 대체로 자신과 가족 이야기로 채워지지만, 하루에 다섯 번씩 하다 보면 어느 순간 '이제 또 무슨 이야기를 하지'라는 생각이 들 만큼 소재가 바닥난다. 그러다 보니 기도의 대상은 자연스럽게 동료와 이웃, 나아가 공동체 전체로 확장된다.

그는 이 과정을 통해 인도네시아인들이 자연스럽게 공동체 의식이 강하고 타인을 잘 배려하는 사람들로 길러진다고 말한다. 하루 다섯 번의 기도가, 의도하지 않았지만 꽤 효과적인 이타심 훈련 프로그램이 되는 셈이다. 이슬람의 규율은 이렇게 배려와 연대의 문화를 일상 속에서 단단히 만들어간다.

문화와 정서 차이 때문에 한국과 인도네시아는 상대방을 존중하는 방식에서도 차이가 난다. 한국에서는 솔직한 조언이나 간섭이 애정의 표현으로 여겨지는 경우가 많지만, 인도네시아에서는 상대방의 선택을 존중하고 불필요한 개입을 최소화하는 것이 존중의 태도다. 가족간에도 개인의 삶에 깊이 간섭하지 않으며, 의견이 달라도 강하게 표현하기보다는 조화를 유지하는 태도를 갖는다. 예를 들어, 이강현 고문의 아내는 장녀임에도 동생들의 선택에 간섭하거나 참견하지 않는다. 한국에서는 부모가 자녀에게 공부를 강요하거나 압박하는 일이 흔하지만, 인도네시아에서는 부모와 자녀 사이에도 이런 강한 간섭이 드물다. 그래서일까. 인도네시아의 청소년 흡연율이 높은 이유 중 하나도 어른들이 이를 적극적으로 제지하지 않아서라고 한다. 이렇듯 인도네시아에서는 타인의 행동을 통제하기보다는 존중하는 태도가 일반적이다. 이러한 문화적 배경 때문에 직장 상사인 한국인이 화를 내거나 큰 소리로 야단칠 경우 인도네시아인들은 큰 충격을 받을 수밖에 없다. 가족조차도 그런 방식으로 대하는 일이 없기 때문에 공개적인 질책이나 감정적인 표현은 그들에게 낯설고 불편한 경험이고 관계를 해치는 요인이 되는 것이다.

의견이 다를 때 한국인은 자연스럽게 목소리가 높아지는 경우가 많다. 그러나 인도네시아에서는 언성이 높아지는 것을 화내는 것으로 받아들이기 때문에 조심해야 한다. 차분하고 부드러운 어조를 유지하는 것이 중요하다.

그럼에도 두 나라 사람은 정서적으로 닮은 점이 많다. 특히 부모와 노인을 공경하며 어려운 사람을 돕는 마음가짐은 양국 모두에서 중요한 가치로 여겨진다. 이러한 공통점을 바탕으로 감정 표현 방식의 차이를 이해하고, 온화하고 신중한 소통을 한다면 더욱 깊은 신뢰를 쌓을 수 있을 것이다.

또한 인도네시아에서는 업무 속도가 한국보다 느린 것이 일반적이다. 이강현 고문은 이것이 '뻐르미시(permisi)'와 '실라깐(silahkan)'이라는 문화적 태도에서 기인한다고 설명한다. 뻐르미시는 '실례합니다'라는 뜻이고, 실라깐은 '괜찮으니 그렇게 하세요'라는 의미다. 누군가가 뻐르미시라고 양해를 구하면 상대방은 거의 항상 실라깐으로 응답한다. 예를 들어, 출퇴근 시간에 자카르타의 좁은 도로에서 몇 대의 차가 한쪽 차선을 막고 있어도 뒤따르는 운전자에게 뻐르미시라고 하면 그냥 실라깐이라는 마음으로 기다려준다.

한국 같았으면 경적을 울리고 욕하고 난리가 났을 상황이라도 인도네시아에서는 불만 없이 받아들이는 모습이 일반적이다. 이러한 문화에는 타인을 존중하고 배려하는 장점이 있지만, 갈등이 발생해도 적극적으로 해결하기보다는 자연스럽게 해결되기를 기다리는 경향도 있다. 이런 모습이 한국인에게는 답답할 수 있지만, 인도네시아에서는 신뢰를 쌓고 원만한 관계를 유지하는 중요한 요소로 작용한다.

우리가 인도네시아어와 영어에 완벽하지 않고 인도네시아 사람들도 한국어와 영어에 능통하지 않기 때문에 커뮤니케이션에서 실수가 발생할 수 있다. 이러한 실수는 우리의 빨리빨리 문화와 인도네시아의 여유 있는 문화 사이에서 갈등을 더욱 부각시킬 수 있다. 그러나 그는 진정한 현지화란 단지 이슬람 문화권에서 머리를 만지지 않는 등의 형식적인 예절을 지키는 것에 그치지 않는다고 강조한다. 오히려 인도네시아 사회의 부족한 부분은 우리가 채워주고, 반대로 우리가 배워야 할 점은 겸손하게 배우는 태도야말로 진정한 현지화라는 것이다.

이런 공감대와 이해가 있어야 오해를 줄일 수 있다. 이를 위해서는 결국 신뢰를 구축하고 진정한 친구를 많이 만드는 것이 중요하다. 그래야 속마음을 털어놓고 진솔한 대화를 나눌 수 있고 해결책을 찾을 수도 있다.

인도네시아 슈퍼리치의 성공 전략 수업

인도네시아에서는 장기적 계획을 세워라! 단기 성과에 집착하면 100전 100패다. 성공하려면 철저한 사전 준비와 장기적인 전략이 정답이다. 법률, 시장, 문화에 대해 충분히 이해한 후에 현지 상황에 맞춘 현실적인 대안을 세워야 한다. 한국적인 방식만을 고집할 것이 아니라 인도네시아인의 이슬람교와 문화적 특성을 이해해야 자신이 원하는 비즈니스를 펼칠 수 있다는 점을 명심하자. 인도네시아는 5년이 지나야 성과와 이익이 발생하고 최소 10년은 지나야 고속 성장의 단계로 넘어갈 수 있는 시장이다.

인간 중심 경영의 선구자,
블루버드의 노니 뿌르노모 대표

존중과 정직이 회사의 DNA, 현지인의 마음부터 얻어라

"자카르타 공항에서 도심으로 갈 때는 다른 택시를 타지 말고 꼭 파란색 블루버드(Blue Bird) 택시를 타야 한다." 10년 전에 코트라 자카르타 무역관이 출장자들을 위해 만든 안내 자료의 일부다. 당시 블루버드는 외국인이 바가지를 쓰지 않고, 여성들도 안심하고 이용할 수 있는 인도네시아의 유일한 택시였다. 오늘날 블루버드는 고객들이 가장 선호하고 신뢰하는 인도네시아 최대의 국민 택시 브랜드로 확고히 자리매김했다. 일반 택시, 고급 택시, 리무진 서비스 차량 등 총 2만 6,000대의 차량과 2만 명의 운전기사를 보유하며, 매달 약 850만 명의 승객을 안전하게 실어 나른다. 그뿐만이 아니라 자카르타 증권거래소에 상장된 유일한 택시 회사라는 독보적인 위상도 갖추고 있다.

이 회사의 수장은 여성 기업인 노니 뿌르노모(Nonie Purnomo)다. 그녀는 2023년 〈포브스〉 지가 선정한 '아시아에서 가장 성공한 50세 이상 여성 CEO 50인'에 이름을 올렸다. 2021년에는 유엔으로부터 여성 역량 강화에 기여한 공로를 인정받아 상을 받았다.

그렇다면 블루버드가 인도네시아 최대 택시 회사로 성장한 원동력은 무엇일까? 블루버드 회사의 핵심 역량은 함께 일하는 사람에게서 나오며 존중과 정직이 바로 블루버드의 DNA다. 이러한 기업의 가치는 창업자인 그녀의 할머니 무띠아라 시띠 파띠마 조코수또노(Mutiara Siti Fatimah Djokosoetono)의 가르침에서 비롯되었고 오랜 전통으로 이어져왔다.

블루버드는 1972년 창업주인 그녀의 할머니가 자기 집 차고에서 단두 대의 자동차로 시작했다. 당시 남편과 사별한 50대 여성이었던 그

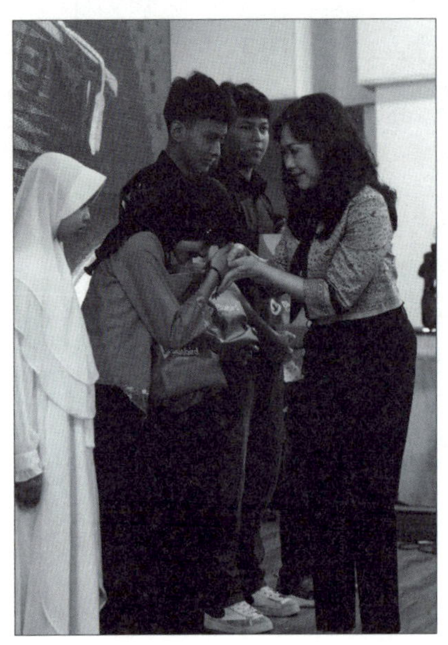

3만 6,000명의 꿈을 실어 나르고 있는
블루버드 장학재단

녀의 할머니가 남성 중심 사회에서 인도네시아 최초의 택시 회사를 설립한 것은 매우 놀라운 일이었다. 그녀의 할머니는 뛰어난 기업가 정신을 갖춘 혁신가로서 불확실한 상황에서도 기회를 찾아내는 능력이 있었다. 블루버드는 자카르타 최초로 콜센터를 도입한 택시 회사로 업계를 선도했다. 자동차를 구하기가 어려웠던 시절, 자카르타 상류층이 사는 멘뗑(Menteng) 지역을 방문해 주민들의 차량을 공유 운영하고 수익을 나누는 방식을 도입했다. 이는 오늘날 우버의 공유 경제 모델과 유사한 개념으로, 창업자의 혁신적인 사고방식을 잘 보여준다.

할머니의 직원 사랑은 특별했다. 고객에게 최고의 서비스를 제공하려면 먼저 직원이 행복해야 한다고 믿었다. 직원의 만족이 곧 고객 만족으로 이어진다는 철학 아래 경영진에게 내가 대접받고 싶은 대로 남을 대접하라는 섬김의 리더십을 강조했다. 블루버드는 집 차고에서 시작되었기 때문에 홈피스(homefice)처럼 사무실이 곧 집이었고 직원 교육도 여기서 이루어졌다. 그 과정에서 정직과 사람 존중이라는 회사의 핵심 가치가 자연스럽게 공유되었다. 그녀는 직원을 단순한 일꾼이 아

닌 가족처럼 아끼고 함께 성장할
소중한 존재로 여겼다.

　소지품을 블루버드 택시에 두
고 내린 승객은 약 77퍼센트가 분실물을 되찾을 수 있다. 이는 인도네
시아의 사정상 쉽지 않은 회수율로서 회사의 핵심 가치인 정직이 실천
되고 있음을 증명한다. 블루버드가 인도네시아에서 높은 신뢰를 받는
이유는 차별화된 고객 서비스에 있다. 깨끗한 차량, 높은 안전도, 철저
한 교육을 받은 친절한 운전기사가 그 신뢰를 뒷받침한다. 블루버드는
특히 운전기사의 복무규율을 확립하고 충성도를 높이기 위해 큰 노력
을 기울였다.

　블루버드는 어떻게 가족 같은 회사를 만들고 직원들의 마음을 사로
잡을 수 있었을까? 블루버드는 직원과 회사의 관계를 단순한 고용 계
약을 넘어선 동반자 관계로 여겼다. 1998년 아시아 금융위기로 많은
가정이 학비 부담을 겪자 운전기사 자녀들의 학업을 지원하기 위해 블
루버드 장학재단을 설립했다. 지금까지 총 3만 6,000명의 학생이 혜택
을 받았다. 회사가 적자를 기록한 해에도 장학금 지원은 멈추지 않았
다. 어려운 시기일수록 회사와 직원이 서로 돌봐야 한다는 신념이 있
었기 때문이다. 이렇게 굳건한 상호 간의 믿음이 블루버드의 지속적인
성장의 원동력이 되었다.

　블루버드는 경영진과 직원 간의 원활한 소통을 위해 현장의 목소리
를 놓치지 않으려는 독창적인 시스템을 운영한다. 모든 운전기사는 25
명씩 그룹으로 묶이며, 신입과 선임이 함께 배치되어 신입 기사가 자

연스럽게 기업 문화에 적응하게 한다. 각 그룹에는 멘토가 배정되어 운전기사의 애로 사항을 경청하고 문제 해결을 지원한다. 그룹 대표 중 상당수는 1년에 두 번 최고 경영진과 직접 허심탄회하게 대화할 기회를 가지며, 이를 통해 회사가 직원의 목소리를 존중하고 있다는 신뢰를 만들어간다. 노사 관계에서도 블루버드는 대립보다는 동행을 택한다. 회사의 주요 행사에서 노조 위원장과 대표가 나란히 앉으며, 분기별로 노조와 경영진이 머리를 맞대고 회사 현안을 논의한다. 노동조합을 적대시하지 않고 파트너로 존중하면 어떤 문제든 해결할 수 있다는 철학을 실천하는 것이다.

이 때문이었을까? 블루버드는 1972년 창립 이후 두 번의 큰 위기를 극복하며 성장할 수 있었다. 첫 번째 위기인 1998년 아시아 금융위기 때는 많은 기업이 채무를 불이행했지만, 블루버드는 악착같이 약속을 지키며 신용을 쌓아나갔다. 그 결과, 위기 직후 7,000명이던 직원은 5년 만에 1만 3,000명으로 2배 가까이 증가하며 블루버드는 빠르게 성장했다. 두 번째 위기는 2020년 코로나19 팬데믹이었다. 이동 제한으로 블루버드는 매출이 70퍼센트 급감하며 창립 이래 최초로 적자를 기록했다. 이에 승객 운송뿐만 아니라 화물 운송으로 사업을 확장하며 돌파구를 찾았다. 직원들은 자발적으로 급여의 30퍼센트를 반납하며 회사를 지탱했다. 그 덕분에 블루버드는 1년 만에 흑자로 전환했다. 반면 업계 2위이던 익스프레스(Express)는 폐업하고 말았다.

블루버드는 이직률이 상대적으로 낮고 장기 근속자가 많은 근무하기 좋은 회사다. 8년, 16년, 24년 주기로 근속 수당이 대폭 상승한다.

그래서인지, 20년 이상 근무한 운전기사가 많고 정비 부서에는 40년 넘게 일한 직원들도 있다.

당연히 블루버드도 사업상 호락호락하지 않은 경험을 많이 했다. 예를 들어, 블루버드 택시 이용자들 사이에서는 운전기사들이 구글 맵을 사용하지 않는다는 불만이 자주 제기되었다. 블루버드 경영진은 운전기사들이 단순히 구글 맵 사용법에 익숙하지 않은 것이라고 판단하고는 교육을 강화했다.

그러나 교육 후에도 일부, 특히 나이가 많은 기사들은 여전히 구글 맵 사용을 꺼렸다. 계속된 대화를 통해 문제의 원인을 찾아본 결과, 뜻밖의 이유가 드러났다. 이들은 자카르타 도로를 손바닥 들여다보듯 잘 알고 있음에도 구글 맵을 사용하라는 요구가 자신의 운전 실력을 의심하는 것처럼 느껴져서 모욕으로 받아들였다고 털어놓았다. 경영진은 운전기사들이 구글 맵을 거부한 이유가 자존심과 관련 있을 거라고는 꿈에도 생각하지 못했다. 운전기사들에게 경영진의 의도를 충분히 이해시킨 후에야 협력을 얻어낼 수 있었다.

이처럼 인도네시아에서는 사람들이 직접적인 질문을 피하거나 행동의 진짜 이유를 분명하게 말하지 않는 경우가 많다. 따라서 표면적인 문제만 보고 해결하려 하기보다는 그 이면에 숨겨진 진짜 이유를 찾기 위해 소통하고 이해하려는 노력이 필요하다. 상대방이 이해하지 못한 상태에서 강요하는 일은 결코 원활하게 진행될 수 없기 때문이다.

노니 뿌르노모 대표는 회사를 운영하려면 규율이 필요하고, 직원의 실수도 바로잡아 개선해야 한다는 것을 안다. 하지만 할머니에게 배운

'비단 장갑을 낀 철권(Iron fists in silk gloves)'이라는 말대로 절대 상대방의 마음을 다치지 않게 하려고 주의한다. 속은 단호하되, 겉은 부드럽게. 그녀는 말이 흉기가 되어 상대의 마음에 생채기를 내지 않도록 비단으로 꼭꼭 감싸는 것이 중요하다는 사실을 경영자로서 늘 되새긴다.

인도네시아 슈퍼리치의 성공 전략 수업

블루버드 회사의 성공 비결은 창업주 때부터 지켜온 사람에 대한 존중과 정직에 있다. 옳고 그른 논리보다는 관계가 중요하다. 한국인과 한국 기업들은 한국의 빨리빨리 문화와 인도네시아의 느긋한 문화가 충돌하는 가운데 어려움을 겪는 경우가 많다.

인도네시아 사람과 비즈니스를 할 때 흑백논리로 상대방을 몰아세우거나 강압적으로 대하면 대화의 문이 닫히고 협력도 기대할 수 없다. 그들과의 논쟁에서 이기는 것은 순간의 승리일 뿐이고 결국에는 사람을 잃고 일까지 망치는 경우가 많다.

한국의 비즈니스맨이라면 목표와 기한을 한국식으로 설정하되, 일방적으로 지시를 내리기보다는 업무의 중요성을 잘 설명하고 현지 직원들의 정서와 상황을 경청하는 양방향 소통 방식을 따르는 것이 좋다.

⑥
인도네시아 경제계 만인의 연인,
비베레 그룹 데디 로히맛 회장

완벽주의를 내려놓고 건강한 조직 문화를 만들어라

삼성전자의 갤럭시 신화를 이끈 전임 고동진 사장이 한양대학교에서 청년들을 대상으로 특별 강연을 진행하며 '누구도 적으로 만들지 말라'는 직장 내 처세술을 강조한 적이 있다. 인도네시아 비베레 그룹(VIVERE Group) 창업자인 데디 로히맛(Dedy Rochimat) 역시 '만인의 형님'이라 불리며, 인자무적의 철학을 실천하는 리더로 유명하다. 그는 '남을 존중하고 배려하는 마음이야말로 비즈니스에서 가장 강력한 자산'이라는 신조를 갖고 있다. 이런 마음이 조직의 단결과 신뢰 형성에 중요한 역할을 한다는 것이다. 그는 비즈니스뿐만 아니라 인간관계에서도 따뜻한 리더십의 가치를 실천하며, 인도네시아에서 많은 존경을 받고 있다.

비베레 그룹은 인도네시아를 대표하는 인테리어와 가구 제조·유통 기업으로 종합적인 인테리어 솔루션과 고품질 가구를 제공한다. 인도네시아에서 이케아(IKEA)가 저가 범용 가구 시장을 선도하고 있다면 비베레는 고급 맞춤형 가구 브랜드로 확고한 입지를 다지고 있다. 또한 인테리어와 가구 분야에서 A부터 Z까지 모든 서비스를 제공하는 기업으로 잘 알려져 있다. 회사의 이름도 인상적이다. 'VIVERE'는 라틴어로 '살다'라는 뜻을 가진다. 삶이 어려움을 극복하며 성장하는 과정에서 아름다움과 행복을 찾듯이 비베레도 고객에게 더 나은 서비스를 제공하며 함께 성장하고 행복을 나누고자 한다.

1984년 직원 다섯 명으로 시작한 이 회사는 2002년 자카르타 증권거래소에 상장했고 현재는 직원 1,200명의 기업으로 성장했다. 성장의 원동력은 혁신적인 접근과 과감한 결정이었다.

처음에는 각기 다른 회사가 건축 설계와 인테리어 디자인을 담당하는 바람에 고객은 두 곳에 따로 의뢰해야 하는 번거로움과 높은 비용을 감수해야 했다. 여기에 착안한 데디 회장은 건축과 인테리어를 통합하는 전략을 통해 시너지를 극대화하고 원가 절감을 실현하며 빠르게 성장할 수 있었다. 또한 자체 가구와 인테리어 제조 공장을 운영해 설계부터 조달과 시공까지 원스톱 서비스를 제공하며 차별화된 경쟁력을 확보했다.

비베레 그룹은 신기술 도입에 앞장선다. 인도네시아 최초로 인더스트리 4.0 기술을 활용한 가구 생산을 시작했다. 최근 중상류층을 중심으로 개인 공간을 꾸미는 트렌드가 확산되자 맞춤형 가구 브랜드 이데무(IDEMU)를 출시했다. 고객은 전문가와 상담하며 디자인 소프트웨어를 통해 원하는 가구의 디자인과 사양을 실시간으로 확인하고 즉시 견적을 받을 수 있다. 또한 공장과 연결된 QR 코드 시스템을 통해 작업자가 패널을 스캔하면 기계가 자동으로 프로그래밍되어 대폭 단축된 시간 안에 더욱 효율적으로 가구를 생산해낸다.

또 다른 경쟁력의 원천은 우수한 디자이너 확보다. 회사는 직원들의 디자인 지식 습득과 트렌드 파악을 돕기 위해 대학원 진학을 적극 장려했다. 일부 직원이 회사를 떠나기도 했지만, 배움의 문화 정착이 더욱 큰 가치라 판단하고 멈추지 않았다. 그 결과, 디자인 역량이 강화되어 기업 경쟁력이 향상되었고, 그 덕분에 2012년 일본 굿 디자인 어워드 입상, 2021년 인도네시아 가정용 가구 디자인 어워드 수상이라는 성과를 거두었다.

데디 로히맛은 2,500개의 회원사를 거느린 아스민도(ASMINDO), 즉 인도네시아가구협회 회장으로 인도네시아 가구 산업의 고부가가치화를 위해 선진국과의 협력을 적극적으로 추진하고 있다. 라탄은 동남아시아에 서식하는 야자과의 덩굴식물로서 전 세계 공급량의 80퍼센트가 인도네시아에서 생산된다. 주로 저가 등나무 가구용으로 쓰이지만, 독일과의 협력으로 색소 주입 기술을 개발하여 전기차 대시보드 소재로 고급화했다. 현재 이 기술로 생산된 라탄은 독일 벤츠와 중국 니오(NIO)에 고가로 납품되며 시장을 확장하고 있다.

2023년 가구협회 전시회 개막식에서 조코위 대통령은 이 협회의 행사에 오면 항상 고향을 찾은 듯한 기분이 든다면서 협회에 대한 깊은 애정을 드러냈다(인도네시아가구협회는 조코위 대통령이 솔로 시장이 되기 전에 지역 지회장을 역임했을 정도로 역사 깊은 경제 단체다).

이 개막식에서 데디 회장은 2022년 인도네시아의 가구 수출액이 28억 달러로 세계 17위에 머물렀다고 지적했다. 이는 베트남 2위, 말레이시아 12위보다 낮은 순위로, 풍부한 목재 자원과 노동력을 보유한 인도네시아로서는 매우 아쉬운 결과다. 조코위 대통령 역시 1990년대 유럽 가구 전시회에서 인도네시아가 시장을 주도했다며 경쟁력 회복이 필요하다고 강조했다.

데디 회장은 인도네시아 기업들이 단독으로 경쟁력을 키우기는 어렵다고 생각한다. 따라서 미국, 일본, 한국 등 선진국 기업과의 협력을 통해 글로벌 경쟁력을 강화해야 한다는 것이다. 실제로 인도네시아가구협회는 2023년 대한가구연합회와 업무협약(MOU)을 체결했고, 회원사들이 일산 킨텍스에서 열린 '한국국제가구 및 인테리어산업대전'에 2년 연속 참여하기도 했다.

데디 회장의 핵심적인 성공 비결은 '조직 문화의 중요성'에 있다. 경영은 조직의 목표를 달성하기 위해 인력, 재무, 자원을 효과적으로 운용하고 관리하는 과정이다. 기업가는 전략적 사고, 소통 능력, 문제 해결 능력을 갖춰야 하지만, 가장 중요한 것은 이 모든 요소를 아우르는

인도네시아 주거 문화를 바꾼 혁신의 40년, VIVERE Way(창립 40주년 기념 행사)

조직 문화라는 것이 데디 회장의 생각이다.

그래서일까. 비베레 그룹의 신조는 '우수한 인재(Quality People), 우수한 업무(Quality Work), 우수한 삶(Quality Life)'이다. 이 신조에는 인재가 모여 창의성과 혁신을 발휘할 때 조직의 성과가 높아지고 고객의 삶도 개선된다는 철학이 깊이 자리 잡고 있다. 그는 조직이 같은 방향으로 나아가기 위해서는 직원들이 회사의 가치와 비전을 공유하는 문화가 필수적이라 믿는다.

그래서 특히 소프트 스킬(Soft Skills)의 중요성을 강조한다. 하드 스킬(Hard Skills)이 업무 수행을 위한 기술과 지식이라면 소프트 스킬은 의사 소통, 대인관계 등 개인의 행동과 태도를 의미한다. 인도네시아에서는 소프트 스킬이 부족하면 성공하기 어렵다.

소프트 스킬의 강자인 데디 회장은 탁월한 친화력으로 누구나 좋아하는 인물로 알려져 있으며 사람들과 자연스럽게 어울린다. 그의 이름 데디는 영어의 대디(daddy: 아빠)와 발음이 비슷해서 회사 내외부에서 그의 이름을 부를 때 자연스럽게 친근함과 존경심이 담긴다. 그는 누구에게나 스스럼없이 다가가 브라더(brother: 형제)라고 부르며 친밀한 관계를 형성한다.

그의 친화력의 비결은 무엇일까? 우리는 인간이기 때문에 완벽할 수 없다는 사실을 인정하는 것이다. 상대에게 완벽함을 기대하기보다는 부족함을 이해하고 함께 조율해나가는 것이 중요하다는 뜻이다. 특히 직책이 올라갈수록 완벽주의를 버려야 한다. 완벽함을 고집하면 자연스럽게 적이 생기기 쉽고 단 한 명이라도 적이 생기는 것은 결코 사소한 일이 아니다. 의견이 다르거나 능력이 부족하다고 해서 적대적으로 대할 필요는 없다. 비록 오늘은 함께 일하지 못하더라도 언젠가는 친구가 될 수도 있기 때문이다. 그러니 성급한 판단으로 사람을 단정 짓는 실수는 피해야 한다. 그의 지론처럼 상대를 적대하는 것은 자신의 평온을 무너뜨리고 건강까지 해치는 일이기 때문이다. 진정으로 소프트 스킬의 강자다운 생각이다.

인도네시아 슈퍼리치의 성공 전략 수업

한 기업이 성공하기 위해서는 전체 조직이 같은 방향으로 나아가야 한다. 인도네시아 기업에서도 직원들이 회사의 가치와 비전을 공유하는 문화가 필수적이다. 인재 기반의 창의적 혁신을 통해 조직의 성과가 높아져야 고객의 삶도 개선된다.

한국식 완벽주의는 버리고 적을 만들지 말아야 한다. 의견이 다르거나 능력이 부족해도 적대적이고 성급한 판단을 내리는 실수는 범하지 말자. 그래서 대인관계 기술, 즉 소프트 스킬이 필요하다.

풍부한 목재 자원으로 세계 가구 시장에서 중요한 위치를 점하고 있는 인도네시아와 가구 디자인 및 기술 분야의 강점을 바탕으로 가구 산업의 디지털 전환을 모색하는 한국의 협력은 매우 성과가 기대되는 분야다.

2장

절대 혼자서
성공할 수 없는 시장,
좋은 파트너부터 찾아라

①

동남아시아 헬스케어 시장을 리드하는
최대의 제약 회사 깔베 파르마

**한국 기업에 시장과 자본, 글로벌 네트워크까지 제공하는
최적의 파트너**

대부분의 사람들은 한국이 인도네시아에 자본과 기술을 투자한다고 생각하지만, 반대로 인도네시아 기업이 한국 기업에 자본과 기술을 투자하여 성공한 사례가 있어 눈길을 끈다. 바로 동남아시아 최대의 제약 회사인 깔베 파르마(이하 깔베)의 이야기다.

1966년 설립된 깔베는 2024년 기준 종업원이 1만 6,000명이고 매출은 20억 달러 규모다. 깔베는 임상시험, 신약 개발, 의약품 제조, 유통까지 전 분야에서 전문성을 갖춘 종합 제약 회사다. 1991년 상장 후 시가총액이 40억 달러에 달하며 명실상부 동남아시아 헬스케어 시장을 선도하고 있다고 해도 과언이 아니다. 2022년에 〈포브스〉는 깔베

파르마 창업자 일가를 인도네시아 부호 순위 8위에 올리기도 했다.

깔베의 제품 포트폴리오를 살펴보면 처방 의약품, 일반 의약품(OTC), 에너지 음료, 영양·건강 기능 보충제, 의료 기기를 포함해 유통과 물류까지 아우른다. 깔베가 넘사벽인 이유는 인도네시아 전역의 모든 병원과 약국을 포함해 100만 곳이 넘는 판매처에 제품을 공급하는 독보적인 유통망에 있다. 그야말로 타의 추종을 불허하는 제약 회사인 것이다.

이뿐만이 아니다. 많은 인도네시아 기업이 내수 시장에 집중하는 것과 달리 깔베 파르마는 일찍부터 해외시장 개척에 주력하는 전략을 펼쳐왔다. 싱가포르에 깔베 인터내셔널을 설립해 글로벌 비즈니스를 총괄하며 강력한 해외 판매 네트워크를 구축했다. 당뇨병 환자를 위한 건강식품 디아디아쏠(DiaDiasol)이 필리핀과 스리랑카에서 높은 인기를 얻었고, 미얀마에서는 임산부용 보조 영양제 쁘레나쁘로(Prenapro)가 최고 브랜드로 자리 잡았다. 감기약 프로콜드(ProCold)는 나이지리아에서 우수 헬스케어상을 받았다. 중국에서는 병에 든 코코넛 음료 하이드로 꼬꼬(Hydro Coco)도 판매하고 있다.

깔베는 보엔자민 스띠아완(Boenjamin Setiawan) 박사와 프란시스꾸스 빙 아르얀또(Franciscus Bing Aryanto) 등 여섯 형제가 설립했다. 보엔자민 박사는 국립 인도네시아대학교 의과대학을 졸업하고 미국 샌프란시스코대학교에서 약리학 박사 학위를 취득한 후 가난한 사람들이 의약품을 구하지 못하는 현실을 바꾸겠다는 뜻을 세웠다. 귀국 후 연구에 몰두했지만, 자금 부족에 늘 발목이 붙잡혔다. 마지막 희망으로 찾아간

프란시스꾸스 빙 아르얀또가 깔베 파르마를 함께 창업한 형제들의 사진을 보고 있다.

한 제약 회사 회장은 그의 이야기를 듣고 즉석에서 거액의 수표를 건네주었다. 그 순간 보엔자민은 깨달았다. 연구를 이어가려면 스스로 회사를 세워야 한다는 것을. 그 길로 깔베 파르마를 창립했다. 좋은 약으로 더 많은 사람을 돕겠다는 꿈을 가진 그는 연구와 혁신을 깔베 파르마의 핵심 문화로 세웠다. 그가 끊임없이 가졌던 물음은 바로 '다음은 무엇인가?'였다. 이는 오늘날까지 회사를 움직이는 힘이다. 보엔자민 박사는 2023년에 90세로 생을 마치기 전까지 신약과 세포 치료 등 새로운 성장 동력을 향한 도전을 멈추지 않았다.

연구실의 보엔자민 박사가 깔베의 정신과 과학을 세웠다면 함께 창업했던 그의 동생 프란시스꾸스 빙 아르얀또는 재무와 마케팅으로 기업의 핵심 엔진을 돌렸다. 오늘의 깔베가 동남아를 대표하는 헬스케어 그룹으로 자리 잡기까지 동생 빙의 손길이 곳곳에 스며 있다. 창업자 빙은 나이가 무색할 만큼 열정과 활력이 넘치는 리더다. "아직도 새로운 프로젝트가 갈증 난다"는 말을 자주 할 정도로 그의 기업가적 직감과 추진력은 매우 뛰어나다. 그의 관심 분야도 헬스케어에만 머물지 않는다. 최근에는 발리에 대규모 스포츠 콤플렉스 건설을 추진 중이다. 매년 호주오픈을 앞두고 많은 해외 유명 선수들이 태국에서 전지

훈련을 하는 모습을 보고 태국도 하는데 인도네시아가 못할 이유가 없다고 판단했다. 호주와의 거리나 기후 조건 면에서 태국보다는 인도네시아의 발리가 오히려 유리하다는 계산이다.

그의 성공 비결을 꼽자면 처음 듣는 아이디어라도 즉석에서 '노(No)'라고 하지 않고 먼저 충분히 검토한 후에 자료로 확인하고 결정을 내린다는 점이다. 이런 과정은 성급한 부정을 피하고 개방적 태도와 낙관적 시선에 철저한 검증을 곁들임으로써 가능성을 실제 성과로 전환해준다.

전임 CEO였던 비종띠우스(Vidjongtius)는 깔베의 조직 문화를 한마디로 개방성과 혁신으로 요약한다. 깔베 파르마는 창업주 일가나 특정 직무인 전략과 마케팅 그리고 R&D 출신에게만 기회가 열려 있는 회사가 아니다. 비종띠우스가 산증인이다. 그는 회계 부서의 공인회계사로 경력을 시작해 최고경영자에까지 올랐다. 출신과 배경에 상관없이 회사에 대한 열정을 갖고 배우며 실력을 입증하면 누구든 CEO로 성장할 수 있다는 깔베 파르마의 의지를 증명해낸 것이다. 그의 말처럼, 깔베에는 성과와 역량 중심의 승진 시스템이 실제로 작동하고 있다.

한국 기업은 외부에서 깔베 파르마에 혁신 역량을 수혈해주는 중요한 원천이다. 그래서 한국 기업과 깔베 파르마의 협력의 역사는 시간이 지날수록 더욱 견고해지고 있다. 대표적 사례는 유전자 치료제 개발을 위해 2016년 한국의 제넥신(Genexine)과 함께 인도네시아에 설립한 합작 법인 KG-Bio(Kalbe Genexine Biologics)다. 당시 제넥신은 만성 신장 질환으로 인한 빈혈 치료제 에페사(GX-E4)의 2상 임상시험을 마친 상태였다. 깔베는 신약 개발 연구에 참여하여 기술 확보를 원했고, 제넥신은 추가 재원이 필요한 상황이었다. 깔베 파르마는 3상 국제 임상시험을 지원하고, 자체 보유한 GMP(Good Manufacturing Practice) 시설을 활용해 제넥신의 제조 공정 개발을 도왔다.

두 기업의 협력은 성공적이었다. 에페사는 2023년 인도네시아 식약처의 품목 허가를 받아 2024년에 공식 출시되었다. 제넥신은 설립 25년 만에 인도네시아 기업과의 협력을 통해 첫 상업용 의약품 출시를 성공적으로 이루어냈다. 이후 한국 식약처에도 판매 허가를 신청했으며, 허가가 나면 인도네시아에서 생산된 제품이 한국으로 수출될 예정이다.

이뿐만이 아니다. 깔베는 신약 기술을 확보하기 위해 차세대 당뇨약과 비만 치료제를 개발 중인 한국의 다중 항체 플랫폼 기술 기반 바이오 의약품 개발 기업인 프로젠(Progen)에 1,000만 달러를 투자했다. 또한 삼양 바이오팜과는 20년 넘게 협력하면서 항암 주사제와 수술용 가위 생산 기술을 이전받고 태국, 말레이시아 등 동남아 시장에서 공동 판매 네트워크를 구축했다. 깔베 파르마는 일동제약과 콜레스테롤 흡수 억제제에 대한 판매 계약을 체결하고 자사의 유통망을 활용하여 현지 병원과 약국에 이 제품들을 공급할 계획이다.

깔베는 여기서 멈추지 않고 다음 단계로 도약할 성장 동력을 함께 만들어갈 한국 기업을 지속적으로 찾고 있다. 회사의 전략상 현재는 의료 기기, 진단 장비, 백신, 마이크로바이옴, 프로바이오틱스 분야에 관심이 높다. 깔베는 한국 기업들과 신뢰를 기반으로 장기적인 협력을 준비하고 있다. 1단계로 한국 의약품의 판매와 유통을 대행한다. 한국

의약품이 현지 시장에서 긍정적인 반응을
얻으면 2단계로 현지 생산을 한다. 3단계
로 깔베 파르마의 동남아와 아프리카 네트
워크를 활용해 글로벌 공동 진출을 한다.

인도네시아 정부는 코로나19 팬데믹 이후 필수 의약품을 자국에서
생산해야 한다는 필요성을 절감하며 로컬 콘텐츠(Domestic Component
Level) 규제를 강화했다. 이에 따라 수입 의약품은 일정 기간이 지나면
현지 공장을 설립하거나 기술이전을 해야 한다. 공장 설립이 부담스러
운 한국 기업으로서는 깔베에 기술을 이전하거나 위탁 제조(CMO) 서
비스를 활용할 수 있다. 이러한 협력 모델을 통해 한국 기업들은 인도
네시아 시장을 넘어 동남아와 아프리카로 진출할 기회를 잡을 수 있
다. 과거 다른 분야에서는 한국이 기술과 자본을 제공하고 인도네시아
가 시장 기회를 제공하는 방식으로 협력이 이루어졌다. 그러나 제약
분야에서는 인도네시아가 단순한 시장을 넘어 자본과 글로벌 네트워
크까지 제공할 수 있는 역량을 갖추고 있다. 이 분야에서만큼은 인도
네시아가 한국 기업에 최적의 파트너인 셈이다.

인도네시아 제약 시장은 다른 동남아 국가들과 다른 양상을 보인다.
싱가포르와 말레이시아에서는 글로벌 기업이 시장을 지배하지만, 인
도네시아의 상위 20개 제약 회사 중 글로벌 기업은 단 두세 개에 불과
하고 시장점유율도 낮다. 1960년대부터 깔베 파르마와 같은 현지 토
종 제약 기업이 시장을 구축해왔지만, 글로벌 기업들은 인도네시아를
장기적인 투자처가 아닌 단기적 이익을 위한 판매 시장으로만 여겼기

때문이다.

반면, 한국 기업들은 기술이전과 협력을 적극적으로 추진하며 장기적인 파트너십을 모색한다. 깔베가 보기에 한국 기업에도 아쉬운 점은 있다. 한국의 경영진이 바뀔 때마다 기존 프로젝트의 우선순위가 급격히 낮아져서 추진 동력을 잃는 경우가 가끔 발생한다는 것이다. 한국 기업은 이러한 변화가 불가피할 경우 사전에 서로 충분한 설명과 협의를 통해 신뢰를 유지하는 것이 중요하다. 인도네시아의 비즈니스 문화에서 대화로 해결하지 못할 문제는 거의 없다.

인도네시아 슈퍼리치의 성공 전략 수업

비즈니스 협력 관계에서 한국은 기술과 자본을, 인도네시아는 시장 기회를 제공하는 방식이 최선이라 생각하는 사람이 많을 것이다. 하지만 이제는 오히려 그 반대의 협력 가능성도 열려 있다. 특히 제약 분야에서는 인도네시아가 단순한 시장을 넘어, 자본과 글로벌 네트워크까지 제공할 수 있는 역량을 갖추고 있음에 주목해야 한다. 한국 기업은 인도네시아 기업의 동남아와 아프리카 네트워크를 활용해 글로벌 공동 진출을 하는 윈윈 관계를 맺을 수 있다. 이러한 점에서 깔베 파르마는 한국 기업에게 최고의 파트너다.

동남아 최대 자동차 황금시장, 인도네시아를 잡아라

다르마 폴리메탈(Dharma Polimetal)은 오토바이와 자동차 부품을 전문으로 생산하는 종합 제조 회사다. 1989년에 설립되어 2023년 기준 종업원 6,000명, 매출 3.6억 달러로 인도네시아 토종 기업 중 업계 선두 주자다. 2021년 자카르타 증시에 상장된 이후 2023년에는 매출이 전년 대비(2.6억 달러) 41.8퍼센트나 증가해 인도네시아 상장 기업 중에서 가장 빠르게 성장하는 기업으로 선정되었다. 현재 오토바이 부품은 혼다, 야마하, 카와사키에 공급하고 자동차 부품은 도요타, 다이하쓰, 현대와 협력하고 있다. 특히 한국과 가장 성공적인 자동차 부품 파트너십을 맺고 있는 기업으로도 잘 알려져 있다.

이 회사의 이리안또 산또소(Irianto Santoso) 대표는 2009년부터 16년

간 CEO로 재직하며 회사를 성장시킨 핵심 리더다. 겸손하고 소탈한 성격으로 옆집 아저씨 같은 친근한 모습을 보이지만, 시장에 대한 날카로운 통찰력과 뛰어난 리더십으로 여러 차례 최고 CEO로 선정되었다. 한국과의 인연도 깊다. 1990년 현대자동차 울산 공장을 방문한 것을 계기로 매년 한국을 찾고 있으며, 인도네시아 정부가 한국에서 개최한 투자 유치(IR) 행사에 연사로 참석하여 인도네시아 전기차 시장과 양국의 협력 방안에 대해 발표하기도 했다.

그는 한국 기업이 인도네시아 자동차 시장에 주목해야 한다고 생각한다. 왜일까? 단순히 현재의 규모 때문이 아니라 향후의 성장 잠재력 때문이다. 2023년 인도네시아는 자동차 판매량이 약 100만 대에 이르는 동남아 최대 시장이다(태국은 80만 대로 2위다). 하지만 더 중요한 것은 따로 있다. 소득 수준과 자동차 보급률 간의 상관관계를 보면 인도네시아 시장은 아직 완전히 꽃이 피지 않았다는 사실이다.

2023년 인도네시아의 1인당 국민소득은 4,800달러, 자동차 보급률은 인구 1,000명당 82대다. 반면 태국은 1인당 국민소득 6,900달러에 자동차 보급률은 인구 1,000명당 280대로 인도네시아의 3.4배이고, 말레이시아는 1인당 국민소득 1만 2,000달러에 자동차 보급률은 인구

1,000명당 542대로 인도네시아의 6.6배다. 따라서 인도네시아의 소득이 태국 수준으로만 올라가도 자동차 보급률은 최소 2배로 증가할 가능성이 크다. 연간 자동차 판매량이 100만 대에서 200만 대로 성장할 수 있다는 의미다.

또한 정부의 정책 지원도 시장 확대를 확실히 뒷받침해주고 있다. 조코위 대통령 집권 이후 인프라 투자가 대폭 확대되면서 자바와 수마트라를 중심으로 고속도로가 확충되고 있어 자동차 수요는 더 증가할 것으로 보인다. 단순히 현재의 시장 규모만이 아니라 자동차 보급률, 경제성장, 정부 정책까지 종합적으로 고려할 때 인도네시아는 향후 동남아에서 가장 유망한 자동차 시장으로 성장할 가능성이 크다.

인도네시아 시장의 성장 가능성을 고려한다면, 현대자동차가 인도네시아에 완성차 공장을 건설한 결정은 매우 시의적절했다. 그러나 공급망 구축 방식에서 일본 업체들과는 다른 접근법을 취했다. 1970년대 인도네시아에 진출한 일본 완성차 업체들은 당시 현지 부품 업체가 부족했기 때문에 본국의 협력 업체를 대거 동반 진출시켰다. 이에 따라 현재 인도네시아에 가장 많은 일본 기업은 자동차 부품 업체다.

반면, 현대자동차는 다르마 폴리메탈과 같은 경쟁력 있는 현지 부품 업체를 적극 활용하고 있다. 한국 부품 협력사는 초기 양산 물량이 30만 대에 미치지 못해 규모의 경제를 실현하기 어렵다. 또한 공장 설립과 초기 투자 비용, 노사 문제 등을 고려할 때 한국 협력 업체를 동반 진출시키면 일본과의 가격 경쟁에서 불리해질 가능성이 크다. 이에 현대자동차는 현지 부품 업체와 긴밀히 협력해 비용 경쟁력을 확보하고, 인도

메이킹 인도네시아 4.0의 심장부, 다르마 폴리메탈의 자동화된 생산 라인

네시아 시장에 최적화된 공급망을 구축하는 전략을 선택하고 있다.

인도네시아 자동차 시장은 사실상 일본 기업의 독무대다. 도요타, 다이하쓰, 미쓰비시, 혼다, 스즈키 등 상위 다섯 개 기업이 시장의 약 80퍼센트를 차지하고 있다. 인도네시아 정부는 일본 기업들이 1970년대부터 50년 넘게 막대한 이익을 얻었음에도 기술이전에는 소극적이라는 불만을 표하고 있다. 일본 기업들은 자국 협력 업체로만 구성된 폐쇄적인 공급망을 운영하여 인도네시아 기업이 참여할 기회를 거의 주지 않기 때문이다. 반면, 한국 현대자동차는 현지 기업들과의 협력을 확대함으로써 단순한 시장점유를 넘어 인도네시아의 자동차 산업 발전에 기여하고 있다. 이런 개방적인 협력 전략은 자국의 산업 경쟁력을 강화하려는 인도네시아 정부의 목표와도 맞아떨어진다.

다르마 폴리메탈은 한국 기업과 기술 협력부터 합작 법인 설립까지 폭넓은 협력을 이어오고 있다. 협력은 처음에는 기술 지원으로 시작해 신뢰가 쌓이고 물량이 증가하면 합작 법인 설립으로 확대되는 방식이다. 현대자동차와의 협력도 현지 공장이 생기기 전에 스타렉스의 인도네시아 모델 H1을 수출할 때부터 시작되었다.

현재 다르마 폴리메탈은 한국의 와이어링 하네스(wiring harness : 자동차 내의 전장 부품에 전기 신호를 전달하고 각 부품이 정상적으로 작동하도록 연결해주는 핵심 배선 시스템) 전문 기업인 (주)경신과 합작 법인을 설립하여 현대차 크레타(Creta)와 스타게이저(Stargazer) 모델에 해당 제품을 공급하고 있다. 이 제품은 현대차 인도네시아 공장뿐만 아니라 미국 몽고메리 공장에도 공급되고 있다. 가까운 멕시코 공장에서 조달할 수도 있지만 장거리 운송 비용을 감수하면서까지 다르마 폴리메탈의 제품을 사용한다는 것은 품질과 가격 경쟁력이 충분하다는 의미다. 다르마 폴리메탈이 현대차의 글로벌 공급망에 편입되고 있음을 보여주는 중요한 신호다.

또한 다르마 폴리메탈은 한국의 ㈜화신과 기술 협력 관계를 맺고 이를 기반으로 현대자동차에 충격 흡수 장치인 서스펜션 멤버를 공급하고 있다. 다르마 폴리메탈은 이러한 성과들을 인정받아 2023년 현대자동차로부터 최우수 협력사로 선정되기도 했다.

이리안또 산또소 대표는 한국 기업과 협력할 때 해당 기업보다 더 도전적인 목표를 제시한 적이 있다고 한다. 보통은 한국 기업이 더 공격적이고 목표 지향적일 것 같지만 실제로는 다르마 폴리메탈이 한국

파트너에게 수익 목표를 높이자고 제안한 것이다. 한국 측은 다소 회의적인 반응을 보였지만 결과는 대박이었다. 첫해부터 흑자를 기록했고 수익은 예상보다 3배나 높았다. 한국 파트너는 그제야 이리안또 산또소 대표의 판단력을 인정했다. 그는 기술력은 한국 기업이 뛰어나지만 현지에서의 생산, 관리, 판매 등은 로컬 파트너의 의견을 존중하고 경청하는 태도가 필요하다고 강조한다. 다만, 무엇보다 중요한 것은 믿을 수 있는 실력 있는 파트너를 만나는 것이다.

기술 협력이나 합작 법인 설립은 서로 다른 환경에서 자란 남녀가 결혼하는 것과 같다. 연인 관계에서는 사랑이 차이를 극복하는 힘이 되듯이, 기업 간의 협력에서는 공유된 비전이 중요한 역할을 한다. 비전이 같고 신뢰가 있다면 나라와 문화가 달라도 같은 배를 타고 거친 파도를 넘어 목표에 도달할 수 있다. 다르마 폴리메탈이 한국 기업과 수십 년간 좋은 관계를 유지할 수 있었던 이유도 정직, 탁월, 겸손이라는 기업 문화를 바탕으로 비전을 공유하고, 사소한 문제와 갈등에 얽매이지 않으며, 미래를 내다보고 함께 나아갔기 때문이다.

우리 기업이 인도네시아에 투자해야 하는 중요한 이유 중 하나는 다른 나라보다 기술 탈취의 위험이 매우 낮기 때문이다. 과거 한국 부품 기업들이 중국에 진출했을 때는 현지 기업과의 합작 법인을 의무적으로 설립해야 했다. 그런데 그중 일부 중국 파트너가 기술을 습득한 뒤에 별도 회사를 차리고 자국 완성차 업체에 부품을 공급해 결국 한국 기업을 시장에서 몰아내기도 했다.

하지만 인도네시아에서는 이런 우려가 크지 않다. 과거 인도네시아는 자체 완성차 브랜드가 없어 자동차 부품 산업이 제대로 성장하지 못했다. 완성차가 없으니 부품 기업도 기술을 축적할 기반이 부족했고, 외국 기업의 기술을 흡수해 경쟁자로 성장할 구조 자체가 부재했던 것이다. 그런데 지금은 이 점이 오히려 외국 기업이 안심하고 투자할 수 있는 강점이자 매력으로 작용하고 있다. 자국 브랜드가 없기에 그들이 한국 기술을 모방하더라도 경쟁자로 성장할 위험성과 가능성은 낮다.

인도네시아 슈퍼리치의 성공 전략 수업

일본 기업의 독무대인 인도네시아 자동차 시장에서 한국 기업이 경쟁력을 높이기 위해서는 믿을 만한 실력 있는 파트너를 찾아야 한다. 다르마 폴리메탈과 한국 기업의 기술 협력과 합작 법인 설립이 좋은 성공 사례다. 기술력이 뛰어난 한국 기업일지라도 현지에서의 생산, 관리, 판매 등에는 로컬 파트너의 의견을 존중하고 경청하는 태도가 요구되는 이유다.

우리 기업이 인도네시아에 투자해야 하는 중요한 이유 중 하나는 다른 나라보다 기술 도용의 위험이 매우 낮다는 것이다. 그들에게 한국 기술을 모방당하더라도 경쟁자로 성장할 위험성과 가능성은 현재로서는 낮다. 아직은 경쟁 기업으로 성장할 수 있는 구조가 갖추어지지 않은 상태다.

인도네시아 국민의 생명수를 책임지는 한국수자원공사(K-water)

일본과 중국도 부러워하는
블루오션 시장에서 새 역사를 쓰는 한국 기업

필자는 인도네시아 정부 부처를 상대하면서 일본이 부러울 때가 종종 있다. 그중 하나는 인도네시아 정부 부처 곳곳에 자리 잡은 이른바 일본 장학생 출신(Japan School) 현지 공무원들이다. 일본은 1954년에 시작된 문부과학성(MEXT) 장학금과 일본국제협력기구(JICA) 연수 프로그램을 통해 인도네시아를 포함한 아시아 여러 국가의 공무원들이 일본의 정책과 행정 시스템을 깊이 있게 학습할 기회를 제공했다. 그 덕분에 인도네시아 공무원들은 등록금과 생활비 등 모든 비용을 지원받고 일본 대학에서 석사나 박사 과정을 밟으며 전문 지식을 습득하게 된다. 유학을 마치고 귀국한 인도네시아 공무원들은 '팔은 안으로 굽는

다'는 속담처럼 정책 수립과 집행에서 일본 기업에 유리한 결정을 내릴 가능성이 크다. 오랜 시간 공을 들인 일본의 노력이 빛을 발하는 것이다. 우리 기업은 그만큼 불리한 정책 환경에서 일본 기업과 경쟁해야 한다. 예전에 인도네시아 산업부 차관실을 방문했다가 초대형 유리 상자 속에 전시된 일본 사무라이 인형을 보고 깜짝 놀랐다. 그것은 단순한 장식품이 아니라 그 고위 관료가 어느 나라에 호감을 품고 있는지를 또렷이 드러내는 장면이었고, 마음 한켠이 씁쓸해졌다.

그러나 일본과 중국조차 감히 넘볼 수 없는 한국 회사가 있다. 바로 수자원 개발에서 압도적 존재감을 보여온 한국수자원공사(K-water, 이하 K-water)다. 인도네시아 정부의 신뢰는 유례가 없을 정도다. 수자원 분야 주무 부처인 공공주택사업부 장관이 K-water 행사에 직접 와 직원들과 어깨를 나란히 하고 노래를 부를 만큼 관계는 각별하다.

하지만 K-water의 오늘이 있기까지의 과정은 결코 순탄하지 않았다. 인도네시아 진출 초기는 말 그대로 가시밭길이었다. 당시 인도네시아 정부는 재원이 부족해 공공 인프라를 민간 자본과 함께 구축하는 공공-민간 파트너십(Public-Private Partnership, PPP) 방식을 처음으로 도입하기 시작했고, 2010년 발리에서 상수도 분야 최초의 PPP 프로젝트를 야심 차게 추진했다. K-water도 이 도전에 과감히 뛰어들었다. 한국과 인도네시아 모두 기대에 부풀어 있었고, 새로운 물 관리 시스템이 발리 주민들의 삶을 바꿀 것이라는 확신도 있었다. 그러나 전세는 갑자기 뒤집혔다. 인도네시아 헌법재판소가 수자원은 국민 모두의 자산이며 민간 기업이 개발 주체가 될 수 없다며 PPP 관련 법령을 위헌으로 판단한 것이다. 한순간에 프로젝트는 좌초됐고, 막 흐르기 시작하던 변화의 물줄기는 그대로 멈춰 섰다.

그러나 K-water의 도전은 거기서 멈추지 않았다. 오히려 인도네시아 수자원 개발의 흐름을 바꾸는 굵직한 전환점을 만들어냈다. 먼저 2015년 북부 수마트라 하상(Hasang) 수력발전소 건설에 참여하며 새로운 전기를 열었다. LG상사(현 LX인터내셔널)가 사업을 수주했지만 수력 분야의 전문성이 부족한 상황이었다. 이때 K-water가 투입되면서 프로젝트는 완전히 다른 궤도에 올랐다. 공공과 민간이 기술과 경험을 정교하게 결합해 인도네시아에서 손꼽히는 PPP 성공 모델로 자리 잡게 되었다.

이어 K-water는 더 거대한 문제, 가라앉는 도시 자카르타와 맞섰다. 지난 10년간 자카르타 북부는 해수면 아래로 무려 2.5미터나 가라앉았다. 원인은 명확했다. 상수도 보급률이 20.7퍼센트에 불과해 시민들이 생활용수 대부분을 직접 지하수를 퍼서 해결한 결과, 도시 전체가 서서히 침하된 것이다. 이 심각한 상황은 결국 인도네시아 정부가 수도 이전을 추진한 핵심 이유가 되었다.

자카르타의 주된 물 공급원은 인도네시아 최대의 자띨루후르댐(Jatiluhur Dam)이다. 그러나 1980년 완공 이후 자카르타를 위한 대형 신규 댐은 추가로 건설되지 않았다. 인구는 폭발적으로 늘었지만, 물 공급 인프라는 제자리였다. K-water는 이 구조적 문제를 해결하기 위해 인도네시아 3대 대형 댐 중 하나인 까리안댐(Karian Dam) 개발을 제안했다. 이후 이 댐의 물을 끌어와 자카르타 서부 주민 약 200만 명에게 하루 40만 톤의 수돗물을 공급하는 약 2,000억 원 규모의 상수도 프로젝트를 국제 경쟁 입찰에서 수주해 현재 사업을 추진 중이다.

자카르타에서 북동쪽으로 약 1,700킬로미터 떨어진 칼리만탄섬 누산따라(Nusantara: 신수도 예정지)에서도 인도네시아 정부는 물과의 전쟁을 벌이고 있다. 현장을 방문하면 믿기지 않는 현실이 펼쳐진다. 식수뿐 아니라 인부들이 씻을 물조차 모자라 공정 관리에 차질이 생길 정도다. 지하수는 염분이 가득해서 생활용수로는 사용할 수 없는 상황이다. 따라서 깨끗한 물의 확보는 신수도 건설의 성공을 좌우하는 핵심 과제로 떠올랐고, 정수장 건설의 필요성도 커졌다. 인도네시아 정부는 이러한 난제를 해결해줄 적임자로 또다시 K-water를 선택했다. K-water는 태양광 등 친환경 에너지 설비를 갖춘 인도네시아 최초의 탄소 중립 정수장을 누산따라에 구축하고 있다.

그렇다면 K-water가 일본, 중국 등을 따돌리고 성공할 수 있었던 비결은 무엇일까? 우수한 기술력은 기본이고 현지 공무원들과의 탄탄한 네트워크가 중요한 역할을 했다. K-water는 매년 인도네시아 공무원을 한국으로 초청하여 인재개발원에서 역량 강화 프로그램을 운영하고 있다. 지금까지 졸업생은 약 200명에 달한다. 이들은 교육을 마치고 귀국한 후에도 철저한 사후 관리를 받는다.

예를 들어, 2024년 5월 발리에서는 일론 머스크 테슬라 회장과 조코위 인도네시아 대통령 등 12개국 정상이 참석한 세계물포럼(World Water Forum) 행사가 열렸다. K-water는 졸업생들을 현장에 특별 초청해 따뜻한 만남을 가졌다. 인도네시아 공공주택사업부 바수끼 하디뮬 조노(Basuki Hadimuljono) 장관 역시 그곳을 방문해 K-water 졸업생들과 즉석에서 노래를 부르며 유대감을 나누었다.

이렇듯 현지 공무원들과 신뢰를 쌓을 때는 정성과 노력이 필수적이다. 민원이 있을 때만 그들을 만나는 것은 결코 효과적이지 않다. 오히려 정기적으로 방문하여 자신의 얼굴을 각인시키는 것이 중요하다. 특별한 일이 없더라도 '차 한잔하자'는 제안을 통해 자연스럽게 관계를 이어가는 것이 바람직하다.

친밀감을 빠르게 높이는 방법의 하나는 한국 출장에 동행하는 것이다. 바수끼 장관이 지난 10년간 10여 차례 한국을 방문할 때마다 K-water 인도네시아 법인의 담당자가 항상 함께했다. 장관을 수행하는 인도네시아 공무원들은 보통 10~20명 정도로, 지난 10년간 약 100~200명이 한국 출장을 지원한 셈이다. 숙소, 차량, 식당 등 모든 세부 사항을 현장에서 꼼꼼히 챙겨주어 아무런 불편함이 없게 하면 공무원들은 그 고마움을 잊지 않는다. 이렇게 한두 번씩 함께 출장을 다니다 보면 자연스럽게 친밀감이 쌓일 수밖에 없다. 특히 지난 10년간 K-water의 동일한 담당자가 꾸준히 이 업무를 맡았다는 점은 깊이 있는 신뢰와 넓은 네트워크의 구축에 결정적인 요인이 되었다. 이처럼 세심한 배려와 지속적인 관계 관리 덕분에 바수끼 장관과 공공주택사업부 공무원은 한국과 K-water에 대한 신뢰가 절대적으로 높다. 특히 인공지능(AI), 사물인터넷 등 첨단 기술을 활용하여 전국 34개의 댐과 16개의 다기능 보를 1년 365일 24시간 관리하는 물 관리 종합상황실을 보여주었을 때 그들은 자신들의 꿈이라고 격찬했다. 그리고 경기도 화성의 인공지능 정수장을 견학했을 때는 신수도에도 같은 정수장을 만들어줄 것을 당부하기도 했다.

K-water는 수자원 개발 분야에 오래전 진출한 일본과 저가 공세를 퍼붓는 중국에도 끄떡없이 블루오션의 길을 개척해나가며 인도네시아에서 아직 시작에 불과할 정도로 무섭게 성장하고 있다.

인도네시아 슈퍼리치의 성공 전략 수업

타국과 비즈니스를 할 때 정부는 훌륭한 파트너다. 따라서 인도네시아 현지 공무원들과 신뢰를 쌓기 위해 정성과 노력을 쏟는 것은 당연한 일이다. K-water의 노력은 일본과 중국이 강세인 인도네시아에서 좋은 선례다. 10년 동안 같은 담당자가 같은 업무를 맡아왔다는 점이 신뢰와 네트워크 구축에 중요한 역할을 했다. 세심한 배려와 지속적인 관계 관리는 상호 신뢰를 공고히 하고 더 큰 협력으로 발전한다. 인도네시아 장관도 찾아와 직원들과 함께 노래 부르는 회사, K-water는 이제 인도네시아에 없어서는 안 될 존재가 되었다.

인도네시아 경제의 핵심 브레인, 국부펀드 INA의 다르윈 씨릴 누르하디 감독위원회 위원

수익성과 공공성을 겸비한 프로젝트에 한국 기업과의 공동 참여 기대

인도네시아 고위 관료들은 한국과 같은 선진국의 제도를 벤치마킹하는 데 관심이 많다. 한국에는 당연히 존재하는 제도가 인도네시아에는 없는 경우가 많기 때문이다. 반대로, 한국에는 없는 좋은 제도가 인도네시아에는 존재하는 경우도 있다. 그중 하나가 인도네시아가 보유한 외국인 투자 유치를 위한 국부펀드다. 우리나라에도 한국투자공사(KIC)의 국부펀드가 있지만 국내에 투자하지 않고 해외에만 투자하기 때문에 그 성격이 조금 다르다. 한국에는 반외자 정서를 우려하여 외국인 투자자와 함께 국내에 공동 투자하는 경우가 없다. 이 부분에 대해서는 인도네시아를 벤치마킹하여 국부펀드가 국내에 투자하는 날이 빨리 와야 한다고 본다.

2021년에 대통령 직속으로 설립된 인도네시아의 국부펀드는 투자 결정을 담당하는 이사회와 이를 감독하는 감독위원회로 운영된다. 감독위원회는 재무부 장관, 공기업부 장관, 그리고 세 명의 민간 전문가로 이루어져 있으며, 이사회 구성원에 대한 임명 권한을 갖는다.

그중 다르윈 씨릴 누르하디(Darwin Cyril Noerhadi) 감독위원회 위원은 인도네시아 금융 산업의 발전을 이끌어온 핵심 인물이다. 미국에서 유학을 하고 하버드대학교 케네디스쿨에서 인도네시아 정부의 금융 정책 연구에 참여하며 국제적인 금융 감각을 키웠다. 귀국 후에는 35세의 젊은 나이에 인도네시아 증권거래소 대표에 오르며 금융계에 큰 반향을 일으켰다. 이후 국영 만디리증권 사장을 비롯해 여러 주요 금융기관을 이끌었고 인도네시아 사모펀드 크레아도르(Creador)를 설립해 투자 분야에서도 영향력을 확대했다. 완벽한 영어를 구사하며 30년 전의 일도 날짜를 정확히 기억하는 비상한 기억력의 소유자다.

그는 인도네시아 국부펀드의 설립에 초창기부터 참여했다. 이 국부펀드는 조코위 대통령의 지시에 따라 출범했다. 비즈니스맨 출신인 조코위 대통령은 인프라 부족이 경제성장의 걸림돌임을 잘 알고 있었다. 그러나 첫 번째 임기(2014~2019) 중에 대규모 인프라 건설을 밀어

붙인 결과 공사를 맡은 국영기업들의 부채가 급격히 불어났다. 또한 2017~2018년에 외국인 투자까지 정체되면서 자금 조달의 어려움이 커졌다. 이에 조코위 대통령은 두 번째 임기(2019~2024) 중에 인프라 투자를 멈추지 않으면서도 부채 부담과 외국인 투자 정체를 일거에 해결할 방안을 찾아야 했다. 그 해법이 바로 국부펀드였다. 정부가 50억 달러를 출자하여 펀드를 조성하고, 이를 마중물 삼아 외국인 투자자들과 공동으로 인프라 프로젝트에 투자하는 방식이었다. 중점 투자 대상은 운송과 물류, 디지털 인프라, 친환경 에너지 전환, 헬스케어 등 네 가지 분야다. 최근에는 농업 분야에 대한 투자도 검토하고 있다.

인도네시아의 국부펀드는 중점 투자 분야를 중심으로 글로벌 기업과의 협력을 활발히 추진하고 있다. 운송과 물류 분야에서는 세계 최대 항만 운영사 DP월드(Dubai Ports World: 아랍에미리트 두바이의 다국적 물류 회사)와 협력해 수마트라에 컨테이너 터미널을 개발 중이다. 그리고 미쓰이 상사와 홍콩 ESR 그룹과 함께 자바섬 찌까랑 지역에 현대식 창고 시설을 건설하고 있다. 인도네시아 국부펀드는 인도네시아 기업에도 적극 투자하고 있다. 우선 자바 횡단 고속도로의 일부인 쁘자간(Pejagan)-쁘말랑(Pemalang) 유료 도로(57.5킬로미터)를 약 2억 달러에 인수했다. 디지털 인프라 분야에서는 동남아 최대 여행 플랫폼 '뜨라베로까(Traveloka)'에 3억 달러를 투자해 여행 분야의 디지털 생태계를 강화했다. 헬스케어 분야에서는 제네릭 의약품 제조사이자 1,200개 약국과 450개 클리닉을 운영하는 끼미아 파르마(Kimia Farma)에 1.2억 달러를 투자했다.

SK플라즈마(SK Plasma)는 인도네시아 국부펀드의 첫 번째 한국 수혜 기업이다. 국부펀드는 SK플라즈마의 혈액 제제 공장 건설에 4,000만 달러를 투자하고 2대 주주로 참여하고 있다. 사람의 혈액을 원료로 만든 혈액 제제는 수혈이 필요한 환자의 생명과 직결되는 필수 의약품이다. 사람의 혈액으로 제조되므로 안전성이 높고 국가 위기 상황에서 광범위하게 쓰이기 때문에 세계보건기구(WHO)도 국가 필수 의약품으로 지정하고 있다. 하지만 혈액 제제 제조 기술을 보유한 국가는 전 세계에 약 44개국뿐이고 인도네시아에는 관련 공장이 없었다. 그래서 헌혈한 혈액은 일정 기간이 지나면 폐기되고 필요한 혈액 제제는 전량 수입에 의존해야 하는 악순환이 계속되었다. 특히 코로나 팬데믹 당시 혈액 제제 수입이 원활하지 않아, 큰 어려움을 겪었다. 향후 세워질 SK플라즈마 공장은 연간 100만 리터의 혈장을 처리해, 인도네시아 보건 의료 인프라에 중요한 역할을 하게 될 것이다. 국부펀드는 SK플라즈마의 기술력과 프로젝트의 영향력 그리고 기술이전 의지를 종합적으로 평가해서 투자 결정을 내린 것이다.

인도네시아 국부펀드는 수익성과 공공성을 충족하는 프로젝트를 발굴하기 위해 부단한 노력을 하고 있다. 지난 3년간 국부펀드는 30억 달러를 투자했고 운영 자산은 100억 달러에 달했다. 한국을 방문해서 주요 기업과 면담도 했다. 국부펀드가 선호하는 프로젝트의 규모는 1억~2억 달러이며, 그중 약 7,000만~8,000만 달러를 일반적으로 직접 투자한다. 국부펀드는 단순한 자금 지원을 넘어 비용 절감과 행정 절차의 원활한 진행을 보장하는 강력한 지원책을 가지고 있다. 정부가

INA-SK플라즈마 투자 계약 체결식

주주로 참여하기 때문에 인허가와 승인 과정에서 유리한 조건을 확보할 수 있는 것이 큰 강점이다. SK플라즈마 프로젝트의 경우에도 국부펀드의 지원 덕분에 보건복지부의 인허가 절차가 더욱 신속하고 원활하게 진행될 수 있었다. 이처럼 한국 기업들은 국부펀드를 적극 활용하여 투자 기회를 확대하고 인도네시아 시장에서 안정적인 기반을 마련할 필요가 있다.

다르윈 씨릴 누르하디 감독위원회 위원은 인도네시아에 진출하려는 한국 기업들에게 철저한 현장 관리의 필요성을 강조한다. 말레이시아의 국부펀드(1MDB)에서 수십억 달러가 횡령되는 국제적 스캔들이 발생한 적이 있다. 이를 반면교사 삼아, 인도네시아 국부펀드는 조직의 구조와 손실 발생 시의 처벌 조항 등 77개 규정을 마련했다.

핵심은 지속적인 모니터링이다. 중요한 프로젝트의 경우 장관이 1년에 한 번씩 점검하면 국장은 여섯 번, 실무자는 열두 번 현장을 방문해야 한다. 끊임없는 현장 점검을 통해 문제를 조기에 발견하고 해결해야 프로젝트가 제대로 완성될 수 있다. 문제가 곪아 터지기 전에 철저한 관리가 필수적이며, 이는 글로벌 비즈니스의 기본 원칙이다.

인도네시아 슈퍼리치의 성공 전략 수업

기회의 빅마켓인 인도네시아에서 국부펀드 프로젝트에 참여하는 것은 틈새시장이자 큰 기회일 수 있음을 기억하자. 국부펀드의 가장 큰 장점은 정부의 지원 덕분에 인허가 절차가 신속하고 원활하게 진행된다는 점이다. 따라서 한국 기업들은 국부펀드를 적극 활용하여 투자 기회를 확대하고 거대한 인도네시아 시장에서 안정적인 기반을 마련해야 할 것이다. 국부펀드가 선호하는 프로젝트의 규모는 1억~2억 달러이며, 그중 약 7,000만~8,000만 달러를 일반적으로 직접 투자한다.

3장

선점으로
인도네시아 시장의
정상에 올라서라

주방을 점령한 독보적인 국민 브랜드, 용마전기 마용도 회장

매직꼼, 인도네시아 최고의 국민 밥솥 1위 브랜드의 위엄

트렌치코트 버버리(Burberry), 접착식 메모지 포스트잇(Post-it), 즉석밥 햇반의 공통점은 뭘까? 바로 이들의 이름이 해당 상품 카테고리를 대표하는 보통명사로 사용된다는 점이다. 브랜드 자체가 단순한 제품을 넘어 대명사로 자리 잡았고, 업계의 기준이 되었다. 강력한 브랜드는 소비자의 일상에 스며들어 시장에서 독보적인 경쟁력을 만든다. 그 기업은 자연히 최고의 위치에 오른다. 어려운 경제 상황 속에서도 살아남는 기업은 대개 강력한 브랜드를 보유하고 있으며, 이는 소비자의 신뢰를 얻고 경쟁사와 차별화하는 핵심 요소다.

인도네시아에도 강력한 브랜드 파워로 시장을 압도하는 기업이 있다. 인도네시아에서 전기밥솥은 '쁘나낙(penanak: 요리 기구) 나시(nasi:

쌀)'라고 하지만, 일상생활에서 전기밥솥을 지칭할 때는 대개 '매직꼼(magic com)' 또는 '매직자르(magic jar)'라는 브랜드 이름이 더 많이 쓰인다. 이 브랜드의 주인공은 바로 밥솥 하나로 인도네시아 주부들의 마음을 평정한 용마전기(현 용마일렉트로닉스)의 마용도 회장이다.

그는 1979년 한국에서 용마전기를 설립하여 대우전자, 필립스 등 당시 대기업에 OEM으로 전기밥솥을 공급했다. 사업은 그런대로 운영되었지만 어느 순간 돌아보니 '현타'가 왔다. 1990년대 우리나라의 전기밥솥 시장은 연간 약 130만 대 수준이었다. 삼성, LG, 대우 등 대기업 가전 3사와 용마전기를 비롯한 중소 브랜드 일곱 개 등 10개 회사가 좁은 국내 시장을 놓고 사활을 건 경쟁 구조였다. 현실은 기업당 평균 13만 대 정도밖에 판매할 수 없는 시장에서 대부분의 회사가 적자에 허덕이고 있었다. 이 상태라면 용마전기는 수익성이 바닥을 치고 부도가 날 게 뻔했다.

이런 절박감 속에서 마용도 회장은 돌파구를 찾기 시작했다. 그러다 문득 우리와 쌀 문화가 유사한 동남아 시장이 떠올랐다. 그중에서도 인도네시아는 압도적으로 큰 가능성을 품고 있었다. 한국 인구는 5,000만 명인 반면 인도네시아 인구는 무려 2억 명에 이르렀다. 우리보다 4배나 큰 시장이었던 것이다. 1994년 시장조사를 위해 찾은 인도네시아는 아직 보온용 전기밥통과 전기밥솥이 보급되지 않았다. 대신 단당(dandang)이라는 커다란 재래식 솥으로 한번에 많은 양의 밥을 지어 상온에 놔두고 끼니때마다 덜어 먹거나 매끼 따뜻한 밥을 새로 지어 먹어야 하는 상황이었다.

밥을 준비하는 일은 인도네시아 주부들에게 시간 소모가 크고 번거로운 가사노동이었다. 그뿐만 아니라 한국에서는 한여름에도 아침에 지은 밥을 저녁까지 그늘에 두었다가 먹을 수 있지만, 인도네시아에서는 온도와 습도가 높아 밥을 상온에 보관할 경우 금방 쉬어버릴 위험이 있었다. 남은 밥을 안전하게 보관할 방법이 절실했지만, 누구도 이 문제를 해결하려 하지 않았다.

일본 기업들조차 덥고 습한 나라에서 누가 뜨거운 밥을 먹겠느냐는 판단하에 시장성이 없다고 여기고 진출을 포기했음에도 그는 단념하지 않았다. 시베리아에서 냉장고를 파는 격으로 그야말로 성공 가능성은 희박해 보였다. 그러나 직접 인도네시아 현지를 찾은 마 회장의 생각은 달랐다. 인도네시아는 마치 아무도 밟지 않은 눈밭처럼 무한한 가능성이 펼쳐진 블루오션 시장이었다. 경쟁자도 없고 이미 자리 잡은 기준도 없었다. 인도네시아 시장은 첫 발이 곧 새로운 시장의 시작이 될 수 있는 완벽한 무대였다.

문제는 인도네시아 국민의 낮은 소득 수준이었다. 전기밥솥은 일반 소비자들에게는 너무 비싸서 쉽게 접근할 수 없는 제품이었다. 그래서 보다 실용적이고 저렴하게 보온만 되는 전기밥통을 먼저 출시했다. 결과는 기대 이상이었다. 전기밥통은 출시되자마자 소비자들 사이에서 폭발적인 반응을 얻었다. '한번 지은 밥을 며칠 후에 먹어도 밥맛이 변함없다'는 입소문이 삽시간에 인도네시아 전역으로 퍼졌다. 뒤이어 전기밥솥도 대박이 났다. 주부들은 용마전기의 제품을 가사 노동의 시간을 절약하고 건강을 지키는 필수품으로 평가했다. 단순히 편리함을 넘어, 가정의 삶을 혁신적으로 바꾸는 도구로 자리 잡은 것이다. 용마전기의 제품은 신혼 부부들이 가장 먼저 선택하는 1위 혼수가 되었다.

시장을 지배하는 브랜드가 되기 위한 용마전기의 도전은 여기서 멈추지 않았다. 일본 제품이 본격적으로 시장에 진출하기 전에 인도네시아 시장의 주도권을 확실히 장악해야 했다. 파워 브랜드를 키우면 인도네시아 시장을 영원히 지배할 수 있다고 믿었다. 단순한 제품 판매를 넘어 '인도네시아 가정의 생활을 혁신하는 브랜드'라는 이미지를 만들어나갔다.

마 회장이 브랜드에 집착하는 데에는 나름의 이유가 있었다. 당시만 해도 대기업의 OEM 업체로 일하는 하청 업체는 파트너가 아닌 갑을관계의 을이나 주종관계의 종에 가까운 취급을 받았다. 게다가 박한 마진에 6개월 뒤에나 회수할 수 있는 어음 결제 등으로 힘든 시간도 겪어야 했다. 그래서 마 회장은 브랜드 가치의 업그레이드를 위해 기업 규모에 맞지 않는 파격적인 재투자를 했다. 당시 다국적기업 유니레버(Unilever)는 약 80만 달러(1998년 기준), P&G는 60만 달러(1998년 기준)를 광고비로 지출했지만 이들 회사보다 훨씬 작은 규모의 용마전기는 이보다 많은 광고비(1999년 기준)를 지출했다. 현지 가전 기업 중에서도 두 번째로 많은 광고비 지출이었다.

그리고 현지 가정주부를 주요 대상으로 '일상 속의 작은 마법(A touch of magic everyday)'과 '생활 속의 매직, 용마(Yongma, the magic in life)'를 슬로건으로 내세운 시엠(CM)송도 제작했다. 따뜻하고 행복한 가정의 이미지를 강조하며, 브랜드의 이름인 매직과 자연스럽게 연결했다. 유명 여자 가수와 연기자를 모델로 기용해서 TV, 라디오, 신문, 잡지 등 다양한 매체에 대대적인 광고도 진행했다. 특히 신문 광고는 인도네시아 최초로 전면을 컬러로 제작해 주목을 받았다. 그 결과, 현지에서 용마, 매직꿈, 매직자르를 모르는 사람이 거의 없을 정도로 브랜드 인지도를 높이는 데 성공했다. 한때 시장점유율 90퍼센트를 넘기며 오랜 기간 시장을 지배했다.

인도네시아는 용마전기에 은인 같은 나라가 되었다. 그렇다면 인도네시아에서 전기밥솥은 얼마나 팔렸을까? 전성기에는 한 달에 약 30만 대가 팔렸다. 당시 한국의 전체 내수 시장 규모가 약 130만 대였고 기업당 평균 연간 판매량이 13만 대였던 것을 고려하면, 인도네시아에서 한 달 만에 기업당 연간 판매량의 약 2.5배를 팔아치운 셈이다. 공장을 24시간 가동해도 따라가기 힘든 물량이었고 이익률은 무려 40퍼센트에 달했다. 심지어 1997년 외환위기 때도 상황은 더 좋아졌다. 바이어들이 제품을 받기 위해 줄을 서서 항의할 정도로 주문이 몰렸다.

용마전기는 지난 30년간 단 한 번도 손실을 본 적이 없다. 선입금 후 출고를 원칙으로 했기 때문이다. 유통망의 가격 경쟁을 막기 위해 복수의 거래처를 두지 않고 단일 유통망과 거래한 것도 유효했다. 이러한 전략이 가능했던 이유는 압도적인 브랜드 파워 덕분이었다. 인도네시아에서의 성공은 단순한 판매를 넘어 프리미엄 파워 브랜드를 만들겠다는 철저한 전략과 상표 가치의 결합이 이룬 값진 결실이었다.

용마를 인도네시아의 국민 브랜드로 성공시킨 마 회장의 경영 원칙은 '본업에 집중하고 신뢰를 중요시하는 것'이었다. 그가 오랜 세월 사업을 하면서 많은 투자 제의와 부동산 투자(현재 100배가 오른 곳도 있다)를 권유받았음에도 매번 거절한 이유이기도 하다. '본업에 집중해야 한다'는 단호한 소신으로 다각화를 진행하지 않았던 것이다. 지금도 그는 확신한다. 부동산으로 돈을 벌었다면 오늘날 인도네시아의 국민 브랜드 용마는 없었을 거라고.

마 회장은 납품 업체와의 신뢰도 철저히 지켰다. 납품 대금은 항상 현금으로 지급하고 절대 어음 결제는 하지 않았다. 재무 담당자가 이자 수익을 올리자며 어음 결제를 권했지만, 마 회장은 대금을 만기 전에 지급함으로써 협력 업체와의 신뢰를 쌓아갔다. 이는 향후 더 나은 품질의 제품을 안정적으로 공급받는 기반이 되었다.

용마전기는 인도네시아에서 성공한 만큼 상생협력도 게을리하지 않았다. 일본 기업들이 대부분 수익만 가져가고 지역사회에 기여하지 않는 것과 매우 대조적인 기업 행보였다. 사실 인도네시아 사람들은 외국 기업이 실리만 챙기는 것에 불만이 있었다. 그래서 마 회장은 국립 인도네시아대학교와 족자카르타에 있는 가자마다대학교 등 현지 명문 국립대학교를 포함한 다섯 개 대학교에 도서관, 카페, 음악당을 포함한 한국관을 건설하여 기부했다. 이곳에서 지금도 수많은 인도네시아 학생이 한국어를 공부하고 한국 문화를 배우고 있다. 이는 진정한 국민 브랜드를 키워낸 회사가 노블레스 오블리주를 실천한 방식이며, 향후 한국 기업이 어떻게 지역사회에 협력해야 하는지를 보여주는 좋은 실례다. 이러한 진정성 있는 노력 덕분에 용마전기는 지역사회와 함께 성장하고 발전하는 존경받는 브랜드로 자리 잡게 되었다.

마 회장은 '숫자로만 보면 인구 2억 8,000만 명의 인도네시아는 어마어마한 황금어장처럼 보이지만 실제 구매력은 기대만큼 크지 않을 수도 있고, 이미 누군가가 선점하고 있는 경우도 허다하다'고 조언한다. 지금의 현지 한국 기업도 자리를 잘 잡은 것처럼 보이지만 이 역시 오랜 시간 틈새시장을 비집고 버티고 노력해서 만들어낸 결과들이다.

인도네시아는 여전히 한국보다 기회가 많은 도전할 만한 황금시장이다. 하지만 그 황금시장의 빗장을 열려면 강한 인내심을 갖고 정말 죽기 살기로 덤빌 각오를 품어야 한다. 사람 사는 곳은 어디나 비슷하다. 사업하면서 한국에서도 안 좋은 일을 겪었고 인도네시아에서도 마찬가지다. 나쁜 일은 한국에서도, 인도네시아에서도 일어난다. 하지만 중요한 건 현지인을 존중하는 태도다. 그들은 우리를 초대한 사람들이며, 이 땅의 주인이다. 우리는 손님이자 이방인이다. 외국인이 한국에 와서 우리를 무시한다면 화가 날 것이다. 마찬가지로 역지사지의 자세로 현지인을 대해야 한다.

인도네시아 슈퍼리치의 성공 전략 수업

인구가 세계 4위인 인도네시아는 정말 거대한 시장이지만 실제 구매력은 기대만큼 크지 않을 수도 있다. 얼핏 보면 황금시장 같지만 이미 수많은 나라와 기업이 진출하여 자리를 잡고 있는 경우가 허다하다. 따라서 성공의 기회를 잡는 것은 온전히 도전자의 몫이다. 인도네시아에 아직 남아 있는 블루오션 시장을 찾아라. 새로운 브랜드를 만들고 적극적인 통합 마케팅 전략을 펼쳐라. 단순히 판매에 만족할 것이 아니라 시장을 석권할 철저한 전략을 세우고 브랜드 가치를 상승시켜야 한다. 인도네시아에는 늘 기회의 문이 열려 있다. 설사 닫혀 있더라도 열릴 것이다.

②
인도네시아의 여심을 사로잡은
화장품 업계의 TSMC, 코즈맥스

세계 1위 기업도 초기에 좌절한 시장,
집요한 현지화 전략으로 성공 신화를 쓰다

반도체 업계에 TSMC(대만의 세계 1위 파운드리 업체)가 있다면, 화장품 업계에는 세계 1위 ODM(연구·개발·생산) 전문 기업 코즈맥스(COSMAX)가 있다. 2012년 코즈맥스는 글로벌 화장품 기업 로레알의 인도네시아 공장을 인수하며 본격적으로 현지 시장에 진출했다. 당시 인도네시아에는 주문자가 원하는 제품을 대신 생산해주는 OEM 업체도 두 곳밖에 없었다. 당연히 연구·개발에 생산까지 해주는 ODM이라는 개념은 아예 없었다. 관련 규정조차 없어서 코즈맥스는 인도네시아 식약처로부터 인허가를 받는 데에만 2년이나 걸렸다. 기업으로서는 감당하기 힘든 시간이었다.

그런데 이보다 더 큰 장벽이 있었다. 바로 인도네시아 기업들이 보내는 불신의 눈길이었다. ODM 방식으로 제품을 만들면 연구 자료가 코즈맥스에 남게 되는데, 기업들은 이를 경쟁사로의 기술 유출 위험으로 받아들였던 것이다. 아무리 기업들을 수십 번씩 방문하여 설명하고 혁신적인 제품을 제안해도 쉽게 문은 열리지 않았다.

초창기에 코즈맥스 인도네시아는 전국에 있는 기업 수백 개의 문을 두드렸지만 퇴짜 맞기 일쑤였다. 인도네시아에 없던 사업 모델을 정착시키는 건 험난한 가시밭길이었다. 하지만 시간이 어느 정도 흐른 2016년경 '지성이면 감천'이라고, 마침내 기대하지 않았던 방식으로 기회의 문이 열렸다. 자카르타의 교통 체증은 세계적으로 악명이 높다. 코즈맥스 직원이 자카르타 근교의 기업을 방문하려다 보면 오후 4시 이후의 퇴근 시간 정체로 인해 장시간을 길에서 보내는 경우가 많았다. 그날도 오랜 시간을 길에서 보내고 배가 고팠던 코즈맥스 직원은 튀김과 음료수를 챙겨가서 상대방 회사 직원들과 함께 가벼운 간식 타임을 가졌다. 이후 그 기업에서 연락이 왔다. 계약은 성사됐지만 규모는 미미했다. 네 가지 색상의 립크림 각각 1,000개씩. 정식 출시 기준인 색상당 1만 개에는 한참 못 미치는 물량이었다. 그 계약은 냉정한 사업 판단이 아니라 튀김을 사 들고 찾아온 코즈맥스 직원에 대한 인도네시아 회사의 작은 배려이자 답례였다는 사실을 나중에야 알게 됐다.

그리고 공교롭게도 튀김을 사 간 바로 그날의 작은 발견이 인도네시아 시장을 여는 신호탄이 되었다. 간식 타임에 인도네시아 여성 직원들은 튀김을 먹지 않고 조용히 싸 들고 나갔다. 그들은 튀김을 좋아했

음에도 기름이 입가에 번들거리는 게 싫어
서 사람들 앞에서는 먹지 않았던 것이다.

이 작은 힌트가 립크림 개발의 전환점이
자 인도네시아 여성들의 취향을 파악한 순간이었다. 광택이 없고 입술
주름이 또렷이 보일 정도로 매트한 질감의 립크림. 결과는 대성공이었
다. 립크림은 연간 150만 개씩 판매되었다. 예상치 못한 성공에 놀란
고객사는 '한국에는 있지만, 인도네시아에는 없는 제품을 개발해달라'
는 새로운 제안을 해왔다. 작은 발견 하나가 새로운 시장을 만들고 새
로운 도전을 불러온 순간이었다.

코즈맥스가 그다음에 만든 것은 쿠션이었다. 한국에서 물광 쿠션은
기본이었다. 촉촉한 피부 표현은 대세였고, 인도네시아에서도 통할 거
라고 생각했다. 하지만 립크림에서 얻은 교훈도 잊지 않았다. 바로 인
도네시아 같은 더운 나라에서는 땀 흘리는 것처럼 번들거리는 제품은
환영받지 못한다는 사실. 그래서 과감하게 광택을 없애고 보송한 마무
리감을 주는 매트 쿠션을 출시했다. 이 역시 연간 250만 개씩 판매되
며 립크림에 이어 대박을 쳤다. 그 시절, 인도네시아에서 팔린 대부분
의 립크림과 쿠션이 코즈맥스에서 만든 제품이었다고 해도 과언이 아
니었다. 덕분에 코즈맥스는 초창기의 부진을 극적으로 극복하고 진출
5년 만에 새로운 전환점을 맞이했다.

새로운 시장에서 성공하려면 기술력만으로는 부족하다. 신뢰할 수
있는 파트너인지가 더 중요한 기준이 된다. 코즈맥스는 이를 인식하고
고객 신뢰를 중심에 둔 전략을 선택했다. 유사 제품을 다른 고객에게

제공하지 않고 자체 브랜드도 운영하지 않음으로써 고객과의 경쟁을 피한 것이다. 이러한 윤리적 경영은 거래처 및 소비자와의 신뢰 구축에 기반이 되었다.

특히 코즈맥스는 현지 시장을 깊이 이해하고 고객이 인식하지 못한 니즈까지 선제적으로 대응하려고 애썼다. 대표적인 사례가 할랄 인증이다. 이는 법적 의무가 아니어서 유니레버, P&G 같은 글로벌 기업들조차 신경 쓰지 않았다. 하지만 코즈맥스는 무슬림 중년 여성 소비자의 가치를 반영해 2014년 인증을 신청하고 2016년에 획득했다. 이런 선제적 대응 덕분에 코즈맥스는 소비자의 신뢰를 얻었고 현지 파트너 기업도 점차 늘어나, 인도네시아 시장에서 확고한 입지를 구축할 수 있었다.

2018년경 인도네시아 화장품 시장은 새로운 전환점을 맞이했다. 소비자들은 이제 단순히 해외 브랜드를 따라가기보다는 자신들의 정체성을 반영한 제품을 찾기 시작했다. 첫 번째 변화는 방가 부아딴 인도네시아(Bangga Buatan Indonesia), 즉 국산 브랜드 애용 움직임이었다. 한때 해외 브랜드가 압도적이었던 시장에서 이제는 현지 브랜드도 품질 면에서 뒤처지지 않는다는 자부심이 커졌다. 소비자들의 지지는 인도네시아 토종 브랜드의 성장을 가속했다. 두 번째 변화는 사워 마땅(Sawo Matang), 즉 인도네시아 고유의 갈색 피부를 당당하게 드러내는 추세였다. 과거에는 하얀 피부가 미의 기준이었기에 미백 화장품이 필수 아이템이었다. 하지만 이제 소비자들은 자연스러운 피부색을 살리고 개성을 드러내는 제품을 선호하게 되었다. 이러한 흐름은 화장품 시장 전반에 큰 변화를 불러왔다. 한국에서는 파운데이션이 보통 세 가지 색상으로 출시되지만 인도네시아는 지역마다 선호하는 피부 색조가 다르기 때문에 무려 열두 가지 색상이 필요했다. 소비자들이 더 이상 정형화된 아름다움을 따르지 않고 자신의 개성을 존중하는 방향으로 변하면서 토종 브랜드들은 더 차별화된 제품을 원했고 코즈맥스 역시 이러한 흐름에 맞추어 시장을 넓혀갔다.

인도네시아 ODM 시장을 석권한 코즈맥스는 이제 OBM(Original Brand Manufacturing)으로 영토를 확장하고 있다. OBM은 제품의 개발과 생산을 넘어 브랜드 기획, 마케팅, 투자 유치까지 아우르는 종합 서비스 모델로서 자금과 경험이 부족한 인도네시아 로컬 브랜드의 성장을 지원한다. 코즈맥스는 단순한 제조 업체를 넘어, 화장품 업계의 벤처캐피털 역할까지 수행하며 인도네시아 화장품 산업의 혁신을 이끄는 든든한 성장 엔진으로 자리 잡고 있다.

코즈맥스가 인도네시아 시장에서 자리 잡을 수 있었던 배경에는 한국과 인도네시아 직원들이 함께 만들어낸 끈끈한 팀워크가 있었다. 인도네시아에서는 직원들이 본인 회사의 매출을 알게 되면 급여 인상을 요구하는 일이 종종 있다. 따라서 많은 현지 기업이 재무 정보를 비공개로 운영하고 있었다. 심지어 로레알과 유니레버 같은 글로벌 기업조차 일반 직원들은 매출을 알지 못한다. 그러나 코즈맥스는 신뢰를 선택했다. 회사의 성과는 직원들이 만든 결과물이므로 매출이 좋으면 그만큼 보상하고 어려울 때는 양해를 구하면 된다고 믿었다. 현재 코즈맥스는 업계 최고 수준의 급여를 제공한다. 인건비 비중이 높지 않은 산업 특성상 직원들에게 충분한 대우를 해줄 수 있었다. 하지만 진짜 중요한 것은 돈이 아니라 함께 성장한다는 믿음을 주는 것이었다.

이 때문일까. 인도네시아 직원들은 자기 주도성과 주인의식이 부족하다는 시각이 있지만, 코즈맥스에서는 전혀 맞지 않는 이야기다. 근무시간은 오전 8시부터 오후 5시까지이지만, 사무실에는 항상 야근하는 직원들이 남아 있다. 심지어 코로나로 사무실이 폐쇄되었을 때도 R&D 부서 직원들은 몰래 출근해 불을 끄고 연구를 계속했다. 매출과 이익에 따라 팀별 성과급이 기본급의 몇 배가 될 수도 있기 때문에 실적 마감을 앞두고 직원들의 집중력은 최고조에 달한다. 굳이 목표를 강요할 필요는 없다. 오히려 자신의 성과에 영향을 미치는 다른 부서까지 챙기면서 함께 실적을 끌어올린다. 성과주의가 단순한 제도가 아니라 조직 문화로 정착되어 있다 보니, 목표를 향한 직원들의 몰입과 열정이 이 회사를 강하게 만드는 원동력이 되었다.

우수 인력의 확보와 유지에도 남다른 비결이 있다. 이 회사에는 60명의 우수한 현지인 연구 인력이 있다. 우리나라의 서울대학교와 카이스트에 해당하는 국립 인도네시아대학교와 반둥공과대학교 출신의 최고 엘리트들을 동문 네트워크를 통해 계속 수혈받고 있다. 이들 연구원들은 매년 3개월, 6개월 또는 1년간 한국 본사의 연구소로 파견을 나간다. 연수 대상자는 연구 주제와 계획을 제출하고 경쟁을 통해 선발된다. 물론 한국에서 연수를 마치고 돌아온 직원들이 그만두는 경우도 있다. 경쟁 업체로 이직하지 못하게 하는 벌칙 조항도 검토했지만 그보다는 인센티브로 장기 근무를 유도하는 것이 낫다는 판단을 했

다. 그에 따라 연수를 마친 직원이 일정 기간 근무하면 기본급의 몇 배
나 되는 교육 이수 수당을 1회 지급한다. 현재는 연구원의 절반 이상
이 한국 연수를 경험했고 10년 이상 근무한 직원도 많다. 단순히 급여
가 높아서만이 아니라 이곳에는 배움과 성장의 기회가 있기 때문이다.
이 회사가 증명한 것은 단순하다. 좋은 인재는 더 나은 기회가 있는 곳
에 남는다는 사실. 맨땅에서 시작한 개척자 코즈맥스는 이제 인도네시
아 화장품 산업의 판도를 바꾸는 선구자로서 업계의 역사를 새로 써나
가고 있다.

세계적인 경쟁력을 갖춘 코즈맥스조차 인도네시아에서 이익을 창출하고 목표를 이루는 데에는 예상보다 긴 시간이 걸렸다. 인도네시아 시장에 진출하려는 기업들이 흔히 하는 착각이 있다. 좋은 제품은 어떤 시장에서든 통한다는 것이다.

하지만 현실은 다르다. 아무리 뛰어난 제품이라도 현지 소비자가 선택해주지 않으면 무용지물이다. 인도네시아 문화와 소비자의 취향을 깊이 이해한 제품만이 승산이 있다. 이 때문에 현지에서 제품을 생산하는 것이 유리하다. 단기간에 성과를 내려는 조급한 접근은 위험하다. 인도네시아 시장은 정복하는 곳이 아니라 현지인과 함께 배우고 적응하며 성장하는 시장이다.

인도네시아 주식 중개 분야
시장점유율 1위 기업, 미래에셋증권

혁신으로 시장을 선점해 브랜드 충성도를 확보하라

2024년 한국금융연구원이 발간한 〈우리나라 금융 산업의 해외진출 전략에 대한 연구〉에 따르면, 한국의 자동차와 반도체 등은 세계 일류로 평가받지만, 금융 부문의 해외 진출과 글로벌 경쟁력은 여전히 부진한 것으로 나타났다. 세계 50대 은행에 한국의 은행은 단 한 곳도 포함되지 못했다. 금융 분야에서 삼성전자와 같은 글로벌 기업이 나올 수는 없는 것일까? 인도네시아 증권 업계를 선도하는 미래에셋에서 이 질문에 대한 답을 찾아볼 수 있을 것 같다.

미래에셋은 인도네시아 증권 업계에서 새로운 길을 개척하는 '최초 타이틀 제조기'로 불린다. 인도네시아는 우리와 GDP가 비슷하지만 상장 기업 수는 약 900개로 우리나라의 34.8퍼센트, 시가총액은 약

7,400억 달러로 우리나라의 38.3퍼센트, 거래 대금은 약 2,000억 달러로 우리나라의 6.4퍼센트 수준이다. 인도네시아의 주식 인구도 약 400만 명으로 전체 인구 2억 8,000만 명의 2퍼센트에 미치지 못한다. 미래에셋은 주식 투자의 저변을 확대하기 위해 누구나 투자할 수 있다는 '투자의 민주화'를 목표로 삼았다. 수도 자카르타 도심의 사무실에서 근무하는 사람이나 밀림이 무성한 오지 칼리만탄에 사는 사람이나 똑같이 투자할 수 있도록 투자 패러다임을 바꿔나갔다.

우선 2009년과 2010년에 도입한 것이 인도네시아 최초의 홈트레이딩 시스템과 모바일 트레이딩 시스템이다. 주식을 사고팔 때 증권사를 방문해야 하는 번거로움을 없애버렸다. 2020년에는 인도네시아 최초로 개최한 대규모 투자 실전 대회가 대박을 터트렸다. 입상자는 상금을 받고 스타 투자자로 명성까지 얻을 수 있었기에 많은 사람이 대회에 몰렸다. 코로나로 떠났던 투자자들까지 대거 돌아왔다. 그 결과, 미래에셋은 2020년부터 2022년까지 인도네시아 94개 증권사 가운데 중개 분야에서 거래액 기준 1위를 차지했다. 우리나라 증권사가 해외시장에서 1위에 오른 것은 처음이었다.

미래에셋의 성공은 혁신을 통한 시장 선점 효과에서 나왔다. 미래에셋 인도네시아 임원진은 무엇이든 최초여야 한다는 강박관념에 사로잡혀 있을 정도다. 인도네시아 최초로 매일 아침 유튜브에서 증권 방송을 제공하고 만화로 리서치 보고서를 제작하기도 한다. 미래에셋 유튜브 채널은 실버 버튼을 받았을 정도로 반응이 좋았다. 인도네시아에서 시장 선점 효과는 다른 나라에 비해 크다. 그 이유는 인도네시아 국민이 높은 브랜드 충성도를 보이기 때문이다. 예를 들어 치약 브랜드의 국가별 시장점유율을 살펴보면, 미국은 각 브랜드가 10퍼센트 미만으로 고르게 분포되어 있지만, 인도네시아에서는 오래전에 출시된 유니레버의 펩소던트(Pepsodent)가 아직도 점유율 82.1퍼센트로 압도적인 1위를 차지하고 있다. 웬만해선 지금 쓰고 있는 치약을 다른 브랜드로 교체하지 않는다.

높은 브랜드 충성도는 은행 분야에서도 강한 시장 선점 효과로 나타난다. 인도네시아의 BCA은행은 시가총액이 820억 달러로 세계 25위이지만, 한국에서 가장 큰 국민은행은 시가총액이 250억 달러로 세계 93위다. 두 나라의 경제 규모는 비슷하지만 두 은행의 시가총액은 크게 차이가 난다. 이런 차이를 만드는 것은 인도네시아 국민의 높은 브랜드 충성도다. BCA은행의 인터넷 뱅킹 서비스는 수준이 낮지만 소비자들은 쉽게 다른 은행으로 바꾸지 않는다. 첫사랑 브랜드에 대한 높은 충성도는 후발 주자가 따라잡기 어려운 장벽이 된다. 미래에셋이 자신의 전략을 따라 하는 경쟁사가 늘어나고 있음에도 별로 신경 쓰지 않는 이유이기도 하다.

미래에셋은 또한 철저한 현지화 전략에 힘썼다. 현지의 문화, 금융 환경, 고객의 니즈를 깊이 이해하고 이를 바탕으로 맞춤형 서비스를 제공한 것이 주요 성공 요인이었다. 인도네시아 사람은 오늘 1만 원을 받는 것과 내일 2만 원을 받는 것 중에서 선택하라고 하면 70퍼센트 이상이 오늘 1만 원을 받고 싶어 한다. 다시 말해 장기 적립식 투자보다는 단기 투자를 선호한다. 그래서 시작한 것이 투자 실전 대회였고 예상대로 큰 성공을 거뒀다.

미래에셋은 철저히 현지인 중심으로 운영된다. 600명의 직원 중에서 한국 주재원은 단 세 명뿐이고 나머지는 모두 인도네시아인이다. 유튜브 증권 방송과 만화 리서치도 현지 직원이 제작한다. 현지의 투자 환경은 현지인이 더 잘 알 수밖에 없기 때문이다. 그러면 '현지 시장에 한국인의 역량이 정말 필요한가?' 하는 의문이 들 수밖에 없다.

현지인 위주로 회사를 운영한다는 게 말은 쉽지만, 현실적인 어려움이 많다. 미래에셋은 전략적 정렬(Strategic Alignment)을 통해 이 어려움을 극복하고 경영 성과를 높일 방법을 찾았다. 전략적 정렬은 조직의 목표와 전략이 부서와 구성원의 활동 방향을 일치시키는 과정이다. 이를 통해 모든 팀이 같은 목표를 향해 나아가게 하여 효율성과 성과를 향상시킬 수 있다. 언어와 문화가 다양한 인도네시아에서는 정렬이 흐트러지게 되면 그 영향의 폭이 너무 커져서 재조정이 어렵다.

그래서 미래에셋 인도네시아 대표는 취임 즉시 본사는 물론 지점까지 모든 직원이 참여하는 타운홀 미팅(Town hall meeting)을 매월 개최했다. 이 미팅에서는 이번 달의 매출과 시장점유율 등 재무 정보뿐만 아니라 각 부서의 주요 성과와 향후 전략에 대해서도 투명하게 공유한다. 이를 통해 직원들은 회사의 목표와 현황을 명확히 이해하고 함께 하나의 방향으로 나아간다. 타운홀 미팅이 정착되면서 현지 직원들이 먼저 자발적으로 움직이게 되었다. 예를 들어 직원들은 아침에 일어나자마자 미국 주식시장의 동향을 스스로 찾아보고 일찍 출근하여 새로운 상품 개발에 적극적으로 아이디어를 제시하는 등 더 큰 주인의식을 갖게 되었다. 확실한 보상 체계는 현지 직원들의 열정을 더욱 자극했다. 인도네시아 직원들이 본사 파견 직원보다 더 많은 보수를 받는 상황은 고래도 춤을 추게 했다.

아울러 미국을 제외한 많은 나라의 주식시장이 좋지 않은 상황이지만, 인도네시아는 높은 성장 잠재력을 지닌 국가로서 다양한 투자 기회를 제공한다. 인도네시아의 시가총액 상위 기업들은 이익을 재투자하기보다는 배당을 통해 주주에게 환원하는 경향이 크다. 특히 담배 회사 에이치엠 삼쁘르나(HM Sampoerna, PT Hanjaya Mandala Sampoerna Tbk)와 생활용품 기업 유니레버는 최근 5년간 평균 배당 성향이 100퍼센트를 넘는다. 노후를 대비한 장기 투자 관점에서 인도네시아 주식시장에 관심을 갖고 고배당주를 포트폴리오에 담는 것은 좋은 선택이 될 수 있다.

인도네시아 슈퍼리치의 성공 전략 수업

인도네시아 국민은 높은 브랜드 충성도 성향을 보인다. 한번 쌓인 신뢰와 이미지는 인도네시아에서 쉽게 바뀌지 않는다. 따라서 유리한 고지를 잡으려면 선점 효과를 노려야 한다. 인도네시아에서 고부가가치를 창출할 수 있는 새로운 분야를 고민해보라. 그리고 브랜드 파워 1위가 되기 위한 새로운 시스템을 전략적으로 준비해야 한다. 인도네시아의 문화와 사회적인 추세와 흐름 등 모든 앵글을 분석하고 진출해야 한다.

④
불모지인 전력 산업의
새로운 역사를 쓰는 중부발전

일본 기업도 먼저 협력을 요청하는 가장 성공한 외국계 발전 회사

'수출이 아니면 외화를 벌기 어렵다'는 생각은 더 이상 유효하지 않다. 미·중 갈등이 심화하고 보호무역주의가 확산하는 지금 수출만으로는 한계에 부딪히고 있다. 이런 상황에서 중부발전이 인도네시아에서 새로운 돌파구를 보여주고 있다. 중부발전은 인도네시아에서 가장 성공한 외국계 발전사다. 2006년 인도네시아에 진출한 이후 찌레본(Cirebon)·딴중자띠(Tanjung Jati) 3·4호기 등 세 개 화력발전소와 왐푸(Wampu), 땅가무스(Tanggamus) 등 두 개 수력발전소를 운영하며 현지 전력 시장을 장악했다.

중부발전의 영향력은 숫자로도 확실히 증명된다. 2억 8,000만 인구 가운데 1억 5,000만 명이 몰려 사는 자바섬에서 전력 수요의 10퍼센트를 책임지고 있다. 여기에 현재 건설 중인 발전소가 가동되면, 공급 범위는 자바섬을 넘어 인도네시아 전체 전력의 10퍼센트로 확대된다. 중부발전이 주목받는 이유는 규모가 아니라 수익성이다. 인도네시아는 연간 200억 원 이상의 순이익을 창출하는 검증된 수익 거점으로 자리 잡았다. 중부발전은 해외 인프라를 직접 소유·운영하는 방식이 수출을 넘는 새로운 성장 모델이 될 수 있음을 입증하며, 해외 진출의 공식을 다시 쓰고 있다.

중부발전이 인도네시아에서 성공한 비결은 과감한 도전과 빠른 결단력에 있었다. 새로운 시장 앞에서 기업들은 둘로 나뉜다. 위험을 걱정하며 머뭇거리는 기업과 불확실성을 감수하고 먼저 뛰어드는 기업. 중부발전은 후자였다. 과거에는 인도네시아 국영전력공사(PLN)가 인도네시아에 독점적으로 전력을 공급했다. 하지만 정부의 재정난으로 발전소 건설이 지연되면서 전력 부족이 심각해지자 정부는 민간 발전사업자(Independent Power Producer, IPP)가 전력을 생산하고 PLN이 구매하는 제도를 도입했다. 이론적으로는 윈윈 구조였지만, 초기에는 규정이 미비하고 실행 과정의 리스크가 커서 대부분의 기업이 망설였다. 한 국내 발전사도 사업을 검토하다가 철회했다. 그러나 중부발전은 시장의 가능성을 봤다. 시행착오가 있더라도 시장을 선점하면 안정적인 수익을 낼 수 있다고 판단했다. 남들이 주저할 때 과감히 뛰어든 결과, 중부발전은 인도네시아에서 가장 성공한 외국계 발전 회사가 되었다.

이 성장의 이야기는 수마트라섬 깊숙한 곳에 자리한 왐푸 수력발전소에서 시작된다. 2009년 가능성 하나만을 품고 첫발을 내디뎠고, 이

후 7년간의 긴 준비와 시행착오를 거쳐 2016년 마침내 상업 운전에 들어갔다. 운영권은 2046년까지 이어진다. 이 발전소는 단순한 프로젝트가 아니었다. 인도네시아 최초의 수력 IPP이자 한국 발전 회사가 처음으로 해외에서 직접 운영에 나선 수력발전소라는 두 나라의 전력 산업사에 분명한 한 페이지를 남겼다.

그러나 성공까지의 길은 순탄하지 않았다. 출발부터 막대한 초기 투자, 복잡한 계약 구조, 예측 불가능한 변수들이 겹겹이 앞을 가로막았다. 발전 사업은 막대한 선투자와 장기간에 걸친 회수가 전제되는, 전형적인 고위험·고수익 구조였기 때문이다. 금융 조달 역시 쉽지 않았다. 관건은 전력구매계약(PPA)이었다. 안정적인 현금 흐름을 담보해야 했지만, PLN과의 협상은 좀처럼 풀리지 않았다. 발전 단가부터 천재지변 발생 시 책임 소재, 세부 계약 조건까지 조율해야 할 쟁점이 끝이 없었다. 국내에서 한 번도 경험해보지 못한 유형의 계약이었다. 결국 영국과 미국 로펌의 자문을 받아 계약서를 완성했다. 중부발전이 PLN에 초안을 제출하자 돌아온 수정 요청만 250곳으로 사실상 전면 수정 요구였다.

가장 큰 쟁점은 기상이변이었다. 가뭄이 길어지면 발전기를 돌릴 수 없고, 수익이 끊기면 대출 상환도 불가능해진다. 그 손실을 누가 책임질 것인가. 치열한 설득 끝에 해법을 찾았다. 가뭄으로 인한 손실은 PLN이 우선 보전하고, 이후 중부발전이 이를 상환하는 구조였다. 그러나 마지막 문턱이 남아 있었다. 인도네시아 정부의 지급 보증이라는, 가장 높은 벽이었다.

인도네시아 재무부의 답은 단호했다. 재정 여력이 없다는 것이었다. 마지막 문은 굳게 닫힌 듯 보였다. 그러나 중부발전은 물러서지 않았다. 남은 선택지는 하나뿐이었다. 직접 최고 책임자를 만나 부딪히는 것이다. 인도네시아 장관이 출국하던 새벽, 중부발전 관계자는 마지막 희망을 안고 장관실 앞에서 무작정 기다렸다. 절박함을 전했고 드디어 장관이 서명했다. 도전과 용기, 그리고 끈기로 꿈을 현실로 만드는 순간이었다.

하지만 정부의 인허가를 받았다고 끝은 아니었다. 여기서 끝났다면 인도네시아가 아니다. 아니, 가장 성공한 외국계 발전사가 될 수 없었을 것이다. 가장 큰 난관은 기술이 아니라 사람들과의 관계였다. 예상하지 못했던 싸움이 기다리고 있었다. 발전소 건설 예정지는 밀림의 숲이었고 그곳에는 오래전부터 터를 잡아 살아온 화전민들이 있었다. 법적으로 토지는 정부 소유였지만, 삶의 터전을 잃게 된 화전민들은 강하게 반발했다. 화전민 10명이 공사 차량을 막아서도 경찰 60명이 이를 진압하지 못할 정도로 공권력이 미치지 않는 곳이었다. 이제 남은 방법은 하나뿐이었다. 바로 설득이었다. 중부발전은 지역 마을의 이장부터 주지사까지 총동원하여 몇 달간 화전민들과 대화를 이어간 끝에 공사를 허락받게 되었다.

그래도 어려움은 끝나지 않았다. 폭우가 쏟아질 때마다 화전민에 의해 불에 그을린 나무들이 강물을 타고 몰려왔다. 거대한 통나무와 진흙이 뒤엉켜 댐 수문을 막았고, 발전기는 번번이 멈춰 섰다. 진흙만 쌓였을 때는 거센 물살로 쓸어낼 수 있었다. 그러나 나무가 엉킨 순간부터 상황은 달라졌다. 사람이 직접 들어가야 했다. 목숨을 걸어야 할 정도로 위험한 작업이었다. 그러나 해답은 경험에서 나왔다. 중부발전은 더 안전하고 효과적인 방식을 찾아내며 문제를 돌파했다. 새로운 도전에는 항상 많은 장애물이 수반되지만, 중부발전은 불굴의 정신으로 인도네시아의 전력을 책임지는 새로운 역사를 만들어나가고 있다.

일본 기업들조차 중부발전의 기술력을 인정한다. 일본 프로젝트에 중부발전이 참여하는 이유다. 일본의 종합상사는 프로젝트를 재무 관점에서 판단하기 때문에 기술적으로 반드시 일본 기업만 고집하지 않는다. 그래서 높은 수준의 운영 기술을 갖춘 중부발전은 일본 기업에게 최적의 파트너가 됐다.

2012년 중부발전은 마루베니와 함께 자바섬 서부 찌레본에 660메가와트(MW)급 화력발전소를 완공했다. 인도네시아 최초의 IPP 방식 화력발전소로, 마루베니는 최대 주주(32.5퍼센트)로 재무와 사업 구조를 설계했고, 중부발전은 2대주주(27.5퍼센트)로 운영과 기술의 전권을 맡았다. 이 발전소는 2018년 인도네시아 발전소 분야 환경 대상까지 거머쥐었다.

협력은 여기서 끝나지 않았다. 중부발전은 자바 중부 딴중자띠 화력발전소(1,320메가와트)의 운영·정비를 스미토모 상사와 함께 맡아, 2017년 최고 가동률과 최저 고장률을 동시에 기록했다. 그 결과 최우수 발전소로 선정됐다.

인도네시아 전력 산업의 지형을 바꾸고 있는 중부발전은 최초의 IPP 방식 수력발전소(왐푸)와 화력발전소(찌레본)를 성공적으로 운영하며 우수한 기술력을 인정받아 인도네시아 정부의 깊은 신뢰를 얻었다. 그 덕분에 새로운 프로젝트도 거침없이 수주할 수 있었다. 2018년 람뿡(Lampung)주의 땅가무스 발전소(55.4메가와트)를 운영하기 시작했고, 찌레본 화력발전 2호기(1,000메가와트)도 건설 중이다. 인도네시아 정부가 중부발전을 계속 선택하는 이유는 명확하다.

중국 기업들은 저가로 계약한 후 추가 비용을 요구하는 방식으로 프로젝트를 진행한다. 반면, 중부발전은 맡겨놓으면 처음부터 끝까지 확실하게 해내는 기업이라는 확신을 심어주었다. 한밤중이든 새벽이든 문제가 생기면 한 시간 안에 현장으로 달려가 해결했다. 단순히 계약 조건만 맞추는 것이 아니라 며칠 밤을 새워서라도 최선의 해결책을 찾아낸다. 그래서 인도네시아 파트너들에게 '용병처럼 일할 수도 있는데, 주인처럼 일해줘서 고맙다'라는 말을 자주 듣는다. 이처럼 기분 좋은 칭찬이 있을까?

중부발전이 인도네시아에서 사랑받는 이유는 하나 더 있다. 발전소 운영을 넘어 지역사회와 함께 가겠다는 진정성이다. 인도네시아에 진출한 한국 기업 가운데 유일하게 CSR 전담 법인을 둔 것도 그 증거다. 교육과 소득 그리고 환경 등 세 분야에서 현지 주민들의 미래 세대를 돕기 위해서다. 또한 초등학교도 두 개 세워서 9,000여 명에게 배움의 기회를 제공했다. 발전소 인근 커피 협동조합에는 로스팅 기계와 바리스타 교육을 지원하고 그 판로까지 연결하여 지역 경제 활성화에 조금이나마 힘을 보탰다. 그리고 직업훈련센터를 설립해 발전 설비 교육을 직접 진행하고 현지 주민 70명을 발전소에 고용하기도 했다. 해안에는 맹그로브 2만 그루를 심어 탄소 흡수에도 앞장섰다.

중부발전은 한국 중소기업이 해외로 진출할 수 있는 중요한 교두보 역할도 한다. 보통 발전소는 한번 지어지면 30~50년간 가동되기 때문에 꾸준한 유지와 보수가 필요하다. 장기적으로 운영되는 발전소 덕분에 지속적인 기자재 수요가 생기고 이를 국내 중소기업이 공급하도록 수출 상담회와 창고·사무 공간 제공 등 다양한 지원을 아끼지 않는다. 중부발전은 단순한 전력 생산을 넘어, 외화 획득과 지역사회 공헌 그리고 중소기업의 해외 동반 진출까지 아우르는 토털 패키지 기업이라 할 수 있다.

인도네시아 슈퍼리치의 성공 전략 수업

외국에서 최초라는 새로운 역사를 만들고 성공하는 것은 쉬운 일이 아니다. 막대한 초기 투자, 복잡한 계약, 예측 불가의 변수들 등 온갖 장애물이 산재한다. 하지만 불도저 정신을 뛰어넘는 버티기 정신으로 포기하지 않는다면 인도네시아는 한국 기업에게 새로운 투자처이자 시장 그리고 슈퍼리치의 탄생지가 되어줄 것이다. 계약 조건만 맞추는 용병처럼 일할 것이 아니라 주인처럼 일하는 정신, 그것은 뛰어난 경쟁력이자 우리 기업만의 차별화된 자산이다. 우리가 지역사회와 함께 성장하려는 진정성을 보인다면 인도네시아는 한국을 평생 동반자로 생각할 것이다.

인도네시아 자원 개발 투자의 선두 기업, LX인터내셔널

모두가 주저할 때 선제 투자해
자원 개발의 판도를 바꾸고 공급망의 핵심으로 부상

한때 일본은 우리에게 넘을 수 없는 벽처럼 보였다. 그러나 이제는 삼성전자의 매출이 일본 전자 업계 전체를 뛰어넘을 정도로 우리는 여러 분야에서 일본과의 격차를 좁혀가고 있다. 그럼에도 여전히 일본이 부러운 분야가 있다. 바로 해외투자로 벌어들이는 막대한 이자수익과 배당금이다. 2024년 일본의 무역수지는 약 260억 달러 적자였지만, 해외투자로 얻은 소득수지는 2,650억 달러 흑자를 기록했다. 수출 경쟁력이 약화되었음에도 해외 자산을 통해 엄청난 외화를 벌어들이고 있다.

일찍부터 일본 종합상사는 단순한 무역 중개에서 벗어나 자원 개발, 유망 기업 투자 등으로 사업을 다각화하며 직접 제품을 팔지 않아도 해외에서 돈이 자동으로 들어오는 시스템을 구축했다. 필자가 벨기에에서 근무하던 시절에 접한 유망 스타트업, 벤처캐피털, 중견 기업들은 비상장 회사임에도 일본 종합상사가 주요 주주로 참여하고 있어 부러웠던 적이 많다.

우리나라 종합상사 중에도 인도네시아에서 새로운 성장의 길을 개척하고 있는 기업이 있다. 바로 LX인터내셔널이다. 2005년 인도네시아가 세계적인 석탄 공급국으로 급부상하자 LX인터내셔널은 기존 방식에서 벗어나기로 했다. '남들이 팔 때 우리는 직접 캔다'는 의지로 석탄을 수출하던 역할에서 벗어나 직접 광산을 운영해보기로 했다. 그러면 더 큰 수익을 창출할 수 있을 거라는 판단을 내렸던 것이다. 그리고 과감히 무역에서 자원 개발로 방향을 전환했다.

그 시작이 인도네시아 칼리만탄의 MPP(The Mega Prima Persada) 탄광 개발이었다. 이는 국내 종합상사가 탐사부터 개발과 생산까지 성공한 최초의 사례였다. 물론 처음에는 쉽지 않았다. 불명확한 토지 소유권, 중첩된 광업권과 산림권, 주민 보상 문제가 끊임없이 발목을 잡았다. 하지만 포기하는 대신, 직접 부딪히며 해결하는 과정에서 실전 경험과 노하우를 쌓아갔다. 그리고 머지않아 LX인터내셔널은 사업의 판을 바꾸었다. 1,000만 톤 규모였던 광산을 2,500만 톤으로 키웠고 여기에 석탄의 국제 가격 상승이 맞물리면서 투자 대비 3배 이상의 수익을 거뒀다.

탄광 사업은 한순간에 판이 바뀌는 고위험 산업이다. 판을 읽고 타이밍을 맞추는 것이 승패를 결정짓는다. 2012년 LX인터내셔널은 인도네시아 칼리만탄의 대형 GAM(Gerakan Aceh Merdeka) 광산을 인수했다. 당시 중국의 석탄 수입이 급증하며 가격이 치솟자 다들 탄광 사업이 황금알을 낳을 거라고 믿게 되었다. 하지만 예상은 빗나갔다. 중국이 자체 석탄 생산을 늘리면서 시장이 급격히 냉각된 것이다. 그때 많은 기업이 손실을 감수하며 철수했지만, LX인터내셔널은 정반대로 움직였다. 즉시 생산을 늦추고 오히려 대량생산 체제를 구축하며 반등을 준비했다. 드디어 그 결정이 빛을 볼 순간이 왔다. 러시아-우크라이나 전쟁으로 유럽연합이 러시아산 석탄 수입을 금지하면서 가격이 폭등했다. LX인터내셔널은 완벽한 타이밍에 생산을 본격화하며 시장을 장악했고, 역대급 수익을 기록하게 되었다. 다른 기업들이 패닉에 빠질 때 LX인터내셔널은 냉정하게 한 수를 더 두는 결단을 내렸다. 결국 위기를 기회로 만듦으로써 보기 좋게 승자가 되었다.

인도네시아는 단순히 자원만 풍부한 나라가 아니다. 자원보다 더 강력한 무기가 있다. 바로 땅심이다. 어떤 작물이든 심기만 하면 잘 자라는 비옥한 토양 덕분에 인도네시아는 세계 1위의 팜유 생산국이다. 탄광 투자에서 성공을 거둔 LX인터내셔널은 2009년에 새로운 도전에 나섰다. 칼리만탄에 있는 2만 헥타르 규모의 팜 농장 PAM(PARNA AGROMAS)을 인수하고 이후 두 개의 팜 농장(PT.GUM, PT.TBSM)을 추가로 매입하여 팜 플랜테이션 사업에 본격 진출했다.

당시 바이오 디젤과 식용 유지 기반 연료가 특히 주목받으면서 팜유의 가치가 급상승했다. 그러나 팜 농장은 탄광과는 완전히 다른 세계였다. 훨씬 넓은 토지가 필요하고, 적도 부근의 변덕스러운 기후와 싸워야 하며, 즉각적인 수익보다 오랜 기다림이 필요한 산업이다. 비료를 뿌려도 결과가 바로 나타나지 않고 최소 2년이 지나야 성장과 수확량 증가를 확인할 수 있다. 하지만 인허가만 갱신하면 100년 이상 지속 가능한 사업이기도 하다. 드디어 기회가 찾아왔다. 팜 농장 인수 이후 러시아-우크라이나 전쟁이 발발하면서 우크라이나산 해바라기유 수출이 막히자 대체품인 팜유 수요가 급증하며 팜유 대란이 발생했다. LX인터내셔널의 팜 농장이 새로운 전략적 자산으로 떠올랐다. 현재 우리나라 팜유의 50퍼센트 이상이 인도네시아에서 수입되고 있다.

전기차 배터리의 핵심 소재인 니켈도 LX인터내셔널의 전략에서 빠질 수 없다. 2023년 말 LX인터내셔널은 인도네시아 술라웨시주 모로왈리 산업 단지(Indonesia Morowali Industrial Park, IMIP) 인근의 APK 광산 지분 60퍼센트를 약 1,300억 원에 인수했다. 이 광산에는 약 3,600만 톤의 니켈이 매장되어 있고, 이는 전기차 700만 대에 들어갈 리튬이온 배터리를 만들 수 있는 양이다. 인수 이후 불과 4개월 만에 LX인터내셔널의 지분 가치가 거의 2배로 급등하며 큰 화제가 되기도 했다. 인도네시아에는 이미 현대자동차의 전기차 공장과 LG-현대차 합작 배터리 공장(HLI)이 설립되어 있다. 여기에 LX인터내셔널이 니켈 광산까지 확보하며, 우리 기업이 인도네시아에 구축한 전기차 생태계의 마지막 퍼즐이 맞춰졌다.

석탄과 니켈, 팜유를 잇는 자원의 현장에서 LX인터내셔널이 우리나라의 자원 안보와 공급망 안정을 떠받쳐왔다. 위기의 순간마다 드러난이 회사의 존재감은 해외 자산이 곧 국가 전략이 되는 시대를 상징한다. 위기는 지나가지만, 자원을 지키는 힘은 남는다. LX인터내셔널이 바로 그 힘이다.

인도네시아 슈퍼리치의 성공 전략 수업

자원 개발 및 에너지 업체가 인도네시아에 진출하려는 경우 인허가에 예상보다 오랜 시간이 걸린다. 지역의 권력 구조와 정치적 변수에 영향을 받을 위험도 크고 사업 환경도 수시로 변하기 때문에 처음 계획보다 진행 속도가 느려질 가능성이 높다. 따라서 미리 유동성을 확보할 전략을 세워둬야 한다. 현지 사정을 잘 아는 믿을 만한 현지 파트너를 찾는 것도 사업 성공의 핵심 요소다. 현지 파트너의 영향력은 물론 법적, 사회적 신뢰도까지 꼼꼼히 점검하자. 이러한 준비와 트레이닝 과정은 시행착오를 줄이고 안정적으로 뿌리내릴 확률을 높인다.

4장

난해한 투자 환경을
탓할 것인가?
해답은 기업의 실력

가장 이상적인 한국 기업의 성공 롤모델, 한영넉스 한영수 회장

수직 계열화와 스마트 팩토리로 완성한 인도네시아 성공 공식

한영넉스는 공장 자동화와 관련된 제어·계측기 분야에서 우리나라를 선도하는 대표적인 기업이다. 산업용 스위치, 첨단 센서, 온도·습도·전력용 제어장치 등 약 8,000개의 품목을 제조한다. 한영넉스 창업자인 한영수 회장은 1972년 일본산 제품이 거의 독점하던 국내 시장에 직원 두 명과 자본금 3만 원으로 도전장을 내밀었다. 뛰어난 품질임에도 일본 제품의 3분의 1에 불과한 가격과 24시간 애프터서비스를 내세워서 시장점유율을 높였고 오늘날에는 매출액 450억 원 규모의 글로벌 강소기업이 되었다.

자기가 좋아하는 일과 잘하는 분야가 같고 거기에 충분한 경제적 보상까지 따른다면 더할 나위 없이 행복한 삶이라는 말이 있다. 한영수 회장의 삶이 딱 그 경우가 아닐까 싶다. 엔지니어 출신으로 어렸을 때부터 어떤 기계든 뜯고 조립하는 데는 자신 있었던 한 회장은 주변에서 맥가이버라는 평가를 받았다. 그는 힘들고 어려운 일을 만나도 그 상황을 즐기면서 해결책을 찾는 CEO다.

한 회장이 해외 진출을 모색한 것은 2000년대 초반 중국의 저가 산업용 스위치가 수입되어 국내 시장이 레드오션으로 변하면서부터다. 한 회장은 레드오션을 블루오션으로 바꾸고 싶었다. 가격 경쟁력을 확보하기 위해 2003년 주요 해외 거래처가 있던 중국에 계측기 공장을 설립했고 그다음 해인 2004년에는 인도네시아에 산업용 스위치 공장을 설립했다.

우리와 문화적으로 가까운 중국 진출을 결정하는 데에는 어려움이 없었지만, 이슬람 국가인 인도네시아 진출을 결정하는 것은 쉽지 않았다. 당시에는 인도네시아의 이슬람과 중동의 이슬람이 다르다는 사실을 몰랐다. 우리가 언론을 통해 접하는 중동 이슬람은 낯선 두건 차림에 주변국과의 전쟁도 불사하는 두려운 모습이었다. 그런데 한 회장이 인도네시아에 가서 직접 부딪혀본 결과, 그런 걱정은 기우에 불과했다. 이제 인도네시아 법인은 지금의 한영넉스를 있게 만든 복덩이 같은 존재가 되었다.

한영넉스는 2004년 자카르타 동쪽 50킬로미터 지점에 있는 찌까랑(Cikarang) 지역의 자바베까(Jababeka) 공단에 터를 잡았다. 기존 산업용 스위치에서 생산 품목을 확대하기 위해서는 더 큰 공장이 필요했다. 그래서 2013년 자카르타 남동쪽 120킬로미터 지점에 있는 찌안주르

(Cianjur) 지역으로 확장 이전했다. 좋은 입지를 찾기 위해 자카르타 인근의 30개 도시를 일일이 발품 팔아가며 조사한 끝에 결정한 곳이었다. 이 지역은 물이 맑은 대표적인 곡창 지대라서 한영넉스는 논을 사서 공장을 지었다. 자카르타와 멀리 떨어진 농촌이라 임금도 저렴했고, 주변에 공단이 없어 상급 노조가 주도하는 집단 노사 분규에서도 자유로웠다. 자바베까 공단 시절에는 한영넉스에 노동쟁의가 없어도 인근 공장의 시위로 조업에 지장을 받곤 했다.

찌안주르로 공장을 이전한 한영넉스는 첨단 스마트 팩토리(smart factory: 지능형 첨단 자동화 공장)를 준비하기 시작했다. 우선 '부품 조달의 현지화, 인적자원의 현지화, R&D의 현지화'에 도전하기 시작했다.

먼저 부품 조달의 현지화다. 봉제와 신발 분야에서는 우리 기업이 진출한 지 오래되어서 완성품 제작에 필요한 원부자재 생산 공장들도 함께 인도네시아에 들어와 자리 잡고 있었다. 그러나 한영넉스의 공장 자동화 품목은 정밀도를 요구하는 첨단 분야라서 적합한 기술력을 갖춘 현지 기업을 찾기 어려웠다. 그 당시에는 안 되면 되게 하고, 없으면 스스로 만들어야 했다. 그래서 제품 생산에 필요한 금형 설계·제작, 도금, 도장, 조립, 인쇄 등 25개 공정을 외주 주지 않고 인도네시아 공장에서 자체 해결할 수 있도록 수직 계열화를 시도했다. 이를 위해 본사는 해당 분야 전문가 15명을 선발하여 신성장 명품 성장팀을 출범시켰다. 그리고 오랜 시간 각고의 노력 끝에 일괄 생산 시스템을 완성했다.

경영학 이론에서는 핵심 분야만 내부에서 관리하고 나머지는 외주

를 주는 것이 경쟁력을 유지하는 방법으로
제시된다. 핵심 분야에 집중하여 전문성을
높이고 비핵심 업무를 외주화함으로써 비용

을 절감하라는 것이다. 그러나 한영넉스처럼 다품종 소량 생산을 하는
공장 자동화 장치 분야에는 이런 방식이 적합하지 않을 수도 있다. 당
장은 외주를 주면 편하지만 단가가 20~30퍼센트 상승하기 때문에 자
체 생산을 하면 그만큼 비용이 절감된다. 물론 초기 개발에 들어가는
비용과 시간은 감내해야 한다. 게다가 직원들은 어려운 일을 외주로
해결하고 쉬운 일만 하려는 경향이 있는데, 이 경우 기술 축적이 이뤄
지지 않는다는 문제가 있다. 기업의 경쟁력은 직원의 실력을 합한 결
과이기에 외주가 일상화되면 경쟁력이 저하되는 것은 자명한 일이다.

한영넉스는 한국의 10분의 1 수준에 불과한 인도네시아의 저렴한
노동력을 활용하는 한편 25개 공정을 내재화함으로써 엄청난 가격 경
쟁력을 확보할 수 있었다. 이러한 내재화는 창업자가 엔지니어 출신의
전문가가 아니면 불가능한 일이다. 한영넉스는 공정을 내재화했을 뿐
만 아니라 공정에 사용되는 웬만한 기계도 자체 제작하고 있었다. 사
무 부서 직원의 작업 효율을 높이기 위해 서랍을 제거한 자체 제작 책
상도 사용하고 있었다. 한영넉스는 웬만한 것은 자급자족인 셈이다.

한영넉스는 인적자원의 현지화와 R&D의 현지화에도 남다른 노력
을 기울였다. 한 회장은 학력 외에 도전 정신과 배우려는 의지가 있는
사람 위주로 채용했다. 또한 리더로 성장할 가능성이 있는 성과가 우
수한 직원을 매년 20명씩 뽑아 한국 본사로 1년간 파견하는 사내 연수

프로그램도 시행했다. 일부 여직원은 임신 사실을 모르고 한국에 파견되었다가 한국에서 출산하고 돌아오기도 했다. 6년간 계속된 이 프로그램을 통해 현지 직원의 기술 수준이 궤도에 오르면서 인도네시아에 체류하는 본사 직원의 수가 점차 줄어들었다. 진출 초기에는 본사 직원의 수가 10명이 넘었지만 지금은 현지 직원 800명에 공장장 한 명만 근무하고 있다. 이는 한영넉스가 가장 높은 수준의 현지화를 이루어냈음을 증명한다. 이제는 본사의 R&D 연구소에서 금형 분야 개념설계를 만들어 보내면 인도네시아 현지에서 세부설계부터 금형 제작, 신제품 제작·양산까지 모든 일을 처리한다. 그동안 현지 직원에게 많은 공을 들이며 끊임없는 애정과 관심을 보냈기에 가능한 일이었다.

한영넉스는 인도네시아 외에 중국과 베트남에서도 해외 법인을 운영하고 있다. 하지만 인도네시아가 가장 정이 가는 나라이고 직원 채용에도 많은 장점이 있다고 한다. 일단은 젊은 인구 위주인 데다 손재주가 좋고 성격도 착하며 항상 웃는 얼굴이기 때문이다. 그러나 겉으로 보이는 온화함과 친절함이 언제나 편하게 행동해도 된다는 신호는 아니다.

인도네시아의 비즈니스 환경에서 성공하려면 감정을 자제하고 신중하게 행동해야 한다. 우리가 인도네시아에 온 이유는 비즈니스를 하기 위해서이지, 인도네시아 직원에게 갑질을 하기 위해서가 아니다. 유순한 인도네시아 사람이 한번 적개심을 품으면 나중에 걷잡을 수 없는 상황으로 발전할 수도 있다. 특히 언어가 통하지 않는다는 답답함에 화를 내거나 심지어 술에 취해 실수하지 않도록 주의해야 한다. 그밖에도 직원들의 결혼식에는 가능하면 참석하여 유대감을 쌓는 기회로 삼는 것이 좋다. 반면 장례식의 경우 이슬람 교리에 따라 사망하고 24시간 안에 시신을 매장해야 하므로 멀리 떨어져 있는 지역에서 치러지는 장례식에는 참석이 어려울 수도 있다.

인도네시아에 진출할 때는 또 다른 주의점도 있다. 인도네시아가 개발도상국이라는 이유로 법과 규정을 위반해도 괜찮다고 안이하게 생각해서는 안 된다는 점이다. 또한 사업 진출에 앞서 인도네시아에 대한 정확한 정보를 얻는 것이 무엇보다 중요하다. 주변 지인의 말만 듣고 섣부른 투자 결정을 내리는 것은 매우 위험하다. 나중에 다시 바로잡으려면 더 큰 비용과 시간이 소요된다. 따라서 대사관과 코트라 등 공공기관의 지원을 활용하고, 현지에서 성공한 기업가에게 조언을 구하는 것이 중요하다. 특히 중소기업중앙회의 해외민간대사 제도는 현지 네트워크를 연결하는 유용한 창구가 될 수 있다.

지금 인도네시아의 연관 산업 발전이 미흡하여 투자를 망설이고 있다면 내재화를 통해 어려움을 극복한 한영넉스가 가장 좋은 롤모델이 될 것이다. 한영넉스의 인도네시아 공장은 설계, 개발, 제조, 품질, 유통 등 다양한 생산 과정에 정보통신 기술을 적용한 지능형 생산 공장인 첨단 스마트 팩토리의 좋은 본보기다. 평범함에서 비범함을 창출하는 거장처럼 한영넉스가 눈부시게 성공해낸 인도네시아 현지화 뒤에도 기업의 탁월한 실력이 숨어 있다.

인도네시아 슈퍼리치의 성공 전략 수업

인도네시아는 기업이 진출하기에 매력적인 나라가 확실하다. 젊은 인력을 채용하기 쉽고 인건비가 저렴하며 현지 직원들의 성향이 온순하여 관리가 용이하다. 게다가 땅값도 저렴하다. 한국에 비해 공장 건설과 운영에 드는 비용이 적은 셈이다.

기온에 따른 부수적인 이점도 있다. 예를 들어, 겨울철 온도가 영하로 내려가는 한국에서는 지하 1미터 이상의 깊이로 배관을 묻어 동파를 막아야 하지만 인도네시아에서는 그런 추가 비용이 발생하지 않는다. 고온 가열 작업이 필요할 때도 인도네시아는 평균 기온이 섭씨 30도이기 때문에 한국에 비해 에너지 비용이 절감된다.

물론 관련 분야의 인프라는 아직 미흡하지만 단기간에 답을 얻으려 하지 말고 자체적인 생산 시스템을 잘 짠다면 성공의 기회, 부자가 될 기회는 열려 있다. 개발도상국이라고 낮잡아보는 태도를 버리고 겸손한 태도로 접근하자. 한국 대사관, 코트라와 같은 공공기관이나 중소기업중앙회 등의 네트워크를 적극 활용하는 것도 방법이다.

②

백년 기업에 도전하는 내실과 정도 경영,
젠한국 김성수 회장

ODM에서 프리미엄 브랜드로 도약한 현지 성공 전략의 완성본

'이제 인도네시아로 갑시다!' 성공한 기업들의 역사를 보면, 결정적인 순간에 내린 한 가지 선택이 모든 것을 바꿔놓는다. 젠(ZEN)한국의 경우 그 순간은 37년 전인 1999년에 찾아왔다. 현재 국내 도자기 업계는 저가 제품은 중국에, 고가 제품은 유럽에 밀려 고전하고 있지만, 젠한국은 그때의 대담한 선택 덕분에 인도네시아에서 최고급 브랜드로 자리 잡으며 승승장구하고 있다. 처음에는 큰 우려와 반대가 있었다. 인도네시아는 우리에게 낯선 나라라서 삼성이나 LG 같은 대기업들조차 투자를 주저하던 시기였다.

사실 젠한국은 인도네시아 대신 중국과 베트남을 진출 후보지로 고려했었다. 하지만 지금 보면 대기업들은 중국에서 철수하고 베트남에 진출한 중견 기업들도 공산주의 체제와 강한 국민성 탓에 어려움을 겪고 있는 실정이다. 이처럼 성공을 결정짓는 것은 남들이 보지 못한 기회를 포착하는 CEO의 안목과 실행력이다. 시장 변화에 대한 통찰력, 위험을 감지하는 능력 그리고 기회를 포착하는 결단력이야말로 기업의 생존을 결정짓는다. 젠한국은 그 사실을 스스로 증명해 보였다.

젠한국의 김성수 회장은 한국 도자기 산업의 핵심 기술을 개발한 엔지니어 CEO다. 그는 1943년 설립된 한국도자기 창업주의 4남으로 태어났다. 원래 문과를 공부했지만 집안의 요청으로 도자기 기술 개발을 위해 화학공학을 전공했다. 그 선택은 한국 도자기 산업의 변화를 이끄는 시작점이 되었다.

1973년 한국도자기 연구실장으로 입사한 그는 영국 로열덜튼(Royal Doulton)과 협력해 아시아 최초로 본차이나(Bone China) 개발에 성공했다. 이 프로젝트는 당시 청와대에서 사용하던 외국산 도자기를 국산으로 대체하자는 육영수 여사의 요청에서 시작되었다. 김 회장은 여기서 멈추지 않고 본차이나보다 가볍고 매우 강한 슈퍼 스트롱(Super Strong) 자기를 세계 최초로 개발했다. 그는 10년간 한국도자기 대표이사를 역임하고 2005년 독립하여 젠한국을 설립했다.

그는 도자기 업계에서 세계적인 기술 장인으로 인정받고 있으며, 영국의 로열덜튼, 미국의 레녹스(Lenox), 일본의 노리다케(Noritake) 등 글로벌 도자기 기업 경영진과도 깊은 인연을 맺고 있다. 국제 도자기 전시회에도 기술적 난제가 있을 때마다 전문가로 초빙될 만큼, 도자기 산업에서 그의 영향력은 여전히 강력하다. 그는 도자기의 미래를 설계하고 기술로 새로운 가치를 만들어가는 개척자로 평가받는다.

김성수 회장의 인도네시아 진출 배경은 이렇다. 첫째, 연료 문제를 해결해야 했다. 도자기는 1,300도 이상의 고온에서 여러 번 구워야 하는데, 당시는 연료가 벙커시유와 디젤에서 천연가스로 전환되던 시기였다. 인도네시아에는 천연가스가 풍부했지만 수요가 없어서 24시간 내내 태워버리고 있었다. 젠한국이 천연가스를 사용하겠다고 하자 인도네시아 정부는 공장까지 가스 배관을 무료로 설치해주겠다는 파격적인 제안을 했다. 배관 설치 비용은 공장 건설비보다 더 많이 들었다. 젠한국은 엄청난 혜택을 누렸고 지금까지도 그 배관을 사용하고 있다. 둘째, 인도네시아는 완벽한 기후 조건을 갖추고 있었다. 도자기를 만들려면 천연 광물을 성형해 고온에서 구워야 한다. 우리나라의 추운 겨울은 품질에 악영향을 미칠 수 있는 반면, 1년 내내 따뜻한 인도네시아는 도자기 생산에 최적의 환경을 제공했다. 셋째, 인도네시아에는 풍부한 노동력이 있었다. 직원 모집 공고를 내면 수백 명이 지원할 정도로 인력이 풍부했고, 인재 확보도 그만큼 쉬웠다. 이렇게 연료, 기후, 노동력의 조합이 인도네시아를 최적의 생산 거점으로 만들었다.

도자기 산업에서 품질과 경쟁력을 유지하는 것은 쉬운 일이 아니다. 하지만 젠한국은 모든 공정을 직접 운영하는 전략으로 차별화를 이뤄냈다. 일반적으로 원료 배합, 디자인 개발, 전사지 공정(디자인을 특수 종이에 인쇄해 도자기에 붙이는 과정), 그리고 소성 공정은 외주를 활용하는 경우가 많다. 하지만 젠한국은 이 모든 과정을 자체적으로 관리하며 생산의 효율성과 품질을 극대화했다. 이러한 방식 덕분에 생산 비용 절감, 신속한 납기, 일관된 품질 유지가 가능했다. 끊임없이 기술 개발을 하는 CEO의 리더십이 있었기에 가능한 일이었다.

이러한 경쟁력을 바탕으로 젠한국은 미국 레녹스, 영국 웨지우드(Wedgwood), 일본 노리다케 등 세계적인 도자기 브랜드에 ODM 방식으로 제품을 공급했다. 그뿐만 아니라 노벨상 만찬장과 백악관에서도 젠한국의 식기를 사용할 정도로 품질을 인정받았다. 한때 50개국 이상에 수출하며 글로벌 시장에서 입지를 다졌던 젠한국의 성공은 완벽한 품질을 위한 철저한 자체 생산 시스템 덕분이었다.

이렇듯 빠르게 성장하고 있었음에도 언제까지 ODM으로 남의 브랜드만 키워줄 것인가에 대한 고민이 컸다. 지난 30년간 원재료, 임금, 에너지 등 제작 원가는 5~10배 뛰었지만 납품 단가는 2배도 오르지 않았다. 수익성 악화를 해결하기 위해 공장 자동화를 도입했지만, 이보다 근본적인 해결책이 필요했다. 제값 받고 팔 수 있는 자체 브랜드가 해답이었다. 그렇게 2005년 젠(ZEN)과 세인트 제임스(Saint James)가 탄생했다. 이 두 브랜드는 인도네시아의 프리미엄 고급 도자기로 자리 잡으며 소비자들의 사랑을 받고 있다.

인도네시아의 도자기 시장은 지속적으로 성장하고 있다. 인구가 많은 인도네시아의 소득 수준이 높아지면서 가정과 외식 업계의 도자기 수요가 계속 증가하고 있기 때문이다. 여기에 정책 변화도 긍정적인 영향을 미쳤다. 인도네시아에서 판매되는 도자기는 SNI 인증(한국의 KS 인증과 유사)을 받아야 하는데, 과거에는 인증을 받지 않은 제품들이 밀수를 통해 시장에 유입되곤 했다. 하지만 최근 인도네시아 정부가 자국 산업 보호를 위해 단속을 강화하면서 불법 제품 유통이 크게 줄어들었다. 이러한 변화 덕분에 내수 시장의 전망은 더욱 밝아졌다. 과거에는 매출의 90퍼센트가 ODM이었지만 지금은 자가 브랜드 제품이 매출의 70퍼센트를 차지하고 있으며, 앞으로 90퍼센트까지 확대할 계획이다.

고객이 브랜드에 지속적으로 애정을 갖게 하려면 차별화된 제품을 제공해야 한다. 젠한국은 뛰어난 기술력을 바탕으로 기존 찻잔과 식기뿐만 아니라 기능성 용기와 조리 기구까지 새로운 영역을 개척해왔다.

특히 기존의 플라스틱이나 유리로 만든 밀폐 용기를 도자기 몸체에 플라스틱 뚜껑을 결합하는 방식으로 대체했다. 찍어내듯 만드는 플라스틱이나 유리와 달리 도자기는 고온에서 구울 때 수축과 변형이 발생하기 때문에 뚜껑과 완벽하게 맞추는 데는 고난도의 기술이 필요하다. 이 기술은 전 세계에서 젠한국만이 보유한 독보적 기술이다.

또한 젠한국의 냉동밥 보관 용기는 탄수화물을 냉장·냉동하면 저항성 전분으로 바뀌어 체내 흡수율이 낮아진다는 연구 결과가 발표되면서 세계 시장에서 베스트셀러가 되었다. 그뿐만 아니라 도자기 냄비와 프라이팬 같은 조리 기구도 출시했다. 뛰어난 기술력을 바탕으로 도자기의 쓰임새를 확장하는 혁신적인 제품 개발이 브랜드 가치와 충성도를 높이는 핵심 전략이 되었다.

김성수 회장은 좋은 품질은 행복한 직원에서 나온다는 신념을 가지고 직원들을 가족처럼 여긴다. 직원들을 위해 단순한 기도실이 아닌,

정식 이슬람 사원(모스크)을 회사 안에 직접 세웠다. 잠시 시간을 내어 기도하는 곳이 아니라 직원들이 존중받고 있다는 확신 속에서 신앙을 이어갈 수 있는 삶의 공간이었다.

이뿐만이 아니라 26년 전인 2000년에는 공장 주변에 제대로 된 학교가 없는 것을 알고 꿈나무 학교를 설립했다. 양질의 교육을 통해 지역 인재를 키우는 것이 중요하다고 생각했던 것이다. 이 학교는 유치원부터 초·중·고등학교까지 네 개 과정으로 운영되며 인도네시아어뿐만 아니라 영어와 한국어도 교육하고 있다. 고등학교 졸업생 중 일부는 한국 대학교에 진학할 수 있도록 학비와 생활비를 장학금으로 지원받는다. 한국에 대한 관심이 커지는 요즘 꿈나무 학교는 지역에서 명문 학교로 자리 잡았다. 인도네시아에 진출한 약 2,300개의 한국 기업 가운데 현지 인재 양성을 위해 직접 학교를 설립한 기업은 젠한국이 유일하다. 꿈나무 학교는 이제 양국의 경제협력에 필요한 인재의 산실로 성장하고 있다.

김 회장은 회사의 규모를 키우는 것보다 더 중요한 것은 내실 있는 경영이라고 확신한다. 아무리 뛰어난 회사와 제품도 20~30년을 유지하기는 어려운 이유다. 대기업도 예외가 아니다. 한때 잘나갔던 한국의 삼미종합특수강, 일본의 도시바도 지금은 역사의 뒤안길로 사라졌다. 우리나라에는 100년 이상 지속된 기업이 20개 남짓이지만 일본에는 3만 개가 넘는 백년 기업이 존재한다. 이는 기업의 생존과 성장은 단순한 외형 키우기보다는 실력과 내실에 달려 있음을 보여준다. 실력과 내실을 키우기 위해서는 단순히 부품을 납품하는 데서 멈추지 말고, 자체 브랜드를 구축하고 R&D와 기술 개발에 투자하며 지속적으로 신제품을 출시하고 품질을 개선해야 한다. 이러한 노력이 있어야 우리나라도 더 많은 100년 기업을 배출할 수 있다. 인도네시아에 진출하는 기업들도 성장의 핵심은 외형이 아니라 내실에 있다는 것을 기억해야 한다.

인도네시아 슈퍼리치의 성공 전략 수업

인도네시아에서 성공하려면 철저한 자체 생산 시스템을 갖추고 완벽한 품질을 보여주어야 한다. 기술력으로 무장한 한국 기업은 인도네시아에서 성공할 확률이 높다. 다만 철저한 사전 조사는 필수적이다. 남들이 보지 못한 기회를 포착하는 CEO의 안목과 실행력도 필요하다. 시장 변화에 대한 통찰력, 리스크를 감지하는 능력, 그리고 기회를 포착하는 결단이야말로 기업의 생존을 결정짓는다. 끊임없이 혁신적인 제품을 개발함으로써 브랜드 가치와 충성도를 높이는 전략도 중요하다. 회사의 규모를 키울 때도 중요한 것은 내실 경영이다.

③

최고의 수출품이자 인도네시아의 국민 영웅,
전 축구 국가대표 신태용 감독

하면 된다는 믿음으로, 축구로 인도네시아를 원팀으로 만들다

"행사를 취소하지 않은 한국에 감사드립니다!" 자카르타에서 열린 한국-인도네시아 공동 행사에서 인도네시아 인사가 던진 농담이었다. 이 한마디에 행사장은 웃음바다가 되었다. 왜 이런 말이 나왔을까? 행사가 있기 3일 전, 한국 축구 역사에 남을 대참사가 일어났기 때문이다. '2024 AFC U-23 카타르 아시안컵' 8강전에서 신태용 감독이 이끄는 인도네시아 대표팀이 승부차기 끝에 한국을 꺾고 4강에 진출하는 기염을 토했다. 인도네시아는 사상 최초로 4강에 오른 반면 한국은 충격적이게도 40년 만에 올림픽 진출이 좌절되었다. FIFA 순위 134위인 인도네시아가 23위인 한국을 제압한 순간 인도네시아 국민은 열광했고, 한국 국민은 망연자실했다.

당시 인도네시아 축구 관계자의 말에 따르면, '지금 인도네시아에서 가장 인기 있는 한국인은 BTS도, 블랙핑크도 아닌 바로 신태용 감독' 이었다. 2019년 인도네시아 대표팀을 맡은 신태용 감독은 173위이던 인도네시아의 FIFA 순위를 거의 50계단이나 상승한 129위로 끌어올 렸다. 2020년 동남아 월드컵이라 불리는 스즈키컵(Suzuki Cup) 준우승, 2021년 라이벌인 말레이시아전 4대 1 대승, 2023년 한국 격파의 파 란, 2024년 동남아 국가 최초로 월드컵 아시아 3차 예선 진출 등 엄청 난 성과로 인도네시아 국민에게 큰 기쁨과 감동은 물론, '인도네시아 도 할 수 있다'는 강한 자긍심을 심어주었다. 2002년 월드컵 4강 신화 를 이룬 한국에 히딩크 감독이 있었다면 인도네시아에는 신태용 감독 이 있었다. 그의 지도로 인도네시아 축구의 새로운 시대가 시작됐다.

신태용 감독의 인도네시아 매직, 어떻게 시작됐을까? 그가 인도네 시아 대표팀을 맡았을 때 시작은 가시밭길이었다. 2019년 12월 감독 으로 부임하자마자 코로나 팬데믹이 터졌다. 그도 코로나에 감염되어 에어앰뷸런스를 타고 급히 한국으로 귀국해야 했다. 이후 준비할 시간 도, 손볼 여유도 없이 모든 것이 낯선 상황에서 인도네시아 축구협회 가 선발한 선수들과 함께 경기에 나섰다. 결과는 1무 2패, 최하위의 참 혹한 성적이었다.

그는 기존의 틀을 깨기로 했다. 팀을 완전히 해체하고 자신만의 색 깔을 입히기로 결단한 것이다. 대표팀에는 연장자 우선, 선배 중심의 문화가 자리 잡고 있었다. 이런 문화가 경기력을 떨어뜨린다고 판단한 신 감독은 실력만으로 선수들을 다시 선발했다. 그 결과, 팀은 젊은 선수들로 새롭게 구성되었고, 평균 연령은 28세에서 21.5세로 낮아졌다. 인도네시아 대표팀은 더 빠르고 강한 팀으로 변신했다.

감독으로 부임하기 전에 그는 인도네시아 선수들을 강하게 다그치면 안 된다는 조언을 들었다. 그래서 처음 6개월간은 조언을 따랐지만, 팀에는 아무런 변화도 없었다. 마침내 지옥 훈련을 선언했다. 하지만 그는 갑작스러운 압박이 독이 될 수 있음을 알았다. 그래서 훈련 중에는 냉혹한 지도자가 되어 강한 규율과 혹독한 훈련으로 선수들을 몰아붙였지만 훈련이 끝난 뒤에는 따뜻한 형이 되어 선수들과 자유롭게 어울리며 분위기를 풀었다. 그렇게 점차 신뢰가 쌓이면서 선수들은 점점 그의 방식을 수용했다. 그는 한국 프로팀과 연습 경기를 주선해 객관적인 실력 차이를 체감하게 했다. 선수들은 현실을 직시하며, 더 강한 훈련을 받아들이기 시작했다. 여기에 과학적 트레이닝이 접목되며 체력과 경기력이 눈에 띄게 성장했다.

신 감독은 인도네시아 선수들의 정신력도 확실히 변화시켰다. 축구는 기술도 중요하지만, 강한 정신력과 팀워크가 승패를 결정짓는 종목이기 때문이다. 인도네시아 선수들은 성격이 유순하고 착했지만 끈기가 부족했다. 강팀을 만나면 지레 겁을 먹고 핑계부터 찾았다. '상대가 더 강하니까 우리는 져도 괜찮다'는 안일한 생각이 자리 잡고 있었다. 신태용 감독은 한국의 투지와 근성을 인도네시아팀의 DNA로 심으려 했다. 신 감독은 '공은 둥글고 결과는 아무도 모른다. 책임은 감독이 질 테니, 주심의 호루라기가 울릴 때까지 두려움 없이 끝까지 싸워라'라고 선수들에게 주문했다. 그의 주문은 선수들에게 서서히 스며들었고, 결국 한국을 꺾는 기적을 만들어냈다.

그의 끈질긴 노력으로 인도네시아 대표팀은 정신력에서 한국에 뒤지지 않게 되었다. 과거에는 실점하면 골키퍼와 수비수가 서로에게 책임을 떠넘겼다. 남 탓하는 문화는 팀워크를 깨뜨리고 발전을 가로막는 가장 큰 장애물이었다. 신태용 감독은 이를 바꾸기 위해 전술 이해도를 높이고 실수의 원인을 분석해주었다. 단순히 혼내는 것이 아니라 왜 그런 실수가 나왔는지 이해하도록 했다. 과거에는 스스로 잘못을 인정하지 않던 선수들이 이제는 실수를 먼저 인정하고 격려하는 분위기가 자리 잡았다. 각자가 책임을 지고 부족한 부분을 서로 보완하며 함께 성장하는 팀. 그렇게 인도네시아 대표팀은 진정한 원팀으로 거듭났다.

신태용 감독은 승리를 향한 집념이 강한 승부사이면서도 누구보다 선수들을 깊이 배려하는 따뜻한 리더다. 그는 경기에 임할 때는 죽도록 노력해 승리를 가져와야 한다는 결과 중심의 승부사 철학을 가지고 있다. 승부에 강한 집념을 가진 그이지만 가장 힘든 순간은 선수를 엔트리에서 제외해야 할 때다. 팀을 구성할 때 센터포워드, 중앙 미드필더, 수비수, 골키퍼의 중심 라인은 고정하고 나머지 포지션은 상대의 전술에 따라 유동적으로 조정한다. 이때 팀 전략상 빠질 수밖에 없는 선수들을 어떻게 위로해야 다시 일어설 수 있을지 그는 밤을 지새우며 고민하곤 했다.

또한 그는 선수들의 길을 열어주고 미래까지 고민하는 스승이기도 했다. 대표팀 주장 아스나위 망꾸알람(Asnawi Mangkualam)이 한국 안산 그리너즈에서 뛰었다. 또 다른 제자인 마르셀리노 페르디난 삘리뻐스(Marselino Ferdinan Philipus)는 18세에 대표팀에 전격 발탁되었으며, 당시 25만 원이던 월급은 대표팀 합류 이후 1,000만 원 이상으로 뛰어올랐다. 이후 그는 벨기에 리그를 거쳐 영국 옥스퍼드팀에서 활약했다.

인도네시아 축구 해설자들은 신태용 감독의 가르침 덕분에 인도네시아 선수들은 더 큰 무대로 도약할 수 있었고 인도네시아 국민까지 '하면 된다'는 도전 정신을 가슴 깊이 받아들이게 되었다고 평가한다.

신 감독은 선수들 사이의 신뢰를 매우 중요시했다. 선수들이 전술 지시를 조금이라도 의심하면 팀은 무너지기 때문이다. 신태용 감독은 승리의 의미를 새롭게 정의했고, 인도네시아 선수들은 신 감독을 믿고 따라와 주었다. 그 믿음은 행동에서 나타났다. 초창기에는 선수들이 신 감독에게 가볍게 목례만 했다면 어느 순간부터는 허리를 90도로 숙인 '폴더' 인사로 존경심을 표현했다. 그렇게 그는 인도네시아 축구의 미래를 열었다. 그가 만든 변화는 비단 경기장에만 머물지 않았다. 심지어 인도네시아 현지에서는 대선으로 분열할 수도 있었던 인도네시아를 축구로 단결시키는 역할까지 했다는 평가도 있다. 이렇게 인도네시아 축구는 신태용 감독 이전과 이후로 나뉜다.

신태용 감독은 처음엔 인도네시아 치안을 걱정했지만 살아보니 전혀 걱정할 것이 없었다. 오히려 사람들은 순수하고 정이 많았다. 한국에서는 빨리 성과를 내야 한다는 압박이 크지만, 느긋한 인도네시아에서는 절대 그렇지 않다. 따라서 조급한 마음으로 접근하면 절대 성공할 수 없다. 관계는 서로 윈윈이어야 한다. 인도네시아 정부와 축구협회가 무엇을 원하는지 정확히 읽고 그 기대를 성과로 보여줬기에, 신 감독은 인정받았다. 우리 기업도 의존하거나 기대하기보다 상대가 요구하는 역할을 충실히 해낼 때 인도네시아에서 성공할 것이다.

신태용 감독 이전에도 일본, 독일 등 여러 나라 출신의 외국인 감독이 있었다. 하지만 모두 실패했다. 그는 퍼스트무버(first mover)는 아니었지만, 한국인 감독으로서 새로운 성공 사례를 만들었다. 과거 인도네시아 축구팀은 말레이시아, 태국, 베트남에도 밀리던 동남아 변방의 팀이었다. 하지만 이제는 신 감독으로 인해 동남아 신흥 축구 강국으로 새로운 역사를 썼다. 그의 성과는 한국이 다른 분야에서도 인도네시아 진출의 역사가 깊은 일본과 중국을 뛰어넘을 수 있다는 확실한 증거다.

인도네시아 슈퍼리치의 성공 전략 수업

신태용 감독은 기존 틀을 깨는 방식으로 인도네시아 축구를 비약시켰다. 그는 인도네시아에 '축구 한류'로 돌풍을 일으켰다. 그는 우리나라 최고의 수출품이라 불릴 정도로 인도네시아에서 가장 성공한 외국인 축구 감독이다. 그는 인도네시아에 있을 때 인도네시아 TV 광고를 독차지하는 등 한류 스타 버금가는 인기와 명성을 얻었다. 인도네시아는 중국, 일본, 미국 같은 나라보다는 한국의 문화 예술(K-팝, K-드라마 등)과 스포츠 등이 경쟁력을 갖는 시장이라 할 수 있다. 관련 분야의 도전은 아직도 장밋빛이다.

④
흡연자 천국, 인도네시아에서 빅 4로 도약한 KT&G

데이터 경영과 현지화의 완벽한 합작품, 시장의 판을 바꾸다

인도네시아 담배 시장은 절대 호락호락한 시장이 아니다. 1,000개 이상의 담배 회사가 경쟁하고 있다. 그러나 진짜 강자는 단 네 개 회사뿐이다. 이른바 빅(Big) 4는 연간 30억 개비 이상의 담배를 판매하는 강자 기업들이다. 30억 개비는 우리나라 인구(5,000만 명)를 기준으로 1인당 연간 세 갑씩 피울 수 있는 엄청난 양이다. 이 거대한 무대에 한국의 KT&G가 이름을 올렸다.

2011년 KT&G는 인도네시아 시장에 첫발을 내디뎠다. 당시 시장은 삼뽀르나(Sampoerna), 구당가람(Gudang Garam), 자룸(Djarum)이 거의 장악하고 있었다. 하지만 그로부터 12년 후인 2022년 KT&G는 인도네시아 담배 시장에서 6위를 차지했고 2023년에는 빅 4 진입에 성공했다.

인구 2억 8,000만 명에 흡연율이 80퍼센트 이상인 인도네시아는 중국 다음으로 큰 글로벌 담배 시장이다. 이슬람 국가지만 흡연 문화에 관대하고 규제도 거의 없다. 2024년 KT&G는 동부 자바 수라바야에 초대형 공장을 건설하기 시작했다. 19만 제곱미터 넓이의 부지에 생산 규모는 연간 210억 개비다. 이 공장은 인도네시아를 위한 생산 거점은 물론 중동, 카자흐스탄 등 이슬람 국가를 향한 글로벌 수출 허브로 자리 잡을 계획이다.

KT&G는 4,600명의 직원을 거느리고 연구개발과 생산에 집중하면서 인도네시아 전역에서 115개 지점과 영업소를 직접 운영하고 있다. 1,000여 개의 담배 회사가 각축을 벌이는 인도네시아는 매일 생존을 건 진검승부가 펼쳐지는 치열한 전쟁터다.

인도네시아 담배 유통 구조는 한국과 전혀 다르다. 한국에서는 도·소매상이 KT&G로부터 직접 담배를 공급받는다. 반면 인도네시아에서는 도매상(3만 명)은 KT&G에서 직접 물량을 받고, 소매상(57만 명)은 도매상을 통해 담배를 조달한다. 소매상 진열대에는 KT&G 제품뿐 아니라 경쟁사 제품이 뒤섞인다. 결국 승부처는 소매점이다. 고객이 먼저 찾게 만들어야 판매가 늘어난다.

해법은 분명하다. 매장을 제때 채우고, 매장 안에서 KT&G 브랜드의 노출을 극대화하는 것이다. 이를 실행하는 핵심은 영업 조직이다. 영업 직원의 보수는 기본급에 소매점 방문 횟수와 연동된 최대 800 퍼센트의 성과급이 붙는다. 그러나 무더운 날씨와 넓은 담당 구역 탓에 점포 방문을 피하고 허위 보고를 하는 사례가 적지 않았다. 40곳을 방문해야 할 날에 한 곳만 들르고 보고서를 채우는 식이었다. KT&G는 해법을 관리 체계에서 찾았다. 영업 직원의 위치와 이동 경로를 실시간으로 확인하는 GPS 기반 모니터링 시스템을 도입했다.

그 결과 허위 보고 점포 수는 평균 11.8곳에서 1.5곳 이하로 급감했다. 현장은 즉각 달라졌다. 데이터 기반 관리로 영업 활동이 더 정확하고 효율적으로 움직이기 시작했다.

점포 방문이 제자리를 찾자 물류는 풀렸다. 그러나 판매는 자동으로 따라오지 않았다. 인도네시아에서는 TV로 브랜드 이름만 각인될 뿐, 담뱃갑의 실제 모습은 화면에 나오지 않는다. 매대에는 KT&G와 경쟁사 제품이 뒤섞여 놓인다. 선택의 순간을 좌우하는 것은 결국 매장 내 가시성이다. 광고 전단이 많이 붙어 있을수록 손이 더 간다. 문제는 관리였다. 초기의 광고 전단 운영은 시스템이 없었다. 신제품이 나와도 낡은 전단이 그대로 붙어 있고, 일부는 창고에서 먼지를 뒤집어썼다. 배포량과 사용 여부를 기록하는 기준도 없었다. 이런 환경에서 소비자가 신제품을 알아차릴 길은 없었다.

본사의 지시는 늘 비슷한 결말로 끝났다. 며칠 지나면 흐지부지. 같은 실패가 반복됐다. 문제는 방법이었다. 인도네시아 직원들은 자존심이 강했고, 강요는 오히려 역효과였다. KT&G는 접근법을 바꿨다. 지시 대신 자존심과 창의력이 살아날 무대를 만들기로 했다. 그렇게 도입한 것이 게임처럼 즐기는 경쟁인 광고 전단 부착 경진대회였다. 가장 창의적이고 효과적으로 전단을 부착한 1위 팀에게 승진 기회와 최대 1,000만 원(월급의 20배)이라는 파격적인 인센티브를 걸었다.

반응은 폭발적이었다. No Mercy!(광고지 부착에 자비는 없다!), Calling All Warriors on the Planet!(지구의 모든 전사여, 붙여라!), KT&G Next Avengers Campaign!(KT&G 차세대 어벤저스 작전!). 직원들은 자발적으로 슬로건을 만들고, 경쟁에 몰입했다. 전단은 더 이상 종이가 아니었다. 표현의 수단이 됐다. 500미터 거리 전체를 덮고, 소매점 외벽을 캔버스 삼아 에펠탑과 금문교까지 재현했다. 전단은 예술이 되었고, 시선은 자연스럽게 KT&G 제품으로 쏠렸다. 경진대회 이후 전체 판매량은 9.3퍼센트 증가, 1위 팀이었던 수마트라 빨렘방 지점은 매출이 32퍼센트 급증했다. 담배 가격을 인상한 상황에서도 판매는 오히려 늘어난 놀라운 성과였다. 이제 전단 부착은 업무가 아니라 팀 문화가 됐다. 경진대회는 매년 상·하반기 정례 행사로 자리 잡았다. 채찍이 아니라 당근, 의무가 아니라 열정이 조직을 바꿨다.

이밖에도 KT&G는 연속적인 혁신을 이어갔다. 핵심은 차별화였다. 인도네시아 담배 시장에는 3,000종이 넘는 제품이 경쟁한다. 비슷한 제품으로는 버틸 수 없다. KT&G는 시장을 정확히 나눠 공략했다. 담배는 크게 필터 담배와 필터 없이 손으로 말아 피우는 전통 수제 담배로 나뉜다. 필터 담배에는 프리미엄화를, 전통 수제 담배에는 현지의 입맛을 입혔다. 달콤한 아이스티 향은 단숨에 소비자의 선택을 끌어냈다. 이 한 번의 시도는 판을 흔들었다. 경쟁사들이 망고와 딸기 향을 잇달아 출시하며 뒤따랐고, 향담배는 틈새가 아닌 주류가 됐다. 인도네시아 담배 시장의 흐름은 그렇게 KT&G가 주도하고 있다.

또 하나의 혁신은 전국 판매망을 꿰뚫어 보는 시스템이었다. 인도네시아는 전국 82만 개 투표소의 개표에 한 달이 걸릴 만큼, 국토도 시장도 방대하다. 데이터는 폭증하고, 관리 난도는 급격히 높아진다. KT&G도 예외가 아니다. 수만 명의 도·소매상이 얽힌 판매 네트워크를 운영하는 만큼, 전국의 판매 흐름을 즉각 파악하는 일은 결코 쉽지 않다. 문제는 보이지 않는 위험이다. 매출이 빠르게 늘어도 한쪽의 수익이 다른 쪽의 손실로 상쇄될 수 있다.

KT&G는 이를 방치하지 않았다. 성장성·수익성·안정성이라는 세 가지 핵심 지표를 기준으로, 전국 지점의 실적을 실시간으로 모니터링하는 시스템을 구축했다. 이 시스템은 매출만 보지 않는다. 각 지점의 도·소매 데이터를 체계적으로 수집해, 판매량·이익률·연체율·관리 비율을 일·주·월 단위로 자동 분석한다. 그 결과 부진 징후는 조기에 포착되고, 대응은 선제적으로 이뤄진다. 과거처럼 매출 수치만으로 성장을 판단하던 방식은 사라졌다. 이제 KT&G는 매출 뒤에 숨은 위험 신호까지 미리 읽는다. KT&G는 데이터 경영을 통해 지속 가능한 성장을 만들어가고 있다.

KT&G가 특히 중요하게 생각하는 것은 중간 관리자의 역할이다. 인도네시아 직원들과의 소통에 문제가 생기는 주된 원인은 한국인 중간 관리자에게 있다. 최고 책임자의 의도를 제대로 이해하지 못하고 엉뚱한 방향으로 지시를 내리거나 '알아서 하겠지'라는 막연한 기대로 명확한 설명을 생략하는 경우가 있다. 결과적으로, 현지 직원들은 혼란 속에서 스스로 해석하느라 업무상 오류가 종종 발생할 수밖에 없다. 서로 다른 언어와 문화의 차이는 오류를 더 증폭시킨다. 이를 방지하기 위해서는 지시를 받은 현지 직원이 직접 내용을 설명하게 해서 이해도를 점검하는 것이 좋다. 소통이 명확할수록 성과도 정확해진다.

한국과 인도네시아의 완벽한 파트너십,
HLI 그린파워

두 나라 미래 경제협력의 상징, 현지 직원도 날밤을 까는 회사

"아무도 우리를 막을 수 없다!" 조코위 대통령의 목소리에는 자신 감과 고마움이 묻어났다. 2024년 7월 현대자동차와 LG에너지솔루션의 합작법인인 HLI 그린파워(Hyundai LG Energy Solution Indonesia Green Power) 준공식에서 대통령은 매우 고무되어 있었다.

HLI 그린파워는 자카르타 인근 까라왕(Karawang) 산업 단지에 1조 3,000억 원을 들여 설립한 연간 30기가와트시(GWh) 규모의 전기차용 리튬이온 배터리 공장이다. LG는 배터리 셀에 대한 안정적인 고객을 확보하고 현대차는 인도네시아는 물론 아시아 태평양 지역에서 전기 차 시장의 주도권을 강화하기 위해 협력이 필요했다.

조코위 대통령은 HLI 그린파워를 무려 세 번이나 방문하며 각별한

애정을 쏟았다. 그럴만한 이유가 있었다. 조코위 대통령은 인도네시아가 자원 위주의 경제에서 벗어나, 고부가가치 산업 중심으로 전환하길 바라며 국가의 경제 경쟁력을 높이기 위해 노력했다. 그래서 메이킹 인도네시아 4.0 정책을 추진하면서 자동차를 핵심 산업으로 선정했다. 원자재를 단순히 수출하는 것이 아니라 이를 가공하여 부가가치를 높이는 방향으로 정책을 전환했다. 니켈 등 광물 자원을 가공하여 전기차 배터리와 같은 고부가가치 제품을 만드는 것은 그의 정책에 완벽히 부합하는 일이었다. 니켈 원광의 수출 금지로 중국이 제련소 건설에 대거 투자했으나 환경 파괴와 노동자 인권 침해라는 심각한 논란이 발생했다. 이러한 배경과 분위기 속에서 HLI 그린파워만큼 조코위의 업적을 드러내기에 좋은 사례는 없었다.

조코위 대통령은 코로나 시기의 불확실한 경제 상황에서도 대담한 투자를 결정하고 약속을 지켜준 한국 측에 깊은 감사의 마음을 가지고 있었다. "인도네시아에는 니켈 광산도 있고, 현대자동차 공장도 있으며, 이제는 배터리 공장까지 준공되어 강력한 전기차 생태계를 갖추게 되었다"고 말하며 "세계 어느 나라와의 경쟁에서도 이길 수 있다"는 자신감을 나타냈다.

그도 그럴 것이 인도네시아 자동차 산업은 오랫동안 일본 기업들이 지배해왔다. 일본 자동차 산업의 해외투자 특징은 완성차 제조 업체와 협력 업체들이 선단식으로 진출하여 현지에서 클러스터를 형성하는 것이다. 이러한 폐쇄적인 구조 탓에 현지 인도네시아 기업들은 이 과정에 포함될 기회를 얻지 못했다. 결과적으로 인도네시아는 일본에 거대한 시장을 내주고 값싼 노동력만 제공하게 되었고, 일본은 인도네시아의 자동차 산업 발전에는 무관심한 태도를 보여왔다.

이와 대조적으로 한국 업계는 인도네시아 시장에 대한 접근 방식에서 다를 것이라는 기대가 있다. 한국 기업들은 인도네시아를 단순한 제조 기지로 여기지 않고 현지 기업들과 협력하여 상생할 기회를 모색하기 때문이다. 조코위 대통령은 기술이전에 대해 각별한 관심을 표명했고 흡족해했다. 한국 기업은 인도네시아 엔지니어들을 전문적으로 교육하고, 뛰어난 성과를 보인 직원들에게는 미국 법인에서 근무할 기회를 제공할 계획이라서 이보다 더 효과적인 기술이전이 없기 때문이다.

HLI 그린파워는 인도네시아에도 '이렇게 좋은 공장이 있을까?'라고 할 정도로 초현대식 시설을 자랑한다. 흡사 한국에 와 있는 듯한 착각을 불러일으킬 정도다. 더 인상적인 것은 사무실의 자리 배치였다. 인도네시아의 한국 회사에서는 직급이 높은 사람들이 별도의 방에서 근무하는 경우가 흔하다. 그러나 이 회사는 남다른 독특한 문화를 가지고 있다. 한국 대표를 포함한 임직원들이 칸막이 없는 개방된 공간에서 현지 직원들과 함께 일하는 특별한 느낌을 연출하는 것이다. 한국 대표 역시 소박한 테이블을 책상으로 쓰면서 현지 직원들과의 거리감을 줄이고 현장 경영을 실천하고 있다.

이러한 열린 근무 환경은 직원 간의 소통을 원활하게 하고, 자연스러운 협업을 촉진한다. 개별 팀은 자리에 앉지 않고 서서 하는 스탠딩 회의를 하루에 두 번 한다. 아침 8시에는 주재원과 현지 직원이 참여하고 오후 5시에는 주재원 없이 현지 직원끼리 자발적으로 현안에 대한 평가와 토의를 한다. 처음에는 인도네시아어로 얘기하고 통역을 썼으나 이제는 영어로 회의를 한다. 다들 영어가 모국어가 아니기에 틀려도 괜찮다는 편한 마음을 갖게 되었고 의사소통 과정에서 서로에 대한 믿음도 커졌다.

배터리가 양산되기 2년 전에 진취적 성향을 보인 사람들 위주로 엔지니어를 선발했다. 외국계 유명 회사에 대한 기대감으로 우수한 인력이 많이 지원했다. 한국에서 석사와 박사 학위를 받은 유학파도 더러 있고 한국말을 잘하는 직원도 꽤 있다. 선발된 직원들은 한국과 중국 공장에서 1년간 교육을 받아 기계와 장비를 능숙히 다룰 수 있게 되었고 생산 효율도 올라갔다. 대부분의 직원이 여권을 처음 만들었을 정도로 이들에게는 해외 연수가 특별한 경험이었다. 처음에는 2인 1실 호텔에 체류했는데 호텔에 처음 가본 사람도 많았다. 연수 중에는 음식도 할랄 음식만을 제공하는 등 세심한 배려와 정성을 기울였다. 회사에 대한 충성도가 높아지는 건 당연한 일이었다.

HLI 그린파워 대표는 인도네시아 사람들은 소극적이라는 일반적인 평가는 맞지 않는다고 말한다. 인도네시아 직원은 밝고 적극적인 성격에 호기심도 많다는 것이다. 예를 들어, 조코위 대통령이 공장 시운전 기간에 방문했을 때 현장 안내를 인도네시아 엔지니어에게 맡기기로 했었다. 한국 같으면 부담감 때문에 뒤로 빼는 경우가 많지만 인도네시아 직원들은 오히려 서로 하겠다며 매우 적극적으로 나섰다. 선발된 현지 담당자는 밤을 꼬박 새워서 완벽하게 준비했고 행사 당일 대통령은 준비성에 감탄했다.

HLI 그린파워 대표는 인도네시아의 발전 가능성에 높은 점수를 주었다. 젊은 인구가 많은 데다 광활한 국토와 풍부한 자원을 보유하고 있어 발전 잠재력이 크다. 정부의 산업 고도화 정책이 꾸준히 지속된다면 인도네시아는 놀라운 성장을 이룰 가능성이 높다. 종종 인도네시아 사람들은 투지가 부족하다는 평가를 받지만, 사실 한국 기업이 현지에서 어떻게 하느냐에 따라 그들의 태도는 달라진다. 따라서 현지 직원들에게 꿈과 비전을 심어주는 것이 중요하다.

그러나 현실은 인도네시아에 진출한 한국 기업 중에는 현지에서 채용한 한국인조차 임원으로 승진시킨 사례가 거의 없을 정도로 발탁 인사에 인색하다는 것이다. 당연히 현지인에게는 더욱 기회가 없다. 이러한 관행은 깨져야 한다. 중요한 보직 외에는 능력 있는 현지인이 팀장이 되고 임원으로 성장할 수 있도록 지원해야 한다. 그렇게 한국과 인도네시아 기업 문화의 장점을 녹여내는 회사가 되어야 성공할 수 있다.

최근 HLI 그린파워는 인도네시아 엔지니어 10명을 선발해 가족과 함께 미국 법인에 파견했다. 이들은 현지 미국 엔지니어들을 교육하는 역할을 맡고 있으며 한 단계 성장해서 돌아올 것이다. 과거에는 인도네시아에 진출한 일부 한국 기업들이 문제가 생기면 책임을 현지 직원에게 돌리는 경우가 종종 있었다. 이제는 그 반대로, 현지 직원 덕분에 성공했다는 이야기가 더 많이 나와야 할 때다. 한국 기업 문화의 품격을 보여주는 HLI 그린파워가 양국이 함께 성장하는 멋진 성공 모델로 자리 잡고 양국이 상생하는 모범 사례를 보여줄 것이다.

인도네시아 슈퍼리치의 성공 전략 수업

HLI 그린파워는 한국과 인도네시아가 함께 이룬 협력의 결실이자 굳건한 파트너십의 상징이다. 반도체와 배터리, 자동차 등 첨단 제조 기술을 보유한 한국 기업들이 풍부한 천연자원을 기반으로 제조업을 육성하는 메이킹 인도네시아 4.0 전략의 좋은 파트너임을 증명한 것이다. 한국은 최초로 전기차 배터리 셀부터 완성차까지 현지에서 일괄 생산하는 시스템을 갖추고 인도네시아를 넘어 아세안의 전기차 시장에서도 전략적 우위를 차지했다는 평가다.

5장

고난을 딛고 위기를 극복하면 큰 성공이 기다린다

50년의 역사 속에 계열사 30개 키운 대기업, 코린도 그룹 승은호 회장

인도네시아의 변화에 맞춘 생존 전략으로 성공한 슈퍼리치 기업

코린도 그룹(Korindo Group)은 조림, 목재, 종이, 팜유, 물류, 금융 등 인도네시아에서 다양한 분야에 30개의 계열사와 2만 명의 직원을 보유한 한국의 대표적인 한상(韓商) 기업이다. 코린도 그룹은 1968년 인도네시아 산림부 장관이 한국을 방문해 승은호 회장의 부친인 승상배 동화기업 회장에게 산림 개발을 제안하면서 시작되었다.

1960년대 합판 산업은 한국의 중요한 수출 산업이었다. 하지만 합판 원료인 원목을 인도네시아와 말레이시아에서 수입해야 했기에 안정적인 원자재 수급이 필수였다. 그렇게 1969년 동화 인도네시아가 설립되었다. 그리고 지금은 신수도 건설이 한창인 칼리만탄 발릭빠빤(Balikpapan) 지역에서 12만 헥타르에 대한 벌채 허가를 획득했다. 그러나 1974년 회사가 갑작스러운 부도를 맞으면서 큰 위기에 직면하게 된다.

당시 동화기업의 미국 지사장이었던 승은호 회장은 하루아침에 길을 잃게 되었다. 하지만 위기의 순간에 뜻밖의 기회가 찾아왔다. 오랜 거래처였던 일본 나고야의 종합상사 고아상사(興亞商社)의 요시무라 부장이 먼저 도움의 손길을 내밀었던 것이다. 승 회장은 고민할 여유가 없었다. 문제는 자본이었다. '벌목 장비 몇 대만 있으면 다시 시작할 수 있다.' 이 말을 들은 요시무라 부장은 160만 달러를 선뜻 지원했다. 그 자금으로 벌목 장비를 구매했고, 1975년 한국(Korea)과 인도네시아(Indonesia)의 영어명을 합성한 코린도(Korindo)가 탄생하게 되었다. 한순간의 위기가 새로운 기회로 바뀌는 순간이었다. 이 작은 시작이 훗날 최대 한상 기업으로 성장하는 첫 삽이 되었다.

벌목용 기계와 장비를 마련하는 데는 성공했지만, 곧바로 예상치 못한 난관이 닥쳤다. 운영 자금이 바닥난 것이다. 기계를 돌리고 인건비를 지급하려면 당장 돈이 필요했지만, 손에 쥔 현금은 턱없이 부족했다. 절박한 상황에서 찾은 해법은 전대 신용장(Red Clause L/C) 제도였다. 오늘날 수출업체는 물건을 선적한 후에야 대금을 받지만 당시에는 신용장에 빨간 글씨로 명시된 특별 조항 덕분에 선적 전에 대금의 약 30퍼센트를 미리 받을 수 있었다. 이 제도를 적극 활용해 운영 자금을 마련했고 덕분에 사업은 멈추지 않았다. 다행히 목재 산업의 호황과 맞물려 빠르게 성장하면서 단 3년 만에 160만 달러의 빚을 모두 갚는 놀라운 일이 벌어졌다.

그러다 1986년 사업의 판도가 하루아침에 뒤집혔다. 인도네시아 정부가 돌연 원목 수출을 전면 금지한 것이다. 이제 원목 상태로는 해외로 반출할 수 없었고, 가공된 목재만 수출이 허용되었다. 이 소식이 전해지자 업계는 충격에 빠졌다. 원목 수출을 기반으로 성장해 온 많은 한국 기업이 타격을 입었고, 결국 버티지 못한 상당수 기업이 사업을 접거나 철수했다.

그러나 승 회장은 달랐다. 그는 변화를 위기가 아니라 새로운 기회의 신호로 읽었다. 모두가 떠나는 자리에서 그는 오히려 남겠다고 결심했다. 단순히 버티려는 것이 아니었다. 그는 인도네시아 정부의 산업 고도화 정책에 발맞춰 직접 합판 공장을 세우기로 결단을 했다. 새 규정은 그의 길을 막은 것이 아니라 더 큰 길을 열어준 셈이었다.

코린도의 성장은 오랜 기간 안정적으로 지속됐다. 인도네시아 합판 생산의 4분의 1을 담당하고, 수출 비중이 90퍼센트를 넘어서며 업계 핵심 기업으로 자리 잡았기 때문이다. 그러나 코린도는 성장의 지속 여부는 규모가 아니라 변화 대응력에 달려 있다는 점을 일찍이 인식하고 있었다. 목재 산업에서 축적된 역량은 확장의 기반이 되었다. 조림 – 원목 – 합판 – 제지로 이어지는 수직 계열화를 통해 생산 효율을 높이고 물류·무역·금융으로 사업을 다각화하며 포트폴리오를 강화했다. 이는 변화 가능성에 대비한 구조적 전략이었다.

이 전략은 시장 변동기에 효과를 발휘했다. 신문용지 시장이 디지털 전환으로 급감했지만 코로나 이후 증가한 위생용지와 화장지 수요가 감소분을 보완하며 리스크를 완화했다. 다각화된 사업 구조가 충격 흡수 장치로 기능한 것이다. 승 회장은 코린도가 지금처럼 균형 잡힌 포트폴리오를 구축할 수 있었던 것은 인도네시아 덕분이었다고 고백한다. 미국이나 유럽에서 시작했다면 이런 도전은 상상조차 어려웠을 것이다.

그동안의 모든 도전이 성공으로 이어진 것은 아니었다. 실패의 쓴맛도 여러 번 경험했다. 첫 번째 사례는 나이키와 손잡고 인도네시아에 처음으로 설립한 신발 제조 공장이 예상과 달리 뼈아픈 실패로 끝난 일이었다. 당시 신발 산업은 생소한 분야였기에 국내 명문대 출신의 유능한 경영인을 영입해 운영을 맡겼다. 그는 학벌과 역량을 갖춘 인재로 보였지만, 시간이 흐르면서 리더십에서 문제가 드러났다. 결정적인 순간은 나이키가 확정 오더 없이 생산설비 증설을 요구면서 찾아왔다. 뭔가 이상했다. 왜 이렇게 무리하게 간섭하는 걸까? 그 이유는 나중에야 밝혀졌다. 코린도와 나이키 간의 소통 부족이 오해로 이어졌음이 드러났고, 결국 사업을 접어야 했다.

문제는 여기서 끝나지 않았다. 회사의 대표는 학벌이 낮은 직원들을 무시하고 함부로 대하면서 한국과 인도네시아 직원들의 신뢰를 잃었다. 그 결과, 조직의 사기가 떨어지고 내부가 흔들리기 시작했다. 상황이 악화하자 승 회장은 사업을 정리하기로 했다. 이 경험은 중요한 교훈을 남겼다. 아무리 학벌과 실력이 뛰어나도 겸손과 경청이 없는 리더는 인도네시아 조직에서는 큰 해를 끼칠 수 있다는 것, 그리고 CEO는 책상이 아닌 현장에서 직접 보고 판단해야 한다는 사실 말이다.

두 번째 실패는 컨테이너 제조 사업에서 찾아왔다. 당시에는 인도네시아의 교역량이 급증하면서 컨테이너 수요가 크게 늘었고 이 시장이 유망해 보였다. 그러나 인도네시아에는 제철소가 없었기에 한국 포스코에서 철강을 수입해 컨테이너를 생산했다. 초기에는 사업이 순조로웠다. 제품이 잘 팔리며 탄탄한 성장세를 보였다. 하지만 예상치 못한 위기가 닥쳤다. 중국이 저가 컨테이너를 대량 생산하여 시장을 흔들기 시작한 것이다. 중국 역시 한국에서 철강을 수입했지만 거리상 운송비가 덜 들었기 때문에 원가 경쟁력이 인도네시아보다 훨씬 높았다. 결국 가격 경쟁에서 밀린 사업은 무너지고 말았다. 이 경험을 통해 중국과 경쟁하는 사업이 얼마나 어려운지를 다시 한번 절감했다.

코린도는 끈끈한 조직 문화를 자랑한다. 2년에 한 번 퇴직자와 가족들을 초대해 골프 대회를 열고 감사의 마음을 전한다. 50년 전, 칼리만탄섬 발릭빠빤은 코린도의 첫 벌목 사업지였다. 전기도, 수도도, 병원도 없는 밀림 한가운데 젊은 부부들은 삶을 걸고 이주했다. 모기떼와 풍토병에 시달리면서도 그들이 헌신한 덕분에 코린도는 뿌리를 내릴 수 있었다. 현재도 40년 이상 근속한 직원이 많다. 한국과 단절된 채 평생을 코린도와 인도네시아에 바친 이들이 퇴직 후 한국에서 새 출발하는 것은 쉽지 않다. 이를 누구보다 잘 아는 승 회장은 코린도의 미래를 제조업에서 서비스업으로 확장하며, 언젠가 직원들에게 프랜차이즈를 하나씩 나눠줄 꿈을 꾸고 있다.

지금까지 승은호 회장은 직원들과 지역사회와 함께 성장하는 것을 최우선으로 여겼다. 말하는 것보다 듣는 것을 더 중요하게 여기고,

CSR(기업의 사회적 책임) 활동도 열심히 하는 승 회장은 겸손한 내향적 리더십을 가진 진정한 한국인 리더다. 그의 리더십은 코린도를 50년 넘게 성장시킨 원동력이자 코린도를 하나로 묶어 앞으로 나아가게 하는 보이지 않는 힘이었다.

인도네시아 슈퍼리치의 성공 전략 수업

인도네시아 비즈니스의 세계는 미국이나 유럽 시장과 다르다. 성장의 기회가 큰 만큼 상상조차 힘든 변화의 쓰나미가 예상치 못한 순간 찾아온다. 이 변화의 시기에 잘 대응하고 적응하는 것이 성공 비법이다. 성장은 멈추지 않는 흐름 속에서만 가능하다.

코린도 그룹은 인도네시아 합판 생산량의 4분의 1을 차지하며 90퍼센트 이상을 해외에 수출하여 전 세계 시장을 접수했다. 목재 산업에서 쌓은 경험은 단순 생산을 넘어 새로운 산업으로 확장하는 기회가 되었다. 조림, 원목, 합판, 제지까지 수직 계열화를 완성하며 경쟁력을 키우는 한편 물류, 무역, 금융으로 사업을 다각화하며 또 다른 성장의 문을 열었다. 변화에 맞춰 길을 만드는 것이 곧 생존 전략이자 성공 비결인 셈이다.

②
인도네시아 신발왕,
쁘라따마 아바디 인더스트리 서영률 회장

**37년간 매일 공장으로 출근하는 '솔선수범형' 리더십으로
매출 1조 원 회사 일구다**

성공은 어디에서 오는 걸까? 서영률 회장은 주재원으로 시작해서 나이키의 가장 신뢰받는 신발 협력 업체로 회사를 성장시키며 직원 5만 명, 연 매출 1조 원을 이뤄냈다. 그의 비결은 평범한 '잘하기'가 아니라 '월등히 제일 잘하기'를 목표로 한 끝없는 도전 정신이었다. 이 철학은 회사 이름에도 담겨 있다. 쁘라따마 아바디 인더스트리(Pratama Abadi Industry, 이하 쁘라따마), 즉 '영원한 일등'이라는 뜻을 가진 회사명은 그의 확고한 목표와 열정을 상징한다.

그는 회사에서 누구보다 앞서고 잘하고 싶었다. 한국의 대기업 건설 회사에 다니면서 주말에도 혼자 출근해 일을 찾을 만큼 성실함과 열정

이 넘쳤다. 당시 그의 목표는 명확했다. 딱 1억만 모으는 것. 1980년대 초반 강남 금호아파트 35평의 매매가는 5,000만 원이었다. 1억 중에 5,000만 원으로 이 아파트를 사고 나머지 5,000만 원은 은행에 넣으면 매달 50만 원의 이자가 나왔다(당시 이자율은 12퍼센트였다).

대리 월급이 40만 원이던 시절, 그 정도면 가족이 충분히 먹고살 수 있었다. 하지만 월급쟁이로서는 큰돈을 모으기 쉽지 않았다. 그러던 중 사우디아라비아 주재원으로 가면 월급이 2.5배로 뛴다는 이야기를 들었다. 바로 이거다 싶어 기회를 잡으려 했지만, 회사는 그를 선택하지 않았다. 그러다 우연처럼, 운명 같은 기회가 찾아왔다. 그의 성실함을 눈여겨본 사람이 인도네시아 진출을 준비하던 목재 회사에 그를 추천한 것. 전혀 예상치 못했던 이 연결이 그의 인생을 완전히 바꿔놓을 줄은 아무도 몰랐다. 인도네시아에서 딱 1억만 벌고 돌아가려던 그의 계획은 결국 1조 원 이상의 매출을 올리는 성공 신화로 이어졌다.

인도네시아에서의 첫 10년은 생존을 위한 치열한 싸움이었다. 목재 회사에서 일하던 그는 한국 기업들이 값싼 인건비를 찾아 인도네시아로 몰려드는 흐름을 보며 기회를 엿보았다. 그러던 중 그의 능력과 성실함을 본 누군가가 그를 신발 회사에 추천했고, 그렇게 신발 업계에 발을 들여놓았다. 1989년 주주들과 함께 신발 회사를 창업하고 꿈을 키웠지만 1994년 부도의 소용돌이에 휘말렸다. 동업자들은 모두 미국으로 도피했고 그만 홀로 남아 회사를 수습해야 했다. 그는 날짜를 정확히 기억했다. 3월 30일 부도의 충격이 채 가시기도 전에 4월 5일 공장 옆의 강이 범람하며 공장이 물에 완전히 침수되는 재앙이 찾아왔

다. 그 일주일간의 시련은 그의 인생에서 최악의 순간이었다.

회사를 설립할 때 빌린 1,500만 달러에 달하는 은행 빚은 그를 벼랑 끝으로 몰아넣었다. 빚쟁이들이 연일 몰려왔지만 뾰족한 방법이 없었다. 그는 공장을 돌릴 운영 자금만 있으면 회생할 수 있다고 지원을 호소했다. 은행은 부도가 현실이 되면 자신들도 큰 타격을 입을 것을 알았다. 그는 현금 500만 달러만 있으면 회사를 살릴 수 있다고 설득했지만, 은행은 바이어들의 입장을 확인해야 한다며 결정을 미뤘다.

당시 회사 매출의 절반 이상을 차지하던 나이키가 마지막 희망이었다. 다른 바이어들은 부도 소식을 듣자마자 등을 돌렸지만, 나이키만은 유일하게 남아 있었다. 그는 지푸라기라도 잡는 심정으로 나이키를 찾아갔다. 다행히 나이키는 서 회장의 실력을 높이 평가하고 있었다. 또한 글로벌 수요 증가로 생산력을 확충해야 했던 나이키는 서 회장과의 협력 관계를 유지하기로 했다. 이후 나이키, 은행, 서 회장이 3자 협상에 나섰고, 그의 설득 끝에 은행은 500만 달러를 지원하기로 했다. 은행 관계자는 이 지원이 회사가 아닌, 서 회장을 믿은 결정이라고 말했고 서 회장은 큰 감동을 받았다.

그사이 대금이 밀린 납품 업체들은 불만을 쏟아냈고, 직원들의 불안감은 커져갔다. 서 회장은 외상 잔액은 공장이 돌아가야 갚을 수 있다고 납품 업체에 사정을 설명하고는 신규 주문은 현금 결제로 신뢰를 회복하겠다고 약속했다. 직원들에게는 요청한 임금 인상액의 2배를 제시하며 함께 위기를 극복하자고 호소했다. 이해관계자들의 마음을 간신히 붙잡은 그는 집을 떠나 회사에 야전침대를 설치하고 직원들과 밤낮없이 복구 작업에 매달렸다. 함께 먹고 자며 손에 흙과 땀을 묻힌 시간이 쌓여갔다. 그렇게 모두의 노력 끝에 1년 만에 멈췄던 공장은 다시 돌아가기 시작했다. 그의 현재 집무실 한구석에는 당시 사무실에서 사용하던, 세월의 흔적으로 누렇게 바랜 작은 냉장고가 여전히 자리 잡고 있다. 낡고 빛바랜 냉장고는 고난과 재기의 순간을 생생하게 증언하고 있는 듯했다.

어려움을 극복하자 좋은 시기도 돌아왔다. 1995년과 1996년에는 전 세계 협력 업체 가운데 1등이라는 평가를 나이키로부터 받았다. 나이키의 신뢰가 얼마나 높았는지, 나이키가 운영하는 기술대학교(Nike Technical University)가 쁘라따마 공장 안에 설립되었을 정도다. 나이키 본사에서 40명, 전 세계 협력 업체에서 60명 등 총 100명이 1년 동안 신발 관련 신기술을 연구하고 교육받는 프로그램이었다. 나이키 본사는 기술대학교 총장을 직접 선발해 파견할 만큼 이 과정에 심혈을 기울였다. 이를 통해 쁘라따마는 단가가 높고 고난도의 기술이 요구되는 주문을 나이키로부터 집중적으로 받을 수 있었다.

사업은 잘 풀리는 듯했지만 또다시 예상치 못한 위기가 닥쳤다. 1997년 외환위기로 인도네시아 루피아(IDR)는 5분의 1로 폭락했다. 수출 대금을 달러로 받았기에 루피아 빚을 청산하고 위기를 기회로 삼을 수 있을 거라 기대했지만, 상황은 완전히 다른 방향으로 흘러갔다. 대규모 폭동으로 수하르토 정권이 붕괴하고 나라가 무정부 상태에 빠졌다. 인도네시아는 혼란에 빠져서 국가 전체가 붕괴 직전의 위태로운 상황에 놓였다. 나이키 본사에서는 인도네시아를 여행 금지 국가로 선정하고 나이키 본사 직원들을 싱가포르로 대피시켰다. 나이키 기술대학교도 폐쇄되었다. 인도네시아에 배정된 고가 모델 주문도 베트남 등 다른 나라로 빠르게 이탈했다. 한번 넘어간 고가 모델은 좀처럼 다시 인도네시아로 돌아오지 않았다. 아무리 노력해도 대운은 결국 하늘이 결정한다는 걸 뼈저리게 느꼈다.

그는 인도네시아의 정치적 불안으로 나이키가 떠났을 때도 좌절하지 않았다. 경제적 상황이 나아지면 언젠가 나이키가 돌아올 거라는 확신 속에서 돌파구를 모색했다. 자카르타의 높은 인건비를 피해 비용이 적게 드는 지역으로 공장을 이전하려고 했지만, 나이키는 반대 입장이었다. 그래도 그는 과감하게 결단을 내렸다. 얼마 지나지 않아, 전 세계적으로 나이키의 인기가 치솟으면서 추가 생산이 필요해졌고 물량이 인도네시아로 대거 돌아왔다. 미래를 내다보는 그의 혜안이 빛을 발한 순간이었다.

앞서 말했듯이 쁘라따마는 1990년대 중반 나이키 협력 업체 중 1위로 평가받을 정도로 두각을 나타냈다. 나이키는 지금도 품질, 납기, ESG 경영을 기준으로 협력 업체를 골드, 실버, 브론즈 등급으로 나누고 철저히 관리한다. 모든 항목에서 실버 등급을 유지하는 기업은 쁘라따마를 포함해 극소수에 불과하다. 그렇다면 쁘라따마의 차별화된 경쟁력은 어디에서 비롯된 것일까?

첫째는 쁘라따마의 본사와 공장이 모두 인도네시아에 자리 잡고 있다는 것이다. 다른 회사들은 대개 본사가 한국에 있다. 그래서 인도네시아에서 보고를 올리면 본사에서 복잡한 결재 과정을 거친 다음 다시 인도네시아로 지시가 내려간다. 이런 복잡한 과정에서 시간이 지체되고 의사소통이 왜곡되어 신속한 대응이 어려워진다. 반면 쁘라따마는 이러한 제약에서 자유롭게 빠르고 정확한 결정을 내릴 수 있어, 기회를 놓치지 않는다.

둘째는 신발 산업의 경쟁력은 결국 사람에게서 나온다는 믿음이다. 그는 신발 산업은 노동집약적인 산업으로 근로자들의 마음을 얻는 것이 핵심이라고 강조한다. 그래서 그는 회사 오너가 뒷짐 지고 지시만 하는 대신 솔선수범해야 한다는 믿음을 가지고 있다. 공장이 침수되거나 위기에 처했을 때 서 회장은 지시만 하는 대신 근로자들과 함께 같은 밥을 먹고 같은 생활을 하며 어려움을 나눴다. 이러한 솔선수범 덕분에 현지 근로자들의 신뢰를 얻었고, 노사 간의 유대감이 깊어졌다. 1989년 공장을 설립하고 37년이 지났지만 지금도 서 회장은 매일 공장으로 출퇴근한다. 출근 후 한 시간, 퇴근 전 한 시간을 집무실에서 보내고 나머지 시간에는 현장에서 근로자들과 직접 소통하고 문제를 해결하는 데 집중한다.

1997년 외환위기 당시 폭동이 발생했을 때 다른 공장의 근로자들은 혼란 속에서 자리를 떠났지만, 쁘라따마의 근로자들은 20명씩 조를 이루어 불침번을 서며 스스로 공장을 보호했다. 이는 회사와 근로자 간의 신뢰가 얼마나 견고한지를 단적으로 보여준다. 현재 인도네시아의 많은 기업이 복수 노조로 인해 갈등을 겪지만, 쁘라따마는 대부분 단일 노조로 운영되며, 일부 공장에는 아예 노조가 없다. 노사 간 깊은 신뢰의 전통은 높은 생산성과 품질로 이어져 회사 경쟁력을 강화하는 밑거름이 되었다.

창립 20주년 행사에서 서 회장은 노조로부터 의미 있는 두 가지 특별한 선물을 받았다. 그중 하나는 액자였다. 폭우가 쏟아지던 어느 날, 서 회장은 집무실 창밖을 내다보다가, 버스에서 내린 직원들이 정문에서 공장까지 약 50미터를 비에 흠뻑 젖은 채 걸어가는 모습을 보고 마음이 안쓰러웠다. 그는 곧바로 자리에서 일어나 현장으로 내려가 버스 기사에게 공장 안까지 들어오라고 손짓했다. 액자에는 바로 그 순간의 사진이 담겨 있었다. 우리 보스는 어려운 순간에도 우리를 먼저 생각하는 사람이라는 고마움과 존경이 고스란히 담긴 액자인 것이다. 또 다른 선물은 근로자들이 '오래 사세요, 건강하세요, 감사합니다'라고 정성스럽게 한글로 수놓은 커다란 흰색 광목천이었다. 서 회장은 마음이 벅차올라 그만 울음이 터졌고 현지 직원들도 함께 울면서 행사장은 눈물바다가 되었다.

종종 인도네시아 사람들은 책임감이 부족한 것으로 여겨지지만 서 회장은 그런 통념이 틀렸다고 생각한다. 진심으로 그들의 마음을 얻으면 그들은 놀랄 만큼 헌신적이고 책임감 있게 행동한다. 나이키가 이 회사를 높이 평가하는 것도 바로 이 신뢰와 헌신 덕분이다. 직원들의 진심과 애정이야말로 회사의 가장 큰 자산이자 경쟁력이다.

인도네시아 슈퍼리치의 성공 전략 수업

인도네시아 비즈니스 세계는 언제나 도전의 연속이기 때문에 돌파구를 모색하는 전략적인 준비로 무장해야 한다. 기업의 본사와 공장이 모두 인도네시아에 자리 잡은 것은 시간과 공간 면에서 유리한 점이 많다. 기업의 본사와 공장이 모두 인도네시아에 위치하면 시간과 공간의 제약이 줄어든다. 내부·외부 커뮤니케이션이 원활해지고 의사결정 속도가 빨라져 업무 대응력이 높아진다. 따라서 시장 변화에 기민하게 대응하며 비즈니스 기회도 확대된다.

결국 인도네시아 비즈니스 세계에서 성공할 수 있는 경쟁력 역시 사람에게서 나온다. 신발과 같은 노동집약적인 산업이 특히 그렇다. 근로자들의 마음을 얻는 것이 핵심이다. 뒷짐만 지고 지시하는 지시형 오너보다 먼저 솔선수범하는 리더가 되어야 한다.

③

한국 의류 기업 진출 역사의 산증인,
방운 마주 레스따리 김화룡 회장

중국은 들어갈 때 웃다가 울며 나오는 시장,

인도네시아는 빈손으로 와도 갈 때 보따리 챙겨가는 시장

회사명 방운 마주 레스따리(Bangun Maju Lestari)에서 방운 마주는 '일어나 전진하자'라는 의미를 담고 있다. 이 이름에는 30년간 인도네시아의 의류·봉제 산업에서 수많은 실패에도 굴하지 않고 도전을 이어온 김화룡 회장의 칠전팔기의 삶이 고스란히 녹아 있다. 김 회장은 1991년 인도네시아 땅을 처음 밟았다. 당시 한국의 의류·봉제 산업은 종합상사가 나이키, 갭, 아디다스 같은 글로벌 바이어로부터 주문을 받은 뒤, 생산은 외주 업체에 맡기는 방식으로 운영되고 있었다. 외주 업체들은 국내의 인건비 상승으로 생산 기지를 인도네시아, 베트남 등으로 옮기게 된다. 종합상사들은 외주 업체의 해외 공장 설립에 자본까지 지원했다. 인도네시아에는 원부자재를 공급할 연관 산업이 발달하지 않았기 때문에 공장 설비와 장비를 한국에서 조달해 와야 했다. 김 회장은 이 중간 역할을 담당하는 주재원으로 파견되었다.

그러다가 1997년 아시아 금융위기가 주재원이었던 김 회장에게 뜻밖의 창업 기회를 열어주었다. 당시 금융위기로 사람들의 소득이 줄어들면서 가장 먼저 지출을 줄인 품목이 옷이었다. 의류 생산 업체들이 줄줄이 도산하는 도미노 현상이 벌어지면서 모두가 공황에 빠졌을 때 김 회장은 기회를 봤다. 이미 확보해둔 원부자재로 직접 공장을 운영해보는 도전을 택했다. 그는 퇴직금을 모두 쏟아부어 회사를 설립하고 위기의 한가운데서 새로운 도전을 시작했다.

공장이 자리를 잡아가던 2001년 9·11 테러가 터졌다. 전 세계가 충격에 빠졌고 인도네시아 봉제 산업도 직격탄을 맞았다. 미국 정부가 직접 제재하지는 않았다. 하지만 주요 바이어들이 세계 최대 이슬람 국가인 인도네시아 대신 중국을 더 선호하는 분위기로 바뀌었다. 미국의 주문은 유럽 전체의 주문보다 물량이 많았기에, 그 여파는 치명적이었다. 결국 그의 첫 공장은 문을 닫았고, 그는 회사 통장을 직원에게 넘긴 채 빈손으로 철수했다. 그렇게 희망으로 시작한 첫 도전은 전 재산을 잃고 막을 내렸다.

실의에 빠져 있던 2004년 한 지인이 자본을 지원하며 다시 도전해보라고 손을 내밀었다. 그는 오랜 고민 끝에 다시 용기를 냈다. 당시에는 파산으로 문을 닫은 공장이 많았고 그는 그중 상태가 양호한 공장을 인수했다. 하지만 직원들의 임금이 체불되어, 노조는 격앙된 상태였다. 일단 운영비를 줄이는 것이 급선무였다.

그는 노조와 직접 마주 앉아 설득했다. 협상의 골자는 회사가 망했으니 당장은 올해가 아닌 전년도 최저임금을 지급하고 사주 역시 급여를 거의 받지 않겠다는 것, 대신 공장이 흑자로 돌아서면 수익의 20퍼센트를 전 직원에게 나눠주겠다는 것이었다. 그러곤 계약서에 "이번에도 실패하면 다 같이 바다에 빠져 죽는다"는 문구를 넣어, 비장한 각오를 기록으로 남겨놓았다. 벼랑 끝에서 다시 함께 일어나자고 진심으로 호소했다. 그때부터 김 회장은 회사를 다시 세우겠다는 각오로 한국 사람이 아니라 인도네시아 사람처럼 살았다. 직원들과 시멘트 바닥에서 먹고 자며 숙식을 함께했다. 문제가 생기면 함께 고민하고 해결해나가니 노조원들의 마음도 점차 하나가 되었다. 그 결과, 공장은 2년 반 만에 투자금을 모두 회수하며 안정 궤도에 올랐다. 그때 함께 고생하며 쌓은 신뢰 덕분에 그의 회사에는 아직도 노조가 없다.

김 회장은 인도네시아 성공 예찬론자다. 실제로 1990년대 인도네시아는 '돌아오지 않는 나라'였다. 판문점에 '돌아오지 않는 다리'가 있듯이 인도네시아 역시 한번 들어가면 돌아오고 싶지 않은 나라라는 의미다. 그 이유는 국토 면적이 남한의 20배에 달하고 천연자원이 풍부한데다 아직 개발되지 않은 기회의 땅이기 때문이다. 그는 중국과 인도네시아를 이렇게 비교했다. "중국은 시장이 크다고 목돈 들고 웃으며 들어가서 조금씩 벌다가 결국 원금까지 잃고 나오는 곳이다. 반면 인도네시아는 처음엔 느리고 답답하지만 적응만 하면 빈손으로 들어왔어도 돌아갈 때는 보따리를 챙겨갈 수 있는 나라다."

　그는 인도네시아에서 제조업에 성공하
려면 공장입지 선정과 직원 관리가 매우
중요하다고 강조한다. 입지를 잘못 선정하

면 생산성이 크게 떨어질 수 있다. 논농사 지역은 공장 용지로 적절하
지 않다. 농번기가 되면 직원들이 집안일을 돕기 위해 대거 이탈하는
일이 빈번하기 때문이다. 반면 산촌 지역 주민들은 풀과 약초를 캐서
먹고사는 등 경제적으로 어렵기 때문에 일자리에 대한 절박함이 크고
악착같이 일하려는 성향이 있다. 도심 빈민촌도 나쁘지 않은 선택이
다. 일자리가 부족해서 주민들은 안정적인 공장 일에 큰 관심을 보인
다. 기업이 몰려 있는 지역은 피해야 한다. 인력난과 고임금 문제를 겪
기 쉽다.

　또한 공장의 접근성도 매우 중요하다. 고속도로에서 20분 이상 오토
바이를 타고 들어가야 하는 외진 곳은 적합하지 않다. 고속도로 근처
처럼 접근성이 좋은 곳은 사람을 구하기 쉽다. 땅값을 아끼기 위해 외
진 곳에 공장을 세우는 것은 큰 실수일 수 있다. 사람을 구하지 못해
공장이 제대로 가동되지 않을 수 있기 때문이다. 땅값을 절약하려다가
소탐대실하는 일이 없도록 신중히 판단해야 한다. 입지 선정은 단순히
비용 절감의 문제가 아니라 공장의 지속 가능성과 생산성을 좌우하는
중요한 결정이다.

　인도네시아 직원들에게는 주인의식이 부족하다는 말이 종종 들린
다. 하지만 주인이 아닌 사람에게 주인의식을 기대하는 건 어쩌면 무
리일 수 있다. 주인처럼 행동하길 바란다면, 그에 상응하는 보상을 제

공해야 한다. 그러지 않으면 그 기대는 현실이 아닌 희망 사항에 그칠 뿐이다.

핵심은 인센티브 구조를 현지 문화에 맞게 설계하는 것이다. 이 회사는 그 해답을 작게 나누고 자주 주는 성과급 제공 방식에서 찾았다. 매주 금요일 성과를 평가하고 월요일마다 인센티브를 지급한다. 목표의 85퍼센트를 달성하면 성과급이 지급되기 시작된다. 85퍼센트, 90퍼센트, 95퍼센트, 100퍼센트까지는 보상 폭이 작지만 105퍼센트 이상 달성하면 보상 폭이 크게 증가한다.

보상은 개인뿐 아니라 팀 단위로도 적용된다. 한 팀은 50명으로 구성되며, 팀장은 네 개 팀을 관리하는 실장의 지휘를 받는다. 예를 들어, 팀원이 50만 원의 성과급을 받으면 팀장은 기본 50만 원에 추가 성과분 25만 원(팀원 성과급의 50퍼센트)이 더해져 총 75만 원을 받는다. 실장은 팀장의 성과급 75만 원에 12만 5,000원(팀원 성과급의 25퍼센트)이 더해져 총 87만 5,000원을 받는다. 이처럼 책임과 성과가 수직적으로 연결되도록 설계해 구성원 전체에 동기부여가 이루어지도록 했다.

이런 보너스 시스템은 단순한 금전적 보상에 그치지 않는다. 팀 단위로 보너스 일부를 모아 단체 활동에 사용한다. 함께 유니폼을 맞춰 입거나 소풍을 가는 등 구성원 간의 유대감을 높이고 팀워크를 강화한다. 주인의식은 이렇게 생기는 것이지, 오너의 기대만으로 생기지 않는다. 직원들에게 동기를 부여하고 소속감을 심어주기 위해서는 공정한 보상과 협력 중심의 조직 문화를 함께 만들어가는 것이 중요하다.

합리적인 성과급 구조를 실천한 방운 마주 레스따리는 직원들의 애사심과 동기부여가 뿌리내리면서 함께 성장하는 신뢰 깊은 회사로 자리 잡았다.

인도네시아 슈퍼리치의 성공 전략 수업

인도네시아에서 제조업의 성공 조건 중 하나는 공장입지 선정과 직원 관리다. 농번기가 있는 논농사 지역보다는 산촌 지역과 도심 빈민촌에서 인력을 채용하기가 더 쉽다. 토지 구입비를 아끼기 위해 외진 곳에 공장을 세우는 결정은 신중해야 한다. 입지 선정은 공장의 지속 가능성과 생산성을 좌우하는 중요한 요건이다.

또한 현지 직원들이 주인의식을 가지게 하려면 균형 있는 임금과 성과급 구조를 현지 문화에 맞게 설계하고 적용해야 한다. 인센티브는 금액을 잘게 쪼개 자주 지급하는 것이 효과적이다.

④

인도네시아 대표 부동산 기업,
찌뿌뜨라 그룹 리나 찌뿌뜨라 대표

자카르타 핵심 지역을 개발한

가장 존경받는 기업이자 예술계의 수호자

정글처럼 치열한 경쟁이 일상인 비즈니스 환경에서 단순히 성공하는 기업이 되는 것과 존경받는 기업이 되는 것은 다르다. 존경은 성과 그 이상을 요구한다. 성공한 기업은 많지만, 존경받는 기업은 드문 이유다. 인도네시아에서 이 두 가지 요소를 모두 갖춘 기업은 어디일까. 시대가 바뀌고 기업 환경이 달라져도 찌뿌뜨라 그룹(Ciputra Group)은 언제나 그 중심에 있다. 이 기업의 뿌리는 지금은 고인이 된 찌뿌뜨라 박사에게서 시작되었다.

그는 인도네시아의 스카이라인을 바꾼 전설적인 건축가이자 수많은 도시 개발을 이끈 부동산 거물이다. 2024년 〈포브스〉 기준으로 17

억 달러의 자산을 가진 그의 가족은 인도
네시아 부자 순위 32위에 올랐다. 하지만
그가 남긴 진정한 유산은 돈이 아니라 기
업은 이윤을 넘어 사람을 위한 것이어야
한다는 철학이었다. 찌뿌뜨라 박사는 가
난한 이들을 위해 주택과 교육에 투자했
고, 예술과 문화를 후원했으며, 기업의 존
재 이유를 사회 전체의 미래와 연결 지었

다. 그의 정신은 지금도 찌뿌뜨라 그룹의
핵심 가치로 이어지고 있다. 화려한 건물 뒤엔 사람과 공동체를 생각하
는 깊은 철학이 있다. 그래서 찌뿌뜨라 그룹은 단순한 부동산 개발 회
사가 아닌 인도네시아에서 가장 존경받는 기업으로 자리 잡고 있다.

아버지의 경영 철학과 유지에 따라 찌뿌뜨라 그룹을 일궈온 큰딸 리
나 찌뿌뜨라 사스뜨라위나따(Rina Ciputra Sastrawinata, 이하 리나 찌뿌뜨라)
는 찌뿌뜨라 개발(Ciputra Development) 대표를 거쳐 현재는 찌뿌뜨라 아
트프리뉴어 뮤지엄(Ciputra Artpreneur Museum)의 대표이사다. 리나 찌뿌
뜨라 대표는 아버지의 삶과 철학 그리고 발자취에 대한 산증인이다.

창업자인 찌뿌뜨라 박사의 어린 시절은 불우했다. 열두 살 때 그의
아버지가 네덜란드 간첩 혐의로 일본군에 체포되어 돌아가셨다. 그는
어머니와 함께 키운 닭을 시장에 내다 팔며 가족을 부양했다. 소년 가
장으로서 고된 삶 속에서도 배움에 대한 열정을 잃지 않았다. 그는 매
일 왕복 14킬로미터의 먼 길을 걸어 학교에 다녔다. 힘든 거리만큼이

나 어머니의 교육은 엄격했다. 어느 날 등굣길 중간에서 배탈이 나 집으로 돌아왔지만, 어머니는 매정하게 학교로 되돌려 보냈다. 어머니의 엄격함은 훗날까지 이어지는 인내와 책임감의 뿌리가 되었다. 한때 비행기 조종사를 꿈꿨지만, 어머니의 반대로 결국 인도네시아 최고의 공과대학인 반둥공대 건축학과에 입학했다. 졸업 후 작은 건축 컨설팅 회사에 취직했지만, 고객의 요구에만 맞추는 일상은 답답했다. 남의 꿈을 그리는 데에서 그치지 않고 자신의 비전을 실현하기 위해 그는 과감히 창업의 길을 택했다.

찌뿌뜨라 박사는 건축가이자 비전가였다. 그는 도시를 설계하는 데서 멈추지 않고, 그 안에서 살아갈 사람들의 삶과 가능성까지 함께 그려낸 인물이었다. 그는 매 10년마다 새로운 이정표를 세웠다.

1961년 그는 자카르타 북부의 버려진 늪지에 첫 설계선을 그었다. 당시 안쫄(Ancol) 지역은 모기가 들끓고 귀신이 나온다는 소문까지 돌던, 누구도 눈길 주지 않던 늪지였다. 그러나 그의 눈에는 전혀 다른 풍경이 보였다. 그는 디즈니랜드에서 얻은 영감을 이 황무지 위에 과감히 펼쳐 보였다. 그 결과 인도네시아 최초의 테마파크가 탄생했고, 이곳은 곧 동남아시아에서 손꼽히는 활력 넘치는 복합 관광지로 변모했다.

10년 뒤인 1971년 그는 다시 한 번 새로운 도전에 나섰다. 이번 무대는 자카르타 남부의 황무지였다. 아무것도 없던 땅은 그의 손을 거쳐 뽄독인다(Pondok Indah)라는 이름의 최고급 주거지로 탈바꿈했다. 국제학교와 쇼핑몰, 골프장을 모두 갖춘 '도시 안의 도시'가 탄생했고,

찌뿌뜨라 아트프리뉴어 뮤지엄 공연장

이곳은 지금도 외교관과 글로벌 기업 임원들이 가장 선호하는 주거지로 꼽힌다.

1981년 세 번째 큰 구상이 시작됐다. 오늘날의 찌뿌뜨라 그룹이 이때 모습을 갖추기 시작했다. 그의 곁에는 미국 유학을 마치고 돌아온 큰딸 리나 찌뿌뜨라가 있었다. 아버지의 비전을 가장 가까이에서 보고 배운 그녀는 곧 그룹의 얼굴이자 차세대 리더로 성장했다.

찌뿌뜨라 박사는 다른 사람의 성공을 부러워하며 흔들리기보다는 자신의 노력과 땀을 믿었다. 그리고 무엇보다도 약속은 반드시 지켜야 한다는 철칙을 지니고 있었다. 1997년 아시아 외환위기가 닥쳤을 때 회사는 거대한 빚을 떠안고 6,000명의 직원을 내보내야 했다. 현금은 말라붙었고 협력 업체에 진 빚은 감당할 수 없을 만큼 불어났다. 그때 그는 하루아침에 스무 살은 더 들어 보일 만큼 지쳐 있었고 평소의 강인한 모습은 온데간데없었다. 일요일마다 10개의 교회를 돌며 겨우 마

찌뿌뜨라 아트프리뉴어 뮤지엄에서
그룹 창립자 고(故) 찌뿌뜨라 박사(오른쪽)와
리나 찌뿌뜨라 대표

음의 안정을 찾을 정도였다. 그럼에도 약속은 반드시 지켜야 한다는 좌우명에 따라 공사 중인 집은 계약자에게 주고 모든 땅과 건물을 팔아 협력사의 빚을 갚았다. 자신의 것을 모두 내놓으면서 끝까지 책임을 졌다. 그가 잃은 것은 자산이고 얻은 것은 모두가 기억하는 신뢰였다. 위기는 찌뿌뜨라 그룹에 오히려 기회를 안겨줬다. 저 기업은 믿을 수 있다는 믿음이 생기면서 수많은 파트너가 다시 손을 내밀었고 회사는 위기 전보다 더욱 강해졌다. 그 믿음을 바탕으로 찌뿌뜨라 그룹은 중국 선양, 베트남 하노이로 사업을 넓혀나갔다. 무너질 듯했던 기업은 정직과 신뢰 위에서 다시 굳건히 일어섰다.

그는 기업가였지만 마음은 언제나 예술가였다. 건축가의 눈으로 세상을 바라보고, 그림 한 점도 영혼을 담아 읽어냈다. 그의 열정은 한 사람과의 인연으로 더욱 깊어졌다. 인도네시아를 대표하는 천재 화가 헨드라 구나완(Hendra Gunawan)이었다. 즉흥적인 화풍으로 유명한 그는 같은 그림을 두 번 그리지 않았고, 이틀이면 한 작품을 완성했다.

정치적 이유로 13년간 투옥되었음에도 그는 창작을 멈추지 않았다. 그동안 찌뿌뜨라는 그의 작품을 사들이며 가장 든든한 후원자가 되어주었다. 헨드라 구나완이 석방되던 날, 두 사람은 말없이 눈물로 포옹했다. 그 포옹에는 13년의 인내와 인도네시아 예술에 대한 경외가 담겨 있었다. 여성과 어머니를 주제로 한 헨드라의 작품들은 사회적 약자에 대한 연민과 고단한 삶에 깃든 희망을 섬세하게 표현했다.

찌뿌뜨라 박사는 헨드라의 작품을 가장 많이 소장한 수집가로서 그의 예술 세계를 알리기 위해 찌뿌뜨라 아트프리뉴어 뮤지엄까지 세웠다. 이 박물관은 네덜란드의 반 고흐 박물관처럼, 헨드라의 예술 세계와 인도네시아 예술의 위대함을 후대에 전하는 상징이 되었다. 박물관 대표인 리나 찌뿌뜨라는 이 박물관을 단순한 전시 공간을 넘어, 한·인도네시아 문화 협력의 허브로 키우겠다는 포부를 밝혔다. 한국과 인도네시아의 예술가와 공연 기획자들이 함께 창작하고 기획하는 플랫폼으로 발전시키겠다는 구상이다. 뮤지컬, 영화, 전시, 패션쇼 등 다양한 분야에서 문화적 감성과 상업적 가능성을 동시에 갖춘 프로젝트들을 추진할 계획이다.

찌뿌뜨라 박사는 자신의 성공을 넘어, 국가의 미래를 바꾸는 기업가였다. 그는 인도네시아 경제의 약점을 '기업가 정신의 부재'에서 찾았다. 이스라엘과 싱가포르는 각각 인구의 26퍼센트와 7퍼센트가 기업가이지만 인도네시아는 고작 1퍼센트도 안 되는 40만 명이 기업가다. 그는 대학이 기업가가 아닌 회사 직원만 키운다고 비판했다. 그는 인구의 단 2퍼센트인 500만 명만 기업가로 키워내도 인도네시아 경제는 근본적으로 달라질 거라고 믿었다. 그 신념으로 찌뿌뜨라대학교를 포함한 10개의 창의·혁신 학교를 설립해 많은 젊은 기업가를 배출했다. 그는 기업가 정신이란 남들이 불가능하다고 말할 때 가능성을 만드는 것이라고 했다. 기회는 발견하는 것이 아니라 창조하는 것이고 기업가 정신은 삶의 모든 분야에 적용될 수 있는 철학이라고 굳게 믿었다.

그는 전국을 돌면서 GABS(Government: 정책과 제도 혁신, Academic: 창의적 인재 양성, Business: 지속 가능한 가치 창출, Social: 공동체 문제 해결)를 통한 국가 혁신을 제안했다. 그에게 기업가 정신은 곧 국가를 바꾸는 동력이었고, GABS는 인도네시아를 변화시킬 미래의 설계도였다. 그는 인도네시아 비즈니스 세계의 혁신가였고 인도네시아 사회와 문화예술을 진심으로 사랑했던 존경스러운 리더였다.

인도네시아 슈퍼리치의 성공 전략 수업

인도네시아 최대 부동산 기업 가운데 하나인 찌뿌뜨라 그룹의 성공담은 인도네시아라는 국가 자체의 발전 과정과 닮아 있다. 인도네시아는 막대한 인구, 풍부한 천연자원, 그리고 거대한 내수 시장을 보유하고 있다. 여기에 혁신적인 기업가들의 창의성이 더해진다면, 인도네시아가 세계 경제 대국으로 성장하는 것은 시간문제다.

인도네시아 산업 단지 개발 분야 1위 기업, 자바베까 그룹 다르모노 회장

그림자를 좇지 말고 태양을 향해 뛰라!
크게 생각하고 작고 빠르게 시작하라!

행사장 귀빈실에 자리한 허름한 점퍼 차림의 노신사에게 인도네시아 인사들이 연신 고개를 숙이며 인사를 한다. 국제 행사에 저렇게 자신만만한 옷차림으로 참석한 노신사는 누구일까? 인도네시아 산업 단지 개발 분야의 1위 기업인 자바베까 그룹(Jababeka Group)의 스뜨요노 주안디 다르모노(Setyono Djuandi Darmono) 회장이다.

그는 인도네시아와 네덜란드 간의 독립전쟁이 한창일 때 피난민 캠프에서 태어난 흙수저 출신에서 1조 원대의 자산가로 성공한 신화적인 인물이다. 70대 중반의 나이임에도 단상에 올라가 원고 없이 유창한 영어로 20분간 인도네시아 경제의 현주소와 미래에 대해 군더더기

없는 발표를 마쳤다. 옷차림과 영어 실력이 묘한 대조를 이루는 신비로운 오라가 그에게서 뿜어져 나온다.

다르모노 회장이 창업한 자바베까 그룹은 인도네시아 최초로 증시에 상장된 산업 단지 개발 회사다. 인도네시아 여러 지역에서 산업 단지를 개발해왔는데, 그중 자카르타에서 동쪽으로 38킬로미터 떨어진 1,700헥타르 규모의 자바베까 산업 단지는 인도네시아 최고의 성공 사례로 꼽힌다. 수도와 가깝고 산업 단지 안에까지 철도가 놓여 있어, 주요 항구와 공항으로의 연결성이 우수하다. 최적의 입지 조건 때문에 한국, 일본, 미국, 싱가포르, 대만 등 30개국 2,300개의 기업이 자리 잡고 있다. 우리나라의 삼성전자, 대웅제약 등 주요 기업들도 대거 이곳에 보금자리를 틀고 있다.

한국과 인도네시아의 산업 단지 개발은 주체와 범위에서 여러 가지 차이가 있다. 우리나라는 정부가 주도적으로 개발하는 반면, 인도네시아는 정부의 재정 부족으로 민간이 이끌어간다. 우리나라는 산업 단지와 주변 지역의 개발이 분리되어 있지만 인도네시아는 산업 단지는 물론 주변 지역의 주거용 부동산, 호텔, 쇼핑몰 등 상업용 부동산과 병원, 항구, 발전소 등 인프라까지 함께 개발한다. 사실상 도시 전체를 민간 기업이 개발하는 것이기 때문에 수익성이 높다. 자바베까 산업 단지도 주변 시설까지 고려하면 면적 5,600헥타르에 120만 명이 거주

조코위 대통령(오른쪽)과 다르모노 회장

하는 거대 도시다.

　자바베까 그룹은 1989년 설립되었다. 그전에 7년간 토지 매입, 정부의 인허가, 마케팅 등 부동산 개발 전반에 걸쳐 비즈니스 경험을 쌓았다. 그러나 경쟁사와 비교했을 때 차별적인 강점이 없다는 결론을 내리고 새로운 길을 모색하게 되었다. 정부의 외국인 투자 유치 정책과 함께 절호의 기회가 왔다. 1980년대 후반 '저유가, 저금리, 저달러'의 이른바 3저 현상으로 우리나라는 유례없는 호황을 맞은 반면, 석유를 주력 수출품으로 삼았던 인도네시아 경제는 큰 타격을 입었다. 천연자원에만 의존할 수 없다는 깨달음과 함께 인도네시아 정부는 본격적으로 산업화에 나서기로 했다. 하지만 자체적인 산업화의 노하우가 부족했기에 외국 기업의 도움을 받아야 했고 외국인 투자 유치가 정부의 핵심 정책으로 부상했다.

외국 기업을 유치하려는 나라는 인도네시아만이 아니었다. 말레이시아와 싱가포르는 이미 한 발 앞서 있었다. 이들과 경쟁하기 위해서는 강력한 차별화 전략이 필요했다. 규제를 간소화하여 전력, 도로, 항만 등 인프라를 갖춘 산업 단지를 만들고 행정 절차를 현장에서 신속하게 지원하는 경제 특구로 지정해야 했다. 하지만 이런 전략을 추진하기에는 부족한 재정이 정부의 발목을 잡았다. 가장 먼저 해결책을 제시한 것이 자바베까 그룹이었다. 정부 대신 세계적인 수준의 산업 단지를 건설하겠다고 제안한 것이다. 그러려면 민간 기업도 산업 단지를 개발할 수 있도록 법령을 바꾸어야 했다. 법령을 바꾸려면 경제 특구의 필요성을 공무원들에게 인식시키고 정부를 설득해야 했다. 자바베까 그룹은 인도네시아 공무원들을 싱가포르와 한국으로 초청하여 직접 그들의 눈으로 선진 제도를 보게 했다.

이후 모든 게 순조로워 보였다. 개발할 땅을 구입하고 인허가도 받았다. 개발을 위한 마스터플랜도 세웠다. 하지만 1년 만에 나락으로 떨어져 망하기 직전까지 갔다. 수중의 자금이 거의 바닥났기 때문이다. 자바베까 그룹은 은행에 도움을 요청했다. 하지만 사업 계획에 대한 긍정적인 평가에도 불구하고 대출을 해주는 은행은 없었다. 신생 기업으로서 자본력이 부족한 데다 이를 메워줄 신용과 평판도 모자랐기 때문이다. 이를 보완해줄 새로운 파트너가 필요했다. 아무리 발버둥 쳐도 아무 일도 벌어지지 않자 다르모노 회장은 객관적인 제삼자의 관점에서 문제를 바라보았다. 기업의 존폐 위기 앞에서 사장이던 자신의 직급은 부사장으로, 부사장이던 파트너의 직급은 사장으로 바꾸는 과감한 행보도 주저하지 않았다.

그러자 얼마 후에 기적 같은 일이 벌어졌다. 인도네시아 어니스트 영(EY)의 전신인 당시 최고 회계 법인의 창업자가 참여 의사를 밝혔고, 메트로 그룹(Metro Group)도 함께했다. 스노볼 효과처럼 줄줄이 이어지는 소개 덕분에 각 분야 최고의 인물 21명으로 이루어진 드림팀 컨소시엄이 탄생했다. 처음에 두 명만 있을 때는 걱정이 많았지만 파트너 수가 늘면서 걱정도 줄어들었다. 은행들도 이들을 보고 대출을 쉽게 승인해줬다. 한편, 유니레버, 유나이티드 트랙터(United Tractors), 삼성전자, 벤츠와 같은 앵커 기업들이 입주하면서 산업 단지의 인지도가 상승했고, 이를 계기로 연관 기업들도 속속 들어오며 인기가 더욱 높아졌다. 그렇게 사업을 시작한 지 5년 만에 인도네시아 증시에 상장하고 초기 자본금의 500배인 시가총액 10억 달러 규모의 회사로 성장했다.

그의 성공 비결은 네 가지로 요약된다. 첫 번째는 '그림자를 좇지 말고 태양을 향해 뛰라'는 것이다. 자신의 그림자를 아무리 좇아봐야 잡을 수 없듯이, 돈을 좇으면 큰돈을 벌 수 없다. 태양, 즉 훌륭한 비전을 좇아야만 그림자가 따라온다. 그는 자신이 나라를 위해 좋은 일을 하다 보니 부는 자연스럽게 따라왔다고 강조했다. 사회에 좋은 일을 하려다 보면 다른 사람의 도움은 물론 축복도 함께 따라오는 놀라운 경험을 하게 된다는 것이다.

두 번째는 '크게 생각하고 작게 시작하며 빠르게 움직여야 한다

(Think big, act small and move fast)'는 것이다. 당신의 꿈을 사겠다는 사람이 많을 정도로 큰 목표와 비전을 가져야 한다. 다르모노 회장은 자신이 세계적인 수준의 산업 단지를 꿈꿨기 때문에 정부와 파트너가 지지해준 것이라고 했다. 크게 생각하고 크게 시작하기는 어렵고 위험하기 때문에 큰 목표를 설정하더라도 이를 달성하기 위한 실천은 작고 구체적이어야 한다. 그래야 추진력을 잃지 않는다. 그리고 순식간에 변화하는 상황에 대처하고 기회를 잡으려면 빠르고 신속하게 결정을 내려야 한다.

세 번째는 '경영의 본질은 다른 사람과 협력하여 혼자 일할 때보다 더 나은 결과를 창출하는 것'이라는 점이다. 경영인은 승객을 태우고 목적지까지 가는 운전기사와 같다. 승객 중에는 자금이 풍부한 사람, 똑똑한 사람, 권력 있는 사람 등 다양한 부류가 있다. 여정 중에 예상치 못한 상황이 발생했을 때 이들의 불만을 슬기롭게 처리하고 도움과 지원을 받아내는 것이 필수적이다. 이 과정에서 가장 중요한 경영 스킬이 바로 의사소통 능력이다.

네 번째는 '인도네시아를 이해하기 위해서는 자바 문화를 알아야 한다'는 것이다. 이는 특히 한국 기업에 필요한 성공 비결이다. 다르모노 회장은 독특한 구조와 아름다움 덕분에 유네스코 세계문화유산으로 지정된 족자카르타의 보로부두르(Borobudur) 사원 보존협회장을 역임했을 정도로 자바 문화에 애정이 깊다. 바딱족, 말루꾸족 등 인도네시아의 모든 민족은 자바인이 되기를 희망한다. 족자카르타에 있는 가자마다대학교가 인기 있는 이유도 여기에 있다. 이 대학에서 자바 문화를 배우려는 것이다. 정부, 군대, 경찰 등 공공 부문은 자바인이 장악하고 있기에 그곳에서 인정받으려면 자바 문화를 알아야 한다. 예전부터 호주는 파견 3개월 전에 외교관을 족자카르타에 보내서 자바 문화를 배우게 했다.

인도네시아 자바 문화의 가장 큰 특징은 조화다. 다민족 국가인 유고슬라비아가 슬로베니아, 보스니아, 크로아티아, 세르비아, 코소보 등으로 분리된 것과는 달리 인도네시아는 하나로 단결되어 있다. 민주주의의 핵심 원리는 다수결의 원칙이다. 그러나 투표를 통해 다수가 이기면 소수는 행복하지 않을 수도 있다. 인도네시아는 투표 결과를 넘어, 다수와 소수가 모두 만족할 때까지 서로 대화하고 타협하는 문화를 가지고 있다. 상대방을 배려하고 보듬는 이러한 마음가짐을 통해 모든 민족이 단합할 수 있었다. 한국 기업도 일방적인 승리를 추구하기보다는 자바에서 공존의 미학을 배워야 한다고 다르모노 회장은 주문한다.

인도네시아 슈퍼리치의 성공 전략 수업

인도네시아의 비즈니스 정신을 배우려면 자바 문화부터 이해해야 한다고 해도 과언이 아니다. 자바 문화는 과거부터 인도네시아 정치·경제·사회·문화 곳곳에 녹아 있었다. 첫째, 유익한 큰 비전을 갖는다. 둘째, 큰 비전을 가졌더라도 작고 민첩하게 시작한다. 셋째, 목표를 이루기 위해 서로 끝까지 협력한다. 넷째, 이것들을 모두 조화시킨다. 인도네시아 국민성의 근간인 자바 문화를 이해하는 것이야말로 인도네시아에서 목표와 비전을 성취하는 지름길이다.

6장

한국에서 막힌 스타트업, 인도네시아에서는 길이 있다

①

인도네시아 최대 기업형 벤처캐피털, MDI 벤처스 도널드 위하르자 대표

첨단 기술보다 현장 문제의 해결 능력이 더 중요한 인도네시아 시장

MDI(Metra Digital Innovation) 벤처스는 인도네시아 국영기업인 통신 기업 텔콤 인도네시아(Telkom Indonesia: 2023년 약 96억 달러의 매출을 올린, 인도네시아 매출 순위 3위 기업)가 운영하는 인도네시아 최대 규모의 기업형 벤처캐피털(Corporate Venture Capital)이다. 현재 약 12억 달러 규모의 자산을 운용하며, 80개 이상의 스타트업에 투자했다. 대표적인 성과는 핀테크(fintech: IT 기술을 금융업에 적용한 전자 금융) 분야의 끄레디포(Kredivo)를 비롯하여 네 개의 유니콘 기업(기업 가치 10억 달러 이상, 창업 10년 이하의 비상장 스타트업)을 배출한 것이다. 주로 동남아시아에 투자하고 있지만 글로벌 투자도 병행하고 있다.

기업형 벤처캐피털(CVC)은 일반적인 벤처캐피털(VC)처럼 재무적

이익 극대화를 주목적으로 하기보다
는 전략적 투자에 무게를 둔다. MDI
벤처스 역시 전략적 가치 창출을 핵
심 목표로 한다. 투자는 포트폴리오
에 속한 스타트업이 모기업인 텔콤
그룹(Telkom Group), 다른 국영기업,
그리고 주요 산업 파트너들과 협력
네트워크를 구축하도록 지원한다. 이
를 통해 단순한 기술 혁신을 넘어 지

속 가능하고 영향력 있는 비즈니스 시너지를 창출하여 궁극적으로는
국가 차원에서 인도네시아의 기술 발전 과제를 해결하는 데 적극적으
로 기여하고 있다.

MDI 벤처스의 CEO 도널드 위하르자(Donald Wihardja)는 미국 버클
리대학교에서 컴퓨터공학 학사, 코넬대학교에서 컴퓨터공학 석사 학
위를 받은 후 인도네시아의 첨단 기술 분야에서 20년 동안 기업가와
투자자로서 인도네시아 기술 산업 발전에 중요한 역할을 했다. 그는
MDI 벤처스의 주요 역할 중 하나가 모회사인 텔콤의 자회사뿐만 아
니라 다른 국영기업과 스타트업과의 시너지를 창출하여 산업 전반에
혁신과 효율성을 높이는 것이라고 강조했다.

인도네시아에는 시가총액 820억 달러의 BCA(인도네시아에서 시가총
액 1위 기업) 외에도 대규모의 국영기업이 즐비하다. 인도네시아는 고무
등을 생산하는 플랜테이션(대규모 농지를 활용해 특정 작물 한두 가지를 집중

적으로 재배하는 산업형 농업) 기업인 뻐르끄부난 누산따라(PT Perkebunan Nusantara: 매출액 33억 달러), 석유 화학 기업인 쁘르따미나(PT Pertamina: 매출액 760억 달러), 만디리 은행(Bank Mandiri: 시가총액 430억 달러), 인도네시아 전력공사인 쁘루사하안(Perusahaan Listrik Negara, PLN: 매출액 320억 달러), 항공우주 기업인 디르간따라 인도네시아(PT Dirgantara Indonesia, PTDI: 매출액 2억 달러)에 이르기까지 각종 국영기업들이 전 산업 분야를 뒷받침하는 중추적 역할을 하고 있다. 자회사까지 포함하면 국영기업의 숫자는 400개에 달한다. 인도네시아 국영기업이 GDP에서 차지하는 비중은 30퍼센트 이상이다. 여기서 막대한 비즈니스 기회가 생긴다고 해도 과언이 아니다. 그래서 국영기업도 혁신에 미래를 걸어야 하지만 큰 덩치와 관료주의 때문에 쉽지 않다. 혁신 스타트업의 창의적인 아이디어 수혈이 필요한 이유다.

MDI 벤처스는 매년 'Next-Be Fest(Next Billion Ecosystem Festival)'를 열어서 50개 국영기업과 100개 혁신 스타트업을 한자리에 모은다. 이 행사는 단순한 기술 전시가 아니라 첨단 솔루션을 가진 스타트업과 산업 기반을 보유한 국영기업을 정교하게 연결해 새로운 협력 축을 만들고 산업 전반의 시너지를 확산시키는 데 목적이 있다. 행사의 중심은 비즈니스 매칭 세션이다. 스타트업이 자사의 디지털 기술을 제시하면, 국영기업과 텔콤 계열사는 이를 바탕으로 실현 가능한 협력 모델을 탐색한다. 이 세션은 인도네시아 산업 생태계가 미래로 도약하는 핵심 연결고리로 기능한다.

MDI 벤처스는 네 개 분야에 집중 투자한다. 첫 번째는 핀테크다.

MDI 투자 포트폴리오의 30퍼센트를 차지하는 가장 중요한 투자 분야다. 인도네시아는 신용카드 보급률이 5퍼센트, 은행계좌 보유율은 50퍼센트 전후밖에 안 된다. 금융 문해력이 떨어지고 금융 서비스에 대한 접근성이 매우 낮다. 따라서 대출 수요는 만성적으로 공급을 초과할 수밖에 없다. 거기에 또꼬뻬디아(Tokopedia) 등 전자상거래 붐으로 결제 시스템의 수요도 함께 증가했다. 코로나 팬데믹을 거치면서 핀테크 회사가 신용카드 없이 결제가 가능한 전자지갑을 내놓으면서 인도네시아는 신용카드 시대를 건너뛰고 현금 없는 결제 시대로 진입했다.

두 번째는 국영기업으로서 감당해야 할 핵심 책무인 의료와 교육 분야에 대한 투자다. 백신 개발과 같은 고난도 연구보다 의료 접근성이 취약한 지역을 대상으로 한 원격 의료 서비스에 우선순위를 둔다. 교육 또한 같은 맥락에서 접근한다. 오지 학생들에게 동등한 학습 기회를 제공하는 디지털 교육 인프라에 집중함으로써 교육 불평등을 완화하고자 한다. 디지털 헬스케어와 디지털 교육은 지역 간 격차를 실질적으로 축소하며, 더 많은 시민에게 공정한 기회를 제공할 수 있게 된다.

세 번째는 농업 분야다. 인도네시아는 쌀, 팜유, 고무, 커피 등 주요 작물의 세계적 생산지로, 농업은 국가 경제를 지탱하는 중요한 산업이다. 그러나 낡은 재배 방식과 비효율적 유통 구조가 발전을 가로막고 있다. 이러한 구조적 한계를 혁신하는 것이 인도네시아 농업의 지속 가능한 도약을 위한 필수 과제다.

마지막은 물류다. 인도네시아의 물류 경쟁력이 낙후된 것은 사실이다. 그러나 1킬로그램 미만의 음식이나 서류 등의 패키지를 자카르타

수도권에서 배송하는 것은 완전히 다른 얘기다. 자카르타시에만 1,000만 명이 살고, 수도권에 해당하는 자보데따벡(Jabodetabek)에는 3,300만 명이 산다. 도쿄 수도권의 3,600만 명에 이어 세계 2위다. 물동량은 하루에 8,000만 개가 넘을 정도로 엄청나다. 자카르타 내에서는 30분에서 세 시간 안에, 자보데따벡 지역에서도 하루 만에 모든 배송이 완료된다. 게다가 배송비는 1달러 미만으로 저렴하다. 인도네시아 이커머스 시장은 레드오션으로 변해 수익을 내기 어렵지만 이커머스를 지원하는 물류 배송 부문에서는 규모의 경제와 혁신으로 수익성이 높다.

최근 수년간 동남아시아 벤처투자 시장이 얼어붙었고 싱가포르도 투자 규모가 65퍼센트 이상 줄었다. 지금이야말로 한국은 인도네시아에 투자할 좋은 기회다. 미국은 동남아 시장에 대한 이해도가 떨어진다. 반면 인도에 대해서는 잘 알고 있다. 미국 실리콘밸리에 인도계 벤처캐피털이 많기 때문에 인도 투자가 많은 편이다. 현재 중국은 해외로 돈을 내보내는 데 어려움이 있다. 이러한 공백을 한국은 잘 이용해야 한다. 실제로 MDI 벤처스는 2020년부터 한국의 KB인베스트먼트(KB Investment)와 협력하여 500억 원 규모의 공동 펀드를 마련하고, 이를 통해 인슈어테크(insuretech: 보험을 뜻하는 insurance와 기술을 뜻하는 technology의 합성어로 정보 통신 기술을 활용해 보험 산업을 혁신하는 서비스) 기업인 쿠알라(Quola)와 물류 회사 팍셀(Paxel) 등 인도네시아 스타트업에 성공적으로 투자해왔다.

MDI 벤처스 CEO인 도널드 위하르자는 인도네시아가 인공지능(AI), 양자역학(quantum mechanics), 신약 개발 등 첨단 분야의 연구 인력이 밀집된 나라는 아니기 때문에 이 분야에 성급히 진출하는 것은 아직 이르다고 본다. 또한 인도네시아에서는  첨단 기술에만 집중할 것이 아니라 매일 현장에서 운영상의 문제를 해결하는 것이 중요한 성공 요인임을 강조한다.

예를 들면, 미국 우버와의 경쟁에서 승리한 인도네시아의 대표적 스타트업 고젝은 교통 상황에 따라 최적의 경로를 찾고 도착 예상 시간을 계산하는 고급 알고리즘을 자체적으로 보유하지는 않았다. 그럼에도 고젝이 기술적으로 훨씬 앞서 있는 우버를 이길 수 있었던 것은 현지 실정에 맞게 운전자를 관리하고 적절한 가격에 승객과 운전기사를 매칭할 수 있어서였다. 여기에 필요한 기술은 오래된 평범한 기술이었다.

이처럼 인도네시아는 미국이나 한국과 다른 곳이다. 페이스북 같은 앱 하나 만들어 하룻밤에 수만 명이 가입할 것을 기대하면 오산이다. 기술 기업이라고 해도 기술이 전부는 아니다. 농업 테크(agritech) 분야에서도 물리적으로 농부들에게 다가가려는 노력이 있어야 한다. 영농법, 농산물 판매 방법, 자금 대출 방법 등 운영에 관한 문제들을 끊임없이 교육해야 한다. 땅에 발을 딛고 농부들과 함께 뒹굴고 울고 웃으며 문제를 해결하려는 노력 없이 성공은 불가능하다. 한국의 스타트업도 첨단 기술만 과신해서는 안 되는 이유다.

인도네시아 슈퍼리치의 성공 전략 수업

인도네시아에서 성공하려면 뛰어난 기술을 앞세우기보다는 현장 운영의 문제를 해결하는 것이 가장 큰 관건이다. 세계 최대 비디오 스트리밍 업체인 넷플릭스가 인도네시아에서 고전하듯이 한국의 1등 기업도 인도네시아에서 성공하리란 보장이 없다. 오히려 기술적으로 열위에 있는 한국의 3등, 4등 기업이 인도네시아의 특성을 잘 이해하고 현장의 문제를 해결하려는 의지만 있다면 얼마든 큰 기회를 잡을 수 있다.

인도네시아판 직방, 원룸 중개 서비스 1위 기업, 지오인터넷 강성영 대표

밸류에이션(Valuation) 높은 플랫폼 시장, 선점으로 틈새시장 뚫었다

이미 한국에서 성공한 스펙의 젊은이가 왜 인도네시아에 있는 걸까? 지오인터넷 강성영 대표는 민족사관고등학교와 서울대학교 전기공학과를 졸업한 엘리트 청년으로 고등학교 시절부터 각종 올림피아드에서 여러 차례 입상하며 두각을 나타냈었다. 그의 형인 강성태와 함께 온라인 교육 플랫폼 '공부의 신'을 창업하며 한국에서 이미 유명세를 치른 성공한 사업가다. 그의 경력과 배경을 생각하면 왜 한국에 안주하지 않고 인도네시아라는 새로운 무대를 선택했을까?라는 의구심이 든다.

그와 인도네시아의 첫 인연은 그가 코이카 해외봉사단으로 파견되면서부터다. 대학생 시절 같은 과에서 공부를 가장 잘했던 친구가 인도네시아에 봉사를 다녀왔다는 이야기를 듣고 자신도 도전해보기로 했다. 강 대표는 중부 자바의 족자카르타시 교육청에 배치되어 고등학생들에게 컴퓨터를 가르쳤다. 그렇게 봉사 단원으로 활동하면서 인도네시아 소외계층 학생들을 돕기 위해 현지 대학생들과 함께 봉사 단체인 마하멘또(Mahamento)를 설립했다. 공부의 신을 창업한 경험이 도움이 되었다.

그는 족자카르타의 명문 가자마다대학교에서 청강하던 중 뜻밖의 인연을 만나게 된다. MBA 과정에 있던 여성 창업자 앙깃(Anggit)이었다. 두 사람은 의기투합해 회사를 세웠고, 초창기에는 IT 프로그램과 웹사이트 개발을 외주로 맡아 수익을 내고자 했다. 하지만 현실은 냉혹했다. 완성된 작업의 대금을 받지 못하는 일이 반복되며 사업은 금세 흔들렸다. 직접 새로운 서비스를 만들며 돌파구를 찾으려 했지만, 대부분은 시장에서 힘을 쓰지 못하고 사라졌다.

그러던 어느 날 강 대표는 족자카르타에서 자카르타로 올라와 꼬스(Kos)를 구하려고 했다. 인도네시아에는 꼬스라는 독특한 주거 형태가 있다. 주로 학생, 직장인 또는 단기 거주자를 위한 방 형태의 임대주택이다. 우리나라의 원룸이나 하숙과 유사한 개념이다. 하나의 건물에 약 30개의 방이 있고 하루 단위로도 계약할 수 있다. 주로 대학 근처나 도시 중심부에 있고 일반 아파트나 집보다 임대료가 월등히 저렴하여, 학생과 사회 초년생에게 특히 인기가 높다. 인도네시아의 1인 가구 비율은 15퍼센트(한국은 41.8퍼센트)로 비교적 낮은 수준이지만 빠르게 증가하고 있다.

그는 오토바이를 타고 도시 곳곳을 누비며, 꼬스 건물 앞에 붙은 공실 안내문을 하나하나 확인했다. 집주인들에게 직접 전화를 걸어보았지만, 연결은 잘되지 않았고 절차는 지나치게 불편했다. 바로 그때 깨달음이 왔다. "이 비효율을 온라인으로 바꾸면 임차인도, 집주인도 모두 편해질 수 있다." 그 생각은 곧 행동이 되었고, 그는 오랜 동료 앙깃과 함께 마미꼬스(Mamikos)를 설립했다. 당시에도 꼬스를 다루는 웹기반 서비스는 존재했지만, 강 대표의 선택은 달랐다. 모바일 중심, 빠른 속도, 정확한 정보. 이 세 가지 차별성이 시장을 순식간에 장악하게 했다. 회사의 실행력과 인도네시아 시장의 폭발적 성장 가능성은 투자자들의 눈을 사로잡았다. 결국 마미꼬스는 글로벌 투자사 소프트뱅크 그룹 등으로부터 약 300억 원 규모의 투자를 유치하는 데 성공했다.

코로나를 거치며 마미꼬스는 업계 1위로 올라섰다. 당시 경쟁사들은 막대한 자금을 활용해 마스터 리스(장기 책임 임대차 계약) 방식으로 꼬스 건물을 통째로 임대하며 매물 확보에 집중했다. 일부는 직접 청소·관리 서비스를 제공해 부가 수익을 늘리는 전략을 택했다. 반면 마미꼬스는 방향이 확고했다. 플랫폼의 본질인 사용자 확보, 즉 임차인 유치에 집중한 것이다. 직영 방식을 선택하지 않았기에 부가 수익은 적었지만, 그만큼 플랫폼 확장에 모든 역량을 투입할 수 있었다. 이 전략적 선택이 결국 마미꼬스를 시장의 압도적 1위로 만들었다.

그러나 코로나 팬데믹은 시장 판도를 완전히 바꿔놓았다. 젊은 직장인과 대학생들이 대거 고향으로 귀향하면서 꼬스 수요의 70퍼센트가 사라졌다. 직영 전략을 펼치던 업체들은 공실률 증가에 따른 부담을 견디지 못하고 하나둘씩 시장에서 퇴출당했다. 반면, 마미꼬스는 플랫폼 중심의 가벼운 운영 구조 덕분에 위기를 버텨내고 시장에서 입지를 굳히게 되었다.

마미꼬스는 현재 시장점유율 85퍼센트로 인도네시아 주거 플랫폼 시장에서 독보적인 1위를 차지하고 있다. 보유 매물은 약 300만 개로 2위 업체보다 50배나 많고 월간 사용자 수는 1,500만 명에 이른다. 하루 평균 3만~5만 건의 메시지가 집주인과 임차인 간에 오가며 활발히 운영되고 있다. 마미꼬스는 주거 시장 혁신에도 힘을 보태고 있다. 자카르타의 최저임금은 지난 10년간 2배나 상승했는데도 꼬스 임대료는 10퍼센트 상승에 그쳤다. 많은 건물주가 시설 개선에 소극적이어서 양질의 주거 수요와 공급의 불균형이 심화되고 있다. 이를 해결하기 위해 마미꼬스는 세계은행과 인도네시아 정부가 조성한 공동 펀드 참여를 준비하고 있다. 또한 임차인의 월세 납부 데이터를 기반으로 한 신용평가 모델도 개발해, 주거 시장 전반의 투명성과 금융 접근성을 높일 계획이다.

마미꼬스의 성공 비결은 우수한 인재 구성과 압도적인 실행 속도다. 강 대표는 기술 역량으로 취약한 IT 환경을 돌파했고, 앙깃 대표는 탄탄한 현지 네트워크로 기반을 다졌다. 특히 마미꼬스의 스피드는 업계에서도 정평이 나 있다. 대부분의 IT 기업이 자카르타에 자리 잡는 반면, 마미꼬스는 교육 도시 족자카르타에 본사를 두었다. 이곳은 한국의 대전을 연상시키는 젊고 창의적인 분위기로, 개발자들이 밤이 깊을수록 더욱 몰입하는 문화가 뿌리내리고 있다. 초창기 실리콘밸리의 차고 문화를 떠올리게 할 정도다. 약 300명의 엔지니어들은 경쟁사라면 2~3개월 걸릴 작업을 단 2주 만에 끝내며, 함께 먹고 밤을 새우는 강한 결속력과 실행력을 보여준다. 마미꼬스는 대학생 대상 교육 캠프를 통해 우수 인재를 지속적으로 확보한 덕분에 실력과 열정이 응축된 인재 중심 기술 기업으로 명성을 굳혔다.

인도네시아 테크 분야의 최상위 창업자들은 대개 미국 아이비리그 출신으로, 학력과 경력에서 이미 강한 경쟁력을 갖추고 있다. 이들의 수준은 한국 창업가와 비교해 뒤처지기는커녕 오히려 앞서는 경우가 많다. 한국 스타트업이 주로 국내 벤처캐피털에 의존해 자금을 마련하는 것과 달리, 인도네시아 창업가들은 미국·싱가포르 등 해외투자자로부터 투자를 이끌어낸다. 비즈니스 미팅에서는 유창한 영어와 세련된 커뮤니케이션으로 글로벌 무대에서도 확실한 존재감을 드러낸다. 또 하나의 강점은 강력한 집안 배경과 인맥이다. 상당수가 영향력 있는 가문 출신으로, 벤처캐피털을 거치지 않고도 친척이나 지인을 통해 큰 자금을 신속하게 조달할 수 있다.

한편, 외국 기업가들에게 배타적이지 않은 점도 눈에 띈다. 인도네시아에는 또꼬빼디아를 포함해 10개 이상의 유니콘이 있는데 각 회사의 창업자 중 한두 명은 외국인인 경우가 많다. 인도네시아는 시장 규모가 크고 밸류에이션이 높아 우리 청년 기업가들에게도 충분히 도전할 만한 가치가 있는 환경이다.

많은 사람이 한국은 인도네시아보다 선진국이기에 한국에서 잘된 걸 그대로 가져가면 현지에서도 성공할 거라고 착각한다. 하지만 그런 방식으로 성공한 사례는 거의 없다. 강 대표처럼 현지에 뿌리를 내리고 직접 부딪혀야만 기회를 찾을 수 있다. 그 역시 대학 도시에서 현지 직원들과 같이 먹고 자며 문제를 해결해나갔기 때문에 성공할 수 있었다. 한국에서 원격으로 관리하며 지시만 내리는 방식으로는 성과를 내기 어렵다. 인도네시아에 대한 철저한 이해와 자신의 인생을 온전히 걸겠다는 각오가 있어야 한다.

인도네시아 슈퍼리치의 성공 전략 수업

인도네시아의 경제성장과 인프라 확충은 소득 증가로 이어졌고, 소비 패턴도 빠르게 변화했다. 모바일 이용자가 폭발적으로 늘어나면서 디지털 기반 소비가 일상화되었다. 이제 인도네시아의 플랫폼 시장 성장에 주목해야 할 시점이다. 인도네시아는 1만 7,000개 섬으로 이루어진 나라다. 지역 간 이동이 쉽지 않은 구조적 특성 때문에 온라인 플랫폼이 빠르게 성장할 수밖에 없다.

중요한 것은 단순히 한국의 성공 모델을 이식하는 것이 아니다. 현지 시장의 리듬에 맞춰 호흡하며, 그곳에서 통하는 새로운 가치를 창출하는 것이다. 물론 진심을 담아 올인할 각오와 현지와 함께 성장하려는 태도가 필수다.

인도네시아의 올리브영,
쏘씨올라의 크리스토퍼 메디암 대표

인도네시아 디지털 혁신의 교과서,
최강의 멀티 채널로 뷰티 시장 석권

한국에 올리브영이 있다면 인도네시아에는 쏘씨올라(Sociolla)가 있다. 한국에서는 시골의 부잣집을 설명할 때 '누구의 땅을 밟지 않고는 동네를 다닐 수 없다'라는 말을 쓴다. 현재 인도네시아 화장품 시장도 비슷한 상황이다. 화장품을 사고팔 때 쏘씨올라의 온·오프라인이 촘촘하게 연결된 생태계를 벗어나기는 어렵다.

2015년에 세 명의 젊은이가 단돈 1만 5,000달러로 창업한 쏘씨올라는 빠르게 성장하며 인도네시아에서 화장품 제국을 구축해나가고 있다. 인도네시아 전역 40개 도시에 120개 이상의 매장을 운영 중이고 베트남에도 다섯 개 매장을 보유함으로써 글로벌 기업으로의 도약

을 준비하고 있다. 쏘씨올라의 성장 가능성을 일찍이 눈여겨본 싱가포르 국부펀드 테마섹(Temasek)과 루이비통 및 티파니 등을 보유한 프랑스의 세계 최대 명품 그룹 LVMH의 투자 전문 자회사인 엘캐터톤(L Catterton)이 주요 주주로 참여하여 그들의 성공에 힘을 보태고 있다.

과거 인도네시아에서 화장품을 사는 일은 모험과도 같았다. 원하는 해외 브랜드 제품을 찾는 것 자체가 어려웠고 힘들게 화장품을 구해도 정품 여부를 확신할 수 없었다. 위조품이 넘쳐났고, 유통기한이 지난 제품이 버젓이 거래되었으며, 배송 중 파손된 제품에 대한 보상은 기대하기 어려웠다. 신뢰할 수 있는 유통망이 부재했던 시장, 바로 그 틈에서 쏘씨올라가 탄생한 것이다.

쏘씨올라는 단순한 화장품 판매 플랫폼이 아니다. 호주 유학을 마치고 돌아온 크리스토퍼 메디암(Christopher Mediam)과 그의 친구 존 마르코 라스지드(John Marco Rasjid) 그리고 크리스토퍼의 여동생 크리산티 인디아나(Chrisanti Indiana) 등 세 명의 창업자는 익숙한 해외 브랜드 제품을 제대로 구할 수 없는 것을 단순한 유통이 아닌 신뢰의 문제로 보았다. 해외 브랜드가 인도네시아 시장을 주저하는 가장 큰 이유는 초기 투자비용 때문이 아니라 위조품과 불안정한 유통 시스템에 대한 우려 때문이었다. 소비자 역시 믿을 수 있는 플랫폼이 없어서 구매 과정에 불안을 느끼고 있었다.

쏘씨올라 창업자들은 소비자와 브랜드를 연결하는 신뢰 기반의 생태계를 만들기로 결심했다. 정품만을 취급하는 철저한 검증 시스템을 도입하고 유통 과정의 투명성을 높이는 한편, 법적 절차를 엄격히 준수함으로써 브랜드의 신뢰를 확보했다.

쏘씨올라는 단순한 화장품 편집숍을 넘어 데이터 기반으로 고객 경험을 혁신하는 뷰티 테크 기업이다. 이들이 구축한 강력한 생태계는 경쟁사가 쉽게 모방할 수 없는 핵심 자산이며, 성공의 원동력이기도 하다. 이 생태계는 세 가지 축으로 구성된다. 첫째, 인도네시아 전역의 오프라인 매장과 이커머스를 결합한 쏘씨올라, 둘째, 뷰티 제품을 전문적으로 리뷰하는 온라인 플랫폼 쏘꼬(SOCO), 셋째, 시장 트렌드를 제공하는 온라인 뷰티 저널. 세 채널은 모두 하나의 앱으로 통합돼 있어 고객은 온라인 · 오프라인 · 모바일 어디에서든 동일하고 매끄러운 경험을 누릴 수 있다. 채널 간 이동에서도 단절이나 불편이 없다.

화장품을 고를 때 가장 믿을 수 있는 정보는 무엇일까? 광고보다, 브랜드 설명보다 중요한 것은 실제 사용자들의 경험이다. 쏘꼬는 바로 이 점에 집중한 뷰티 리뷰 및 소셜 플랫폼이다. 현재 650만 명의 회원을 보유하고 있는데 일부 제품의 리뷰 수는 20만 개가 넘는다. 예를 들어, 한국의 네이처리퍼블릭 수딩젤에는 1만 6,000개 이상의 리뷰가 달려 있다. 쏘꼬의 강점은 데이터 기반의 필터링 기능이다. 단순한 별점 리뷰가 아니라 사용자의 피부 타입, 피부 고민, 연령대 등과 연결된 맞춤형 리뷰를 제공하는 것이다. 그래서 특정 제품을 검색하면 수천 개의 리뷰 가운데 내 피부 타입과 유사한 사람들의 리뷰를 확인할 수 있다.

인도네시아 주요 쇼핑몰에 입점해 있는 쏘씨올라 매장 전경

사용자들은 자신이 좋아하는 뷰티 인플루언서를 팔로하고 태그 기능을 통해 관심 있는 제품과 트렌드를 실시간으로 확인할 수도 있다. 소셜미디어와 결합한 이 플랫폼은 사용자들이 단순한 소비자가 아니라 뷰티 커뮤니티의 일원으로 참여하게 한다.

쏘꼬에서 리뷰를 읽다가 꼭 써보고 싶은 제품이 있으면 번거롭게 다른 앱이나 웹사이트에서 찾을 필요 없이 동일한 플랫폼 내에서 즉시 구매할 수 있다. 주문한 제품은 집으로 배송받을 수도 있고 가까운 매장에서 직접 픽업할 수도 있다. 직접 체험이 필요하다면 오프라인 매장을 방문해 직원과 상담한 후 구매하는 것도 가능하다. 쏘꼬는 단순한 리뷰 플랫폼을 넘어 온라인과 오프라인을 자연스럽게 연결함으로써 발견에서 구매까지 가장 편리한 뷰티 경험을 제공한다.

쏘씨올라는 일반 소비자에게 직접 판매하는 B2C뿐만 아니라 기업 간의 거래를 위한 B2B도 운영한다. 왓슨(Watson), 가디언(Guardian) 같은 오프라인 편집숍과 인도네시아 최대 전자상거래 플랫폼인 또꼬빼디아에도 제품을 공급한다. 매출 비중은 B2B 20퍼센트, B2C 80퍼센트다.

또한 쏘씨올라는 인도네시아 최대 화장품 수입 업체로, 해외 브랜드 화장품의 주요 유통 경로를 담당한다. 인도네시아에서 해외 화장품을 구매할 때 쏘씨올라를 거치지 않은 제품을 찾기는 쉽지 않다.

코로나19 팬데믹 기간에는 이동 제한으로 가디언, 왓슨 등 대부분의 경쟁 업체가 온라인 시장에 집중하며 오프라인 확장을 주저했다. 그러나 쏘씨올라는 오래지 않아 코로나가 종식되고 정상화될 것이라 확신하여 오히려 오프라인 매장에 과감히 투자했다. 탁월한 전략이었다. 인도네시아의 유명 쇼핑몰은 입점까지 보통 2년 이상을 기다려야 했지만 팬데믹 기간에는 경쟁이 줄었다. 쏘씨올라는 이 기회를 활용해 최고 쇼핑몰의 핵심 위치에 매장을 확보할 수 있었다. 그 결과, 팬데믹 이전에 단 두 개였던 오프라인 매장은 2년 만에 48개로 증가하며 급성장했다. 온라인에서 출발한 쏘씨올라는 이제 오프라인까지 아우르는

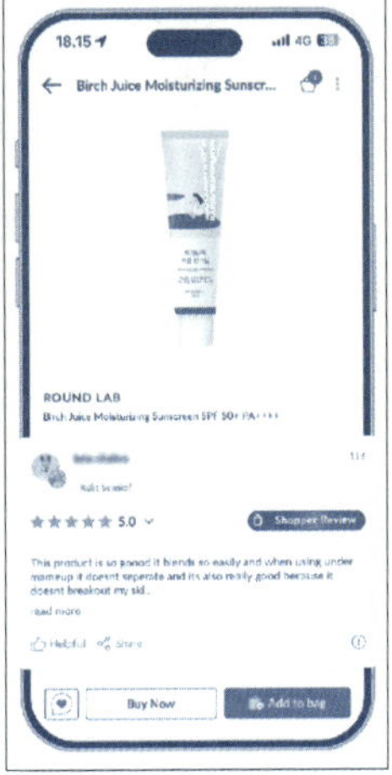

쏘씨올라에서 판매되고 있는 한국 제품들
(정샘물과 네이처리퍼블릭 화장품)

강력한 멀티 채널 브랜드로 자리 잡았다.

현재 경쟁 업체들이 쏘씨올라를 모방하는 것은 사실상 불가능하다. 최상위 쇼핑몰에 다수의 매장을 확보하는 것은 비용적으로나 물리적으로 매우 어렵기 때문이다. 쏘씨올라의 또 다른 강점은 강력한 기술력이다. 1만 2,000제곱미터 규모의 첨단 물류 시설을 보유하고 있으며, 각 매장은 3,000~5,000개의 제품을 취급한다. 가격표는 전자식으로 운영되고, 매장 내의 CCTV를 통해 방문객 수, 구매율, 특정 제품 앞의 체류 시간까지 분석할 수 있다. 이를 통해 고객의 행동을 파악하고 제품과 재고 관리를 최적화하는 것이다.

온라인에서는 쏘꼬 플랫폼을 활용해 검색 패턴과 관심 변화를 실시간으로 분석한다. 이를 통해 고객이 원하는 것을 깊이 이해할 뿐만 아니라 그들이 미처 자각하지 못한 니즈까지 예측해 솔루션을 제시한다. 쏘씨올라는 단순히 제품을 판매하는 것이 아니라 고객의 뷰티 이해도를 높이고 정보에 기반한 구매를 돕는다. 온라인과 오프라인이 자연스럽게 연결된 멀티 채널 경험은 높은 고객 충성도를 만들어낸다. 최근에는 비타민 등 건강 보조 식품으로 영역을 확장 중이다.

쏘씨올라의 크리스토퍼 메디암 대표는 한국 화장품 소싱을 위해 친구인 프란세다 나탈리오(Franceda Natalio)가 설립한 스킨까라(SkinKara)와 협력했다. 스킨까라에 따르면 한국 화장품이 인도네시아 시장에 본격적으로 진출한 것은 2017년 사드 배치 이후 중국의 보복 조치 때문이었다. 당시 중국 시장에서 어려움을 겪던 한국 업체들에게 새로운 시장 인도네시아는 중요한 대안으로 떠올랐다. 2018년 프란세다 나탈리오는 네이처리퍼블릭을 인도네시아에 다시 도입하며 엄청난 성공을 이루었다. 당시 네이처리퍼블릭은 전 세계에 약 1,000개의 매장을 운영했고 그중 인도네시아의 꼬따 까사블랑까(KOTA Kasablanka)점이 해외 매장 중 최고 매출을 기록했다. 오픈 첫날에는 온라인에서 10시간 만에 알로에베라 수딩젤 등 1만 5,000개 이상의 제품이 판매되었다. 현재까지 그는 약 30개 이상의 한국 브랜드를 인도네시아 시장에 성공적으로 진출시켰다.

스킨까라는 한국 파트너들과의 협력하에 최신 시장 흐름을 분석하여 인도네시아에 적합하고 성장 가능성이 높은 브랜드를 발굴하고 있다. 인도네시아 시장 진출을 희망하는 한국 기업이라면 기억하기 쉬운 브랜드 이름과 매력적인 패키징은 기본이다. 그리고 먼저 온라인 판매로 시장 반응을 테스트한 뒤, 성과가 좋으면 규모가 큰 오프라인 시장으로 확장하는 것이 효과적이다. 인도네시아에서는 강한 햇빛과 더운 기후로 인해 선케어 제품과 보습제가 특히 인기 있다. 또한 독특한 성분, 차별화된 스킨케어 철학 그리고 진정성 있는 브랜드 이야기를 통해 경쟁 제품과 다른 가치를 제공해야 하는 것은 기본이다.

인도네시아 슈퍼리치의 성공 전략 수업

인도네시아 전체 인구의 54퍼센트를 차지하는 MZ세대가 중요한 소비층으로 떠올랐다. 단순한 구매자가 아닌 동향을 주도하는 핵심 플레이어다. 그들은 소셜 미디어와 온라인 플랫폼을 통해 제품 정보를 적극적으로 탐색한다. 똑똑한 소비 패턴을 보이는 MZ세대는 개인 맞춤형 제품과 새로운 기술에 대한 관심이 높고 최신 트렌드를 적극적으로 시도한다. 브랜드가 지속적으로 혁신하고 흐름을 반영하지 않으면 인도네시아 젊은 소비층의 선택을 받기 어렵다. 그들의 마음을 사로잡는 것이 곧 온라인 플랫폼에서 성공하는 비결이다.

반둥의 실리콘밸리 신화, 1위 게임 기업, 아가떼 인터내셔널 쉐니 아쁘릴라 대표

외국 게임 회사는 로컬 기업과의 협력이 성공의 필요조건

인도네시아 대표 게임 개발 업체인 아가떼 인터내셔널(Agate International, 이하 아가떼)은 자카르타에서 동남쪽으로 약 180킬로미터 떨어진 반둥시에 자리하고 있다. 10년 전에는 자카르타에서 반둥까지 약 네 시간이 걸렸지만 이제는 새로 고속도로가 개통되면서 두 도시를 연결하는 시간은 두 시간으로 줄었다. 4층 건물에 자리한 게임 스튜디오는 젊은 에너지와 자유로움이 넘치는 대학교 캠퍼스 같은 분위기를 풍긴다.

아가떼는 2009년 인도네시아 명문 대학교인 반둥공대 학생 18명이 자본금 1만 5,000달러로 시작한 회사다. 지금은 250명이 넘는 직원을 두고 동남아시아를 선도하는 인도네시아 1위 게임 기업으로 성장했

다. 지금까지 300개 이상의 게임을 제작했고 누적 다운로드 건수는 1,000만 회가 넘으며 하루 활성 이용자 수는 20만 명에 달한다.

아가떼 CEO 쉐니 아쁘릴라(Shieny Aprilla)도 창업 멤버다. 어렸을 때부터 게임을 좋아했고 대학에 다닐 때는 친구들과 함께 게임 개발 대회에서 입상한 경험도 있다. 대학 4학년이 되었을 때 진로를 두고 고민했지만 좋아하는 게임을 떠나기는 싫었다. 게임 회사에 취직을 원했지만 제대로 된 회사가 없어서 친구들과 함께 아예 게임 회사를 덜컥 차려버렸다. 당시에 열정은 넘쳤지만 능력은 부족했었다. 그녀는 모자라는 실력을 메우기 위해 밤을 새워가며 공부를 했다. 처음에는 가시밭길이었다. 수익이 없어 월 5달러의 급여만 받으면서도 자신이 좋아하는 일이었기에 열정으로 버텨냈다.

그래도 운이 좋았다. 창업 이듬해인 2010년에 페이스북 플랫폼에서 즐길 수 있는 페이스북 게임이 유행하기 시작했다. 인도네시아의 주요 기업들은 페이스북 게임을 자사 브랜드의 홍보에 활용했다. 페이스북 게임을 개발해줄 스튜디오를 찾는 곳이 많아지면서 재정적으로 한숨을 돌릴 수 있었다.

2010년 아가떼는 첫 번째 성공작인 플래시 게임 '얼 그레이와 루퍼트(Earl Grey and This Rupert Guy)'를 선보였다. 게임 주인공인 루퍼트는 신비로운 저택에 사는 얼 그레이에게 소포를 배달하기 위해 안으로 들어가지만, 곳곳에 숨겨진 퍼즐과 유령들이 그의 길을 가로막는다. 재치 있는 구성과 흥미로운 전개로 게임은 출시 일주일 만에 100만 명 이상이 즐기며 폭발적인 반응을 얻었다. 아가떼는 자신들의 실력을 세상에 알리고 흔들리지 않는 자신감을 갖게 되었다.

그다음 해에는 게임 트렌드가 스마트폰 중심으로 빠르게 전환되었다. 아가떼는 세계적인 게임 퍼블리셔 EA칠링고(EA Chillingo)와 함께 모바일에서 쉽게 즐길 수 있는 게임인 '화염 속으로(Up in Flames)'를 개발하며 큰 성공을 거두었다. 글로벌 기업과의 협업 경험은 국제적 네트워크 확장에 귀중한 발판이 되었다. '파이널 판타지'로 유명한 일본의 세계적인 게임 회사 스퀘어 에닉스(Square Enix)가 인도네시아 시장에 진출할 때 협력 요청도 받았다. 큰 기회를 잡은 아가떼는 일본 전국시대를 배경으로 한 '전국 IXA'의 퍼블리싱과 현지화를 지원하며 다시 한번 역량을 입증했다.

2018년 인도네시아 최초로 소니 플레이스테이션 4와 닌텐도 스위치 콘솔에 출시된 '발티리안 아크: 히어로 스쿨 스토리(Valthirian Arc: Hero School Story)'를 개발하여 전 세계에서 16만 장 이상 판매하는 성과를 거두었다. 이를 통해 글로벌 시장에서 경쟁력을 입증했고 회사 브랜드를 세계에 알리게 되었다.

2019년 아가떼는 모바일 게임 '메모리즈(Memories)'를 선보이고, 인도네시아를 비롯해 미국, 캐나다 등 전 세계에서 100만 건이 넘는 다운로드를 달성하며, 큰 인기를 끌었다. 이 성공을 바탕으로 2024년에

인기를 끌었던 아가떼의 대표 히트작들: 히어로 스쿨 스토리즈와 메모리즈

는 스팀(Steam)과 닌텐도 스위치 플랫폼용 후속작을 출시하며 글로벌 시장 공략을 이어갔다. 그뿐만 아니라 게임 기반 교육 서비스 분야에서도 인도네시아 최대 통신사 텔콤을 포함해 150곳이 넘는 고객사를 확보하며 그 입지를 넓혀가고 있다.

인도네시아의 게임 시장 규모는 약 18억 달러다. 그중 외국 게임의 시장점유율은 99.5퍼센트이고, 인도네시아 게임의 시장점유율은 0.5퍼센트에 불과한 것으로 추정된다. 인도네시아가 가진 게임 산업의 잠재력에도 불구하고 자국 기업의 저조한 성과에 인도네시아 정부가 마침내 칼을 빼들었다. 인도네시아 정부는 게임 산업 발전을 위한 국가 프로그램에 관한 대통령령을 조만간 시행할 예정이다. 이번 조치에는 인재 육성, 자금 지원, 기술 인프라 확충뿐만 아니라 외국 기업의 시장 진입을 제한하는 규정이 포함될 전망이다. 지금까지 외국 기업은 별도의 제한 없이 인도네시아 시장에 진출할 수 있었지만, 앞으로는 현지 기업과의 파트너십 체결이나 인도네시아 법인 설립이 필수 요건이 될 가능성이 크다. 따라서 신뢰할 수 있는 현지 파트너를 찾는 것이 성공적인 진출의 핵심 과제로 떠오르고 있다. 이러한 변화 속에서 뛰어난 실적과 인재, 깊은 시장 이해도를 갖춘 아가떼는 우리 기업의 인도네시아 시장 진출에 최적의 파트너로 주목받고 있다.

인도네시아에도 몇몇 퍼블리싱 회사들이 있지만 개발과 퍼블리싱 역량을 모두 갖춘 회사는 아가떼가 유일하다. 이 회사는 개발 능력을 갖추고 있기 때문에 퍼블리싱 과정에서 발생할 수 있는 기술 또는 콘텐츠 관련 문제를 더 효율적으로 해결할 수 있다. 한국 기업이 인도네시아에 게임을 출시할 때 아가떼를 협력 파트너로 선택한다면 사용자의 요청 사항에 대해 현장에서 즉시 조치해줄 수 있다. 그렇지 않은 경우에는 한국 본사에 문제 해결을 의뢰해야 하기에 수개월이 걸릴 수도 있다. 글로벌 기업과 한국 기업이 아가떼를 협력 파트너로 선택하는 이유다.

아가떼는 SKT에서 만든 개방형 메타버스 플랫폼인 이프랜드(ifland) 및 웹 3 블록체인 게임 플랫폼인 이스크라(ISKRA)와 전략적 파트너십을 맺었고 네이버 Z와 함께 제페토(ZEPETO)용 게임 개발에도 참여했다. 또한 한국을 비롯해 캐나다, 독일, 미국 등지에 직원을 두고 있는 보기 드문 인도네시아 게임 회사 중 하나다.

한국, 중국, 일본 등 대부분의 국가는 시장 형성 초기에 콘텐츠를 국내에서 제작할지 해외에서 제작할지 크게 구애받지 않는다. 하지만 시장이 성장하고 성숙해질수록 현지 문화와 정서를 담은 로컬 콘텐츠에 대한 요구가 강해진다. 2024년 8월 중국의 게임 개발사인 게임 사이언스(Game Science)가 중국 고전《서유기》를 소재로 한 액션 게임 '오공(Wukong)'을 출시해 단 3일 만에 1,000만 장 판매라는 경이적인 기록을 세웠다.

중국의 문화와 이야기가 담긴 게임이 폭발적인 반응을 얻었듯이 인도네시아의 역사와 문화를 기반으로 한 게임이 주목받는 시대도 곧 올 것이다. 한국 기업들은 인도네시아 시장에서 더 큰 수익과 영향력을 확보하기 위해 아가떼와 함께 현지 색채를 담은 게임 제작에 적극 나서기를 기대한다.

인도네시아 슈퍼리치의 성공 전략 수업

외국 회사들이 현지 시장에 진출할 때는 경쟁력 있는 1등 회사와 파트너십을 맺고 싶어 한다. 인도네시아 게임 시장은 매우 매력적이다. 인도네시아 게임 시장은 전 세계에서 가장 빠르게 성장하고 있는 곳 중 하나다. 인도네시아의 1인당 GDP가 급상승 중이고, 젊은 인구가 많으며, 스마트폰과 이동통신의 사용이 폭발적으로 성장하여 디지털 인프라가 발전했기 때문이다. 한국 기업도 인도네시아 정부 정책에 맞춰서 개척해볼 가치가 충분한 시장인 것이다.

뼈아픈 실패를 줄이는 팁은 인도네시아의 PC와 모바일 이용 환경의 차이를 분명히 이해하는 것이다. 인도네시아 사람들은 주로 사무실에서 PC 게임을 하기에 15분 정도도 상관없지만 모바일 게임은 여가 시간이나 출퇴근길에 즐기는 경우가 많기에 5분 정도로 짧을수록 좋다.

⑤

조코위 대통령이 쓴 헬멧 만드는 기업, 헬민도 강영균 대표

윈윈 하는 현지 파트너와 자긍심을 담은 브랜드로 승부

조코위 대통령의 오토바이 사랑은 유별나다. 2018년 자카르타-팔렘방 아시안게임 개막식에서 그는 오토바이를 타고 깜짝 등장해 전 세계를 놀라게 했다. 오토바이는 인도네시아 서민들의 대표적인 교통수단이기에 대통령의 등장은 더욱 신선한 충격이었다. 3년 뒤, 그는 우리에게 〈윤식당〉(tvN 리얼리티 프로그램)으로 익숙한 롬복섬에 다시 모습을 드러냈다. 만달리까(Mandalika) 오토바이 경기장 개장식에 멋진 헬멧을 쓰고 등장한 것이다. 그가 쓴 헬멧을 제작한 회사가 바로 헬민도(Helmindo, Helmet+Indonesia), 즉 '헬멧 인도네시아'다. 헬민도는 이제 직원 300명, 매출 2,000만 달러 규모의 인도네시아 6대 헬멧 제조 업체로 성장했다. 대통령이 선택한 헬멧 헬민도의 이름은 그렇게 더욱 빛나게 되었다.

강영균 대표가 오토바이 헬멧 사업에 뛰어든 곳은 인도네시아가 아닌 필리핀이었다. 부친의 지인이 필리핀에는 현지 헬멧 제조 업체가 없

다면서 공장 설립을 제안했고, 부친의 권유로 시장 선점을 노리며 도전했다. 그러나 사업이 예상대로 풀리지 않고 계획이 틀어지면서 큰 손실을 보게 되었다. 앞이 막막해졌다. 마지막이라는 심정으로 더 큰 시장인 인도네시아로 향했다. 친척의 도움으로 어렵게 마련한 마지막 자본 3억 원이 손에 쥔 전부였다. 인도네시아는 첫 느낌부터 필리핀과 달랐다. 사람들이 친절하고 정이 많아 마음이 푸근하고 편안했다. 새로운 도전의 땅에서 그는 다시 희망을 찾기 시작했다.

헬민도의 시작은 절대 순탄하지 않았다. 부족한 자본 탓에 임대 공장에서 헬멧을 생산했지만, 시장 공략 방식에서 큰 실수를 했다. 유통 마진이 출고가의 2배라는 말만 믿고 직영 매장을 열었지만, 시장은 그의 이름을 몰랐다. 인지도가 없는 제품을 사려는 소비자는 없었고, 매장은 연달아 적자를 내며 문을 닫았다. 그러나 실패가 길을 바꿨다. 그는 판매보다 생산에 집중해야 한다는 사실을 깨달았고, 과감히 OEM 기반의 B2B 전략으로 전환했다. 대형 유통사와 완성품 메이커를 확보하며 헬민도는 다시 성장의 기회를 잡았다.

당시는 중국 오토바이 업체들이 인도네시아 시장을 파고들던 시기였다. 판매 촉진 전략으로 헬멧을 무료 사은품으로 제공했고, 정부 역시 헬멧 착용 의무화 정책을 강화하며, 시장은 급격히 커졌다. 헬민도

는 저렴한 가격과 우수한 품질로 소비자들의 눈길을 사로잡았다. 중국 업체들과의 거래가 시작되면서 매출 상승이 이어졌다. 하지만 진정한 도약은 일본 브랜드와의 협업에서 이뤄졌다. 업계 1위 혼다(Honda)와의 계약은 어려웠기에 시장점유율이 낮았던 가와사키(Kawasaki)와 먼저 협력하며 입지를 넓혔다. 이어 야마하(Yamaha)까지 고객이 되면서 주문량이 점점 늘어났다. 일본 기업들은 신뢰를 중요하게 여겼다. 처음에는 5,000개 주문이었지만 관계가 깊어질수록 2만~3만 개로 확대되었다. 진출 3년 만에 헬민도는 드디어 흑자로 전환되었다. 그러면서 임대 공장을 벗어나 자체 공장을 세울 수 있었고, 공장 부지 가격도 급등하면서 단단한 기반을 다질 수 있었다.

2008년부터 헬민도는 OEM을 넘어 자체 브랜드를 키우려는 도전에 나섰다. 그러나 현실은 예상과 달랐다. 딜러와 에이전트들은 판매가 되지 않는다는 이유로 반품을 쏟아냈고, 회사는 큰 손실을 보았다. 제조 기술은 뛰어났지만, 제품 기획, 디자인, 유통까지 혼자 감당하기엔 역부족이었다. 무엇보다 인도네시아 소비자들의 취향과 유행을 제대로 읽지 못했다. 그런 절박한 상황에서 운명 같은 현지 파트너를 만났다. 현지 파트너는 어린 시절부터 오토바이를 사랑했던 인도네시아 청년 사업가였다. 그의 목표는 단 하나였다. 인도네시아 최고의 헬멧을 만드는 것. 목표 지향적이었던 파트너는 인도네시아 트렌드를 읽는 감각이 탁월했고, 마케팅과 유통망 구축에도 강한 추진력을 보였다. 그래서 강 대표는 좋은 품질에 집중할 수 있었다. 두 사람은 각자의 강점을 살려서 서로 도움을 주며 성장해나갔다.

헬민도의 도약은 한 장의 사진에서 시작되었다. 조코위 대통령이 직접 헬민도 자사 브랜드인 RSV 헬멧을 쓰고 등장한 순간 브랜드의 운명은 바뀌었다. 대통령실은 고가의 프리미엄 브랜드가 아닌, 서민들이 쉽게 접근할 수 있는 인도네시아 중소기업 제품을 찾고 있었다. 그 결과, 헬민도의 브랜드인 RSV가 최종 선택되었다. 그리고 5,000만 팔로워를 보유한 조코위 대통령의 인스타그램 계정에 RSV 헬멧이 공개되었다. 대통령이 선택한 헬멧이라는 타이틀은 강력했다. RSV는 순식간에 베스트셀러가 되었고, 헬민도의 다른 제품들까지 판매량이 급증했다. 현재 자가 브랜드가 전체 매출의 60퍼센트를 차지하며, 내수를 넘어 필리핀으로의 수출도 시작되었다. 파트너의 인맥으로 연결된 이 기회는 헬민도의 운명을 바꿨다.

인도네시아에는 한류 열풍이 거세기 때문에 한국과 관련된 브랜드는 쉽게 인기를 얻는다. 하지만 헬민도는 다르게 간다. 애써 한국의 이미지를 빌리지 않는다. 헬민도는 인도네시아 브랜드라는 이미지를 오히려 심어주고 있다. 헬민도의 제품은 현지에서 생산되고, 파트너도 근로자도 모두 인도네시아 사람들이다. 외국산보다 뒤처지지 않는 품질로 인도네시아 소비자에게 자국 브랜드에 대한 자부심을 심어주고 우수성을 보여준다.

또한 헬민도는 제조업에서 성공하려면 기술보다 함께 일하는 직원들과의 신뢰가 중요하다는 것을 보여준다. 감정을 쉽게 드러내지 않는 인도네시아 직원들은 마음속에 감정을 쌓아두었다가 어느 순간 적개심으로 표출할 수 있다. 따라서 한국인 관리자들이 큰 소리로 지시하거나 화를 내는 것은 단기적으로는 효과가 있어 보이지만, 오래가면 불신을 만든다. 그는 언어가 현지인들과의 벽이 되어서는 안 된다고 믿는다. 그래서 인도네시아어를 열심히 배우고, 직원들에게 인사할 때는 항상 머리를 숙인다. 이런 작은 행동 하나가 상호 존중을 보여주고, 관리 조직을 더 단단하게 만든다.

인도네시아 슈퍼리치의 성공 전략 수업

인도네시아에는 아직도 미개발 분야가 많고 부족한 제품도 많다. 한국 기업이 틈새시장을 공략해 그 분야의 훌륭한 파트너를 만난다면 좋은 성과는 물론이고 슈퍼리치의 기회를 잡게 될 것이다.

인도네시아에 성공적으로 안착하려면 즉흥적인 결정은 금물이다. 시간에 쫓기듯 내린 선택은 실패로 이어질 확률이 높다. 사업 착수 전의 사전 조사가 매우 중요하기 때문에 미리 직원을 보내 1개월간 현지에서 살아보게 하는 것도 방법이다. 현장을 직접 겪어보면 문화, 소비자 성향, 비즈니스 환경을 이해할 수 있다. 현지에서 조력해 줄 실력 있는 파트너의 유무가 인도네시아에서의 성공을 결정하는 중요한 열쇠다.

7장

빠르게 변하는 소비 트렌드 속에서 성장의 돌파구를 찾아라!

①

프리미엄 친환경 식품의 선구자,
랜치마켓 마리아 스와르니 최고 운영 책임자

건강한 K-푸드는 유행이 아닌 생활 먹거리,
현지의 입맛 이해가 최고의 전략

　1997년 인도네시아에서 유기농 식품은 존재조차 미미했다. 국민소득이 낮았고 건강한 먹거리에 대한 관심도 크지 않았다. 그런데도 몇몇 사람은 남들이 가지 않은 길을 선택했다. 미국 유학 중 홀푸드 마켓(Whole Foods Market Inc)을 접한 창업자의 자녀들은 '인도네시아에도 안전하고 건강한 식품이 필요하다'는 믿음 하나로 랜치마켓(Ranch Market)을 설립했다.

　당시엔 틈새시장에 불과했지만 시간이 지나면서 '안심 먹거리'가 인도네시아 식품 시장의 핵심 키워드가 되었다. 그 중심에는 랜치마켓이 있었다. 2023년 랜치마켓은 매출 2억 달러에 직원 2,900명을 거느린 상장 기업으로 자리 잡았다. 불가능해 보였던 도전이 지금은 건강한 식탁과 프리미엄 음식이라는 흐름의 중심에 서 있다.

　이 회사는 인도네시아 전역에서 두 개의 슈퍼마켓 체인을 운영한다. 랜치마켓은 유기농과 수입 제품의 비중이 70퍼센트를 차지하는 프리미엄 슈퍼마켓이며, 주로 상류층을 대상으로 인도네시아 전역에서 19개 매장을 운영하고 있다. 반면 파머스마켓(Farmers Market)은 신선하고 건강한 식품을 합리적인 가격에 제공하는 중산층 대상 슈퍼마켓으로, 39개 매장을 통해 더 많은 소비자에게 다가가고 있다. 2023년 이 두 브랜드는 인도네시아 올해의 슈퍼마켓에 선정되었고 리테일 아시아 어워드(Retail Asia Awards)를 수상하며 입지를 더욱 확고히 했다. 프리미엄을 원하는 고객도, 실속을 찾는 고객도 만족할 수 있는 브랜드가 바로 랜치마켓과 파머스마켓이다.

　마리아 스와르니(Maria Swarni)는 30년 경력의 마케팅 전문가이자 인도네시아 슈퍼마켓 업계를 선도하는 여성 리더다. 인도네시아는 10년 전에 비해 소비 패턴이 완전히 달라졌다. 과거에는 유기농 제품이 상류층의 전유물이었다. 하지만 중산층의 경제력이 커지면서 이들도 건강한 먹거리에 적극 지갑을 열기 시작했다. 특히 어린 자녀를 둔 부모들의 소비가 눈에 띄게 늘고 있다. 한국이든 인도네시아든 나라에 상관없이 부모라면 누구나 같은 마음으로 자녀에게 건강한 음식을 주고 싶어 한다. 이제 소비자는 브랜드 로고만 보고 장바구니에 물건을 넣지 않는다. 라벨을 뒤집어 영양 정보를 꼼꼼히 읽고, 몸에 어떤 영향을 줄지 스스로 판단한다. 예전에는 과일과 채소는 몸에 좋다는 막연한 생각에 그쳤지만, 지금은 내 몸에 맞게 더 건강하게 먹는 법을 적극적으로 찾아 나선다. 변화의 속도는 소셜미디어가 끌어올렸다. 음식 인플루언서들이 올린 건강 레시피는 순식간에 확산되고, 반숙 달걀의 콜레스테롤 논쟁이나 꿀·식초의 혈당 효과 같은 내용은 수많은 따라 하기를 탄생시켰다. 화면 속 레시피가 바로 식탁 위로 옮겨지는 것이다. 그 결과 소비자의 관심은 완전히 달라졌다. 이제는 무엇을 먹느냐가 아니라 어떻게 먹느냐가 진짜 고민이다.

한때 인도네시아에서 냉동식품은 신선하지 않다는 이유로 외면받았다. 냉장육을 사다가 집에서 냉동 보관하면서도 냉동육을 직접 구매하는 것에는 거부감을 느꼈다. 그러나 팬데믹이 소비 패턴을 바꿔놓았다. 외출이 어려워지면서 대량 구매 후에 냉동 보관하는 문화가 자리 잡았다. 직접 경험해보니 냉동식품도 품질이 뛰어나고 편리했던 것이다. 이에 맞춰 전자상거래 업체들은 냉동식품을 대거 출시했고 소비자의 반응은 폭발적이었다. 특히 맞벌이 부부가 늘어나면서 간편 조리가 가능한 냉동식품은 필수품으로 자리 잡았다. 신선함을 우선하던 인도네시아 소비자들도 이제는 편리함을 선택하고 있다.

또한 팬데믹 기간에 인도네시아 소비자들은 한국 드라마와 영화를 보며 자연스럽게 한국 음식에 대한 관심을 키웠다. 프로그램에 등장하는 요리를 직접 만들어보려는 사람들이 늘면서 K-푸드는 더 이상 특별한 음식이 아니라 일상의 일부가 되었다. 랜치마켓에서 현재 한국 식품은 라면, 스낵, 과일 등 1,000여 종이 유통되고 있다. 일본 식품과 동급의 프리미엄 이미지를 가지면서도 가격이 더 합리적이라 소비자 반응이 좋다. 가장 인기 있는 품목은 한국산 과일, 특히 딸기와 샤인머스켓 포도다. 한국산 샤인머스켓은 높은 당도로 인기를 끌고 있지만, 중국산은 껍질이 두껍고 당도가 낮아 판매가 부진하다. 랜치마켓은 여기에 맞춰 앞으로 한국산 복숭아도 선보일 예정이다.

두 번째로 인기 있는 한국 식품은 라면이다. 한국과 인도네시아 모두 매운맛을 사랑하지만, 그 매운맛의 결이 다르다. 한국의 매운맛은 엿기름과 설탕이 들어간 고추장을 기반으로 하기에 단맛과 감칠맛이 조화를 이루는 것이 특징이다. 그래서 얼큰하고 개운하며 입안이 얼얼할 정도의 매운맛이 난다. 반면 인도네시아의 매운맛은 훨씬 강하다. 고추만으로 매운맛을 내기에 머리에서 김이 날 정도로 뜨겁고 속이 얼얼하다. 생선회에도 고추냉이를 듬뿍 올려 먹을 만큼 자극적인 맛을 즐긴다. 랜치마켓에서 가장 인기 있는 한국 라면은 불닭볶음면과 까르보 불닭볶음면이다. 하지만 흥미롭게도 이유는 반대다. 매워서가 아니라 인도네시아식 매운맛보다 덜 자극적이기 때문에 찾는 소비자가 많다. 한국 라면은 현지 소비자에게 감칠맛과 균형 잡힌 매운맛을 즐길 새로운 선택지를 보여주고 있다.

이처럼 한국 과일과 면류는 인도네시아에서 높은 인기를 끌고 있지만, 스낵류의 매출은 상대적으로 저조하다. 입맛의 차이 때문이다. 한국 과자는 기본적으로 단맛이 강한 편이다. 하지만 인도네시아 소비자들은 MSG에 익숙해서 달콤한 스낵보다는 바비큐 맛처럼 짜고 강한 맛을 선호한다. 예를 들어, 한국에서 짭짤한 과자로 여겨지는 새우깡도 인도네시아 소비자들에게는 강한 맛으로 느껴지지 않는다. 반면, 한국산 김이 잘 팔리는 것은 짠맛을 선호하는 인도네시아의 식문화와 맞아떨어졌기 때문이다.

랜치마켓과 파머스마켓의 고객은 소득 수준에 따라 소비 패턴이 뚜렷하게 갈린다. 랜치마켓이 시장조사 기관 닐슨(Nielsen)에 의뢰해 진행한 소비자 구매 패턴 조사에 따르면, 중산층은 월 4~5회 매장을 방문해 한 번에 50~60달러, 월평균 약 250달러를 지출한다. 반면 상류층은 월 1,000달러 이상을 소비하며 프리미엄 제품을 선호하는 것으로 나타났다. 하지만 연휴 기간에는 상황이 달라진다. 상류층은 싱가포르·한국·일본 등으로 해외여행을 떠나 매출 증가에 거의 기여하지 않는다. 반대로 중산층은 국내에 머물며 가족과 요리를 즐기기 때문에 파머스마켓의 매출이 크게 오른다. 즉 상류층은 연중 꾸준히 소비하지만 연휴에는 줄고, 중산층은 평소보다 연휴에 더 많이 소비한다.

랜치마켓은 자바섬 넘어 인도네시아 전역으로 매장을 확장하며 새로운 가능성을 발견하고 있다. 지방 도시에 사는 소비자들은 충분한 구매력을 갖추고 있음에도 현대적인 슈퍼마켓을 경험할 기회가 적었다. 그러나 랜치마켓이 문을 열자 프리미엄 쇼핑 환경에 대한 수요가 폭발적으로 반응하며 매출이 급성장하고 있다. 매출 데이터가 이를 뒷받침한다. 서부 자바(4.5퍼센트), 중부 자바(8.3퍼센트), 동부 자바(7.7퍼센트) 등 자바섬 내의 성장률은 둔화하고 있는 반면 수마트라(11.7퍼센트), 칼리만탄(18.3퍼센트), 술라웨시(14.3퍼센트), 발리(19.3퍼센트) 등 자바섬 외 지역은 두 자릿수 성장률을 보이며 기회의 땅이 되고 있다. 랜치마켓 매장의 지역별 제품 구성은 80퍼센트는 전국 공통이고 나머지 20퍼센트는 현지 소비자의 기호에 맞춰 조정된다.

비싼 가격 때문에 다른 유통 채널에서 판매가 어려운 제품도 랜치마켓에서는 프리미엄 이미지 덕분에 충분한 경쟁력을 가질 수 있다. 랜치마켓은 단순히 수입 업체를 통해 제품을 공급받는 것이 아니라 직접 새로운 브랜드와 제품을 발굴하며 적극적으로 시장을 개척하고 있다. '생각은 글로벌하게, 행동은 지역적으로(Think globally, act locally)'라는 말이 있지만 식품 분야에서는 생각도 현지화해야 한다. 입맛의 차이는 단순한 마케팅으로 극복할 수 없는 문제다. 진정한 현지화란 마케팅이 아니라 소비자가 자연스럽게 선택할 수 있는 '그들의 맛'으로 다가가는 것이다.

인도네시아 슈퍼리치의 성공 전략 수업

인도네시아에서 K-푸드는 더 이상 특별한 별식이 아닌 일상의 음식이 되어가고 있다. 상류층과 중산층의 소비 패턴 변화로 소비자들도 무엇을 먹을까가 아니라 어떻게 먹을까를 고민한다. 인도네시아의 젊은 층과 맞벌이 부부는 편리한 냉동식품도 필수품으로 즐겨 찾는다. 한국 아줌마도 현지에서 애용하는 랜치마켓은 직접 새로운 브랜드와 제품을 발굴하며 시장을 개척하고 있다. 한국 식품 기업도 현지인의 관점으로 현지인의 입맛에 맞는 전략을 갖추어야 한다. 먹거리는 생각보다 예민한 부분이기 때문이다.

②
새로운 쇼핑 문화로
대형 식료품 할인마트 업계 1위, 롯데마트

위생 혁신과 식품 특화 전략으로 완성한 새로운 라이프스타일 플랫폼

1993년 월마트(Walmart)와 까르푸(Carrefour)가 한국에 상륙하며 대형 할인 매장의 시대가 열렸다. 소비자들은 끝없이 넓은 매장과 가득 찬 상품들에 열광하며 새로운 쇼핑 문화를 경험했다. 이런 상황에서 한국 토종 브랜드들의 대응과 반격은 빨랐다. 한국 소비자들의 취향과 쇼핑 패턴을 정확히 파악한 롯데마트 등 국내 유통 업체들이 급성장하면서 시장을 장악해나갔다. 결국 현지화에 실패한 월마트와 까르푸는 2006년 한국에서 철수해야만 했다. 절대 크다고 강한 것은 아니다.

인도네시아는 글로벌 유통 체인의 무덤으로 불린다. 프랑스 까르푸, 일본 세븐일레븐, 네덜란드 마크로(MAKRO) 같은 강자들조차 현지 적응에 실패해 시장에서 밀려났다. 그러나 롯데마트만은 예외였다. 롯데마트는 마크로의 19개 점포를 인수하며 인도네시아에 뛰어들었다. 지금은 도매 36개, 소매 13개 등 총 49개 매장을 운영하며 점포 수를 꾸준히 확대하고 있다. 도매점은 호텔·레스토랑·카페(HORECA)와 전통 상점 와룽(Warung)을, 소매점은 중산층을 겨냥해 시장을 넓혀왔다. 자바섬을 넘어 발리와 신수도 누산따라 인근 발릭빠빤까지 확장한 롯데마트는 매출 1조 원을 훌쩍 넘기며 자리 잡았다. 사드 사태 이후 중국 시장을 철수한 롯데에게 인도네시아는 사실상 핵심 해외 거점이 되었다. 글로벌 강자들이 잇달아 무너진 인도네시아에서 롯데마트는 끝까지 살아남은 유일한 승자다.

롯데마트가 인도네시아에서 생존할 수 있었던 비결은 무엇일까? 핵심은 단순한 상품 판매를 넘어섰다는 데 있다. 소비자에게 새로운 쇼핑 경험을 제시하며 현지 유통 문화를 재정의했고, 이를 통해 차별화된 브랜드 이미지를 구축하는 데 성공했기 때문이다. 그러나 시작은 순탄하지 않았다. 마크로 인수 후 매장을 살펴보니 과일·생선·식품 코너에 파리가 득실거렸다. 이는 마크로뿐 아니라 당시 경쟁사였던 까르푸조차 해결하지 못한 고질적 문제였다. 롯데마트는 이를 생존의 핵심 과제로 보고 파리를 박멸하는 위생 혁신에 착수했다. 식품안전 전문 회사와 함께 전 매장의 대장균과 미생물 검사를 실시하고 문제가 발생하면 즉시 조치했다. 직원과 협력사에게 식품 취급·보관·위생 교육을 철저히 시행했으며, 온도와 청결 상태를 실시간 점검하는 시스템을 도입했다. 가장 강력한 변화는 업계 최초로 매장 위생을 본사에서 자동 모니터링한 것이었다. 이 시스템 덕분에 전국 매장에서 동일한 수준의 위생을 유지할 수 있었다. 그 결과 롯데마 
트는 인도네시아 대형 할인점 가운데 유일하게 파리
가 없는 매장이 되었고, 소비자 신뢰를 확실히 얻었
다. 가격 경쟁이 아니라 안심하고 찾을 수 있는 쇼핑
환경을 만든 것이 롯데마트의 진짜 경쟁력이었다.

또한 롯데마트는 단순히 이윤을 추구하는 기업이 아니라 인도네시
아 발전에 기여하는 신뢰할 만한 파트너가 되기 위해 노력했다. 대표
적으로 인도네시아 정부의 일촌 일품(One Village One Product) 정책을
적극 지원하며 여러 마을과 자매결연을 맺고, 특산품 판로 개척과 생
활환경 개선을 도왔다. 이 과정에서 롯데마트는 소비자에게 안전하고
깨끗한 매장, 인도네시아와 함께 성장하는 브랜드라는 신뢰를 구축했
고, 결국 지역사회와 상생하는 기업으로 자리매김했다.

코로나 이후 인도네시아 유통 시장은 급변했다. 온라인 쇼핑몰이 우
후죽순 생겨났고, Mr. DIY와 AZKO(구 Ace Hardware) 같은 전문 리테
일 매장이 확장되면서 대형 할인점의 입지는 빠르게 좁아졌다. 이에
롯데마트는 쇼핑하는 공간에서 체험하는 공간으로 변신하는 전략을
선택했다. 남부 자카르타의 간다리아 매장에는 과감한 실험이 도입됐
다. '요리하다'라는 이름의 개방형 주방과 대형 식사 공간을 마련해,
떡볶이, 김밥, 닭강정, 초밥, 피자 등 300여 개 메뉴를 매장에서 즉석
조리해 제공하는 신개념 푸드코트를 선보인 것이다. 고객들은 장을 보
다가 바로 식사할 수 있는 새로운 쇼핑 경험을 누린다. 메뉴는 한국 음
식이 중심이었지만 매장은 현지 고객들로 붐볐다. K-드라마로 익숙해

진 K-푸드가 드디어 실제 소비로 이어지는 지점이었다.

인도네시아 소비자들은 매운맛, 단맛, 짠맛이 강한 음식을 선호한다. 그래서 기본 김밥보다 매운 김밥이, 간장 소스보다 매운 닭강정이 더 높은 판매를 기록한다. 롯데마트는 이러한 취향을 반영하기 위해 푸드 이노베이션 랩(Food Innovation Lab)을 설립하고 현지화된 한식을 전문적으로 개발하며 메뉴 혁신을 끌어가고 있다. 인도네시아 호텔·레스토랑 출신 셰프 여덟 명을 영입하고, 강레오 셰프의 자문을 더해 정통성과 현지화의 절묘한 조합을 완성했다. 이러한 식료품 특화 매장 전략은 인도네시아 대형마트 업계 최초의 시도였으며, 현재는 경쟁사들까지 롯데마트의 방식을 따라 하기 시작했다. 이제 롯데마트는 단순한 쇼핑 공간이 아니라 소비자가 맛을 발견하고, 경험하고, 집으로 가져가는 라이프스타일 공간으로 자리매김했다.

놀랍게도 롯데마트 인도네시아 직원 6,000명 중 본사 파견 인력은 단 여섯 명에 불과하다. 49개 매장은 본사 직원 없이 현지 직원들이 직접 운영한다. 이 숫자만 보더라도 롯데마트의 철저한 현지화 전략이 얼마나 강력하게 실행됐는지 알 수 있다. 대표이사 자리도 한동안 한국인이 아닌 현지인이 맡아왔다. 현지 주도 운영을 통해 각 매장은 지역 특성에 맞는 상품과 서비스를 제공할 수 있었고, 이는 현지 고객의 신뢰를 얻는 결정적 기반이 되었다.

롯데마트는 상사는 지시하는 사람이 아니라 코치라는 원칙 아래 수평적 조직 문화를 정착시키는 데 집중했다. 특히 뭔가를 지적할 때는 직원의 자존심을 건드리지 않도록 세심하게 접근했다. 인도네시아인은 대국 의식이 강하고, 자신의 문화와 종교에 대한 자부심도 크기 때문이다. 롯데마트는 지적 대신 우리가 먼저 겪은 실수를 줄일 수 있도록 돕겠다는 태도로 소통했다. 경험을 공유하며 함께 성장하는 방식은 현지 직원의 신뢰를 이끌어냈고, 롯데마트는 외국 기업을 넘어 인도네시아와 함께 성장하는 현지 기업으로 자리 잡을 수 있었다.

인도네시아 슈퍼리치의 성공 전략 수업

롯데마트는 한류 문화 열풍에 가세하여 미식 공간을 대폭 늘리고 체험형 요소를 가미하는 전략으로 인도네시아 중산층과 젊은이들을 사로잡는 데 크게 성공했다. 참고로 인도네시아는 연 5퍼센트 이상의 경제성장을 이루고 있지만, 아직 소득 격차가 커서 서민층의 소비 여력은 여전히 제한적이다. 그래서 가격이 소비자의 가장 중요한 구매 결정 요인이다.

매출은 월급날 직후 일주일간 가장 활발하게 급증한다. 이후 2, 3주가 지나면 소비 여력이 줄어들면서 매출이 감소한다. 한국 기업이 마케팅과 홍보 전략을 수립할 때 반드시 고려해야 할 요소다.

한국 식품과 K-라이프스타일 정착에 힘쓴
무궁화유통 김종헌 대표

K-푸드 체험형 소비로 성장,
시장 확장의 열쇠는 할랄 인증이 관건이다

인도네시아 유통 시장에서는 오랫동안 화교 기업들이 독점적인 영향력을 행사하며 주요 유통망을 장악해왔다. 하지만 현지에서 자생적으로 성장한 한국 교민 기업들이 강력한 경쟁자로 부상하며 새로운 변화를 만들어가고 있다. 그 중심에는 무궁화유통이 있다. 무궁화유통은 단순한 유통 회사를 넘어 한국 식품과 라이프스타일을 인도네시아에 정착시키는 핵심 역할을 하고 있다. 현재 인도네시아 전역에서 약 50개의 매장을 운영하며, 5,000개 이상의 현지 슈퍼마켓에 식품을 비롯해 다양한 한국 제품을 공급하고 있다. 취급 품목은 한국 식품 약 1,000종을 포함해 총 1만 종 이상에 이른다.

인도네시아의 한국 문화 열기는 압도적이다. 2021년 트위터(현재의 X)에서 K-팝 관련 트윗이 가장 많은 나라였고 2023년 유튜브 K-팝 영상 조회수는 74억 건으로 일본(97억), 미국(92억)에 이어 세계 3위를 기록했다. K-팝 열풍은 이제 정치권에까지 확산되었다. 2024년 대선 유력 후보 아니스 바스웨단(Anies Baswedan)은 젊은 유권자들을 겨냥한 선거운동을 펼쳤다. K-팝 스타처럼 야광봉을 들고 등장해 지지자들의 환호를 받았고, Pak Anies(아니스 선생님)가 변형된 '박 아니스 나이스(Park Anies Nice)'라는 별명까지 얻었다. 인도네시아 명문 가자마다대학교 수라이 아궁 누그로호(Suray Agung Nugroho) 교수는 K-웨이브를 넘어 K-쓰나미 수준이라고 진단했다. 한류는 과거 특정 팬층에 한정된 문화 소비에 불과했다면, 이제는 인도네시아인의 라이프스타일 전반에 영향을 미치고 있다.

코로나 이후 변화한 소비 패턴과 한류의 인기가 무궁화유통의 성장을 가속했다. 중국처럼 외식 문화가 발달한 인도네시아에서도 코로나로 이동이 제한되면서 집에서 직접 요리하는 흐름이 빠르게 확산됐다. 동시에 K-드라마와 영화 속 한국 음식에 대한 관심이 폭발적으로 증가했고, 소비자들은 단순히 맛보는 것을 넘어 직접 만들어보고 싶다는 욕구를 가지기 시작했다. 유튜브·인스타그램 인플루언서들이 K-푸드 레시피를 공유하면서 이 흐름은 더욱 속도를 냈다. 현지 소비자들은 김치를 직접 담그고, 순두부찌개, 김치찌개 같은 한식을 집에서 조리하며, 한국 음식을 직접 경험하는 소비로 전환했다. 단순 구매에서 체험 기반의 소비로 이동한 것이다. 이 변화는 무궁화유통의 제

품군에도 즉각 반영됐다. 코로나 이전 라면·과자·음료 중심이던 수요가 이제는 고추장, 간장, 고춧가루, 조미료 등 한식 조리에 필요한 장류·소스와 재료로까지 확대되며 신규 인기 품목군으로 빠르게 성장하고 있다.

과거 무궁화유통의 고객층은 한국 교민 70퍼센트, 현지인 30퍼센트였지만 소비 패턴이 변화하면서 현재는 현지 소비자 비율이 70퍼센트로 역전되었다. 이제 한국 식품과 생활용품은 단순한 외국 제품이 아니라 현지 소비자들이 즐겨 찾는 라이프스타일의 일부가 되었다. 한국 브랜드의 인지도 상승과 함께 무궁화유통의 매출도 빠르게 성장하고 있다. 따라서 매장은 단순한 유통 공간에서 한국 문화를 직접 체험할 수 있는 공간으로 변화하고 있다. 현재 1층에서는 다양한 한국 제품을 판매하며, 곧 한국 편의점처럼 간단한 조리도 가능하게 할 계획이다. 2층에는 오래전부터 베이커리와 분식점을 운영해서 소비자들이 직접 K-푸드를 맛보고 경험할 수 있게 했다. 무궁화유통은 단순한 유통 업체를 넘어, K-라이프스타일을 체험하는 플랫폼으로 향하고 있다.

김종헌 대표는 K-푸드 열풍이 거세지면서 외국 경쟁 기업들도 빠르게 K-푸드 시장에 뛰어들고 있다고 했다. 한국 식품을 둘러싼 경쟁은 브랜드 정체성을 지키기 위한 치열한 싸움으로 번지고 있다. 그중에서도 짝퉁 한국산 제품의 유통이 눈에 띄게 증가했다. 중국산 배가 '신고배'라는 한글 표기를 달고 한국산처럼 판매되고 있다. 상자 겉면에 '신고배'라는 한글이 큼직하게 인쇄되어 있어서 소비자들이 쉽게 속고 있다. 중국산 김치도 한국산이라는 라벨을 붙이고 버젓이 유통되면서 K-푸드의 신뢰도를 악용하는 사례가 늘어나고 있다.

이뿐만이 아니다. K-푸드를 직접 브랜드화하여 시장을 장악하려는 거대 기업들의 움직임도 본격화하고 있다. 그 대표적인 사례가 인도네시아 최대 식품 기업 인도푸드(Indofood)다. 세계 3대 라면 회사이자 인도네시아 라면 시장의 70퍼센트를 장악한 인도푸드는 이제 '한국 라면'이라는 한글 브랜드명까지 전면에 내세운 신제품을 출시했다. 매운맛과 로제 떡볶이 맛을 포함한 프리미엄 라면 시리즈를 선보이며, K-푸드 시장을 직접 공략하고 있다. 광고 모델도 K-팝 걸그룹 뉴진스를 기용하여 K-컬처와 브랜드 이미지를 결합한 공격적인 마케팅을 펼치고 있다.

K-푸드 시장을 지키고 확장하기 위해서는 할랄 인증이 필수적이다. 인도네시아 정부는 2024년 10월부터 식품과 음료에 대한 할랄 인증을 의무화할 계획이었다. 그러나 현지 중소기업과 해외 수입 제품에 대해서는 2년간 유예 기간을 두기로 하면서 당장은 인증 없이도 판매가 가능하지만, 의무화가 시행되기 전에 미리 할랄 인증을 받는 것이 경쟁력을 확보하는 길이다. 인도네시아는 세계 최대 무슬림 국가로, 할랄은 단순한 식품 기준이 아니라 인도네시아인의 정체성과 맞닿아 있는 중요한 가치이며, 현지 소비자들에게 신뢰를 얻고 브랜드 가치를 높이는 필수 조건이다.

실제로 인도네시아의 대형 유통 업체들도 매장을 할랄과 비할랄 구역으로 분리하여 운영하기 시작했다. 이 변화는 소비자 행동에도 직접적인 영향을 미치고 있다. 현지 소비자들은 비할랄 구역에서 제품을 구매하는 것을 부담스러워하며, 주위의 시선을 의식해 기피하는 경향이 강하다. 이러한 분위기 속에서 할랄 인증이 없는 제품은 점점 소비자의 선택을 받기 어려워질 것이다. 할랄 인증이 없는 제품은 유통 채널 확보는 물론, 소비자 접근성까지 제한될 가능성이 크다. 할랄 인증이 의무화되기 훨씬 전부터 한 라면 브랜드가 할랄 인증을 획득해 매출이 급상승한 사례가 있다. 이는 할랄 인증이 단순한 법적 요건이 아니라 소비자 신뢰와 판매 실적을 결정하는 핵심 요소임을 보여준다.

김 대표는 한국식 사고방식을 고집하지 말고 현지 실정에 맞춰 유연하게 접근하라고 강조한다. 제품의 수입과 판매 인허가에만 6개월 이상이 소요되는 인도네시아에서 한국식 속도전에 익숙해진 기업들은 조급함을 버려야 한다는 것이다. 한국에서는 대규모 마케팅과 빠른 확산 전략이 효과적일 수 있지만, 인도네시아에서는 초반에 대박을 노리기보다는 테스트 판매부터 시작해야 한다. 또한 현지의 특수한 상황도 알아야 한다. 예를 들면, 인도네시아에는 콜드체인(Cold Chain) 인프라가 부족하여 유통 과정에서 변형되기 쉬운 하드 타입 아이스크림은 판매가 어렵지만, 상대적으로 관리가 쉬운 쭈쭈바와 같은 파우치 형태의 아이스크림은 성공 가능성이 높다.

인도네시아 슈퍼리치의 성공 전략 수업

인도네시아에서 한국인 먹거리를 책임지는 무궁화유통의 주 고객이 인도네시아인으로 바뀌고 있다. 이는 K-푸드가 현지인에게 일반적인 먹거리가 되었음을 보여준다.

인도네시아 소비자에게는 제품이 이슬람 율법에 부합하는지, 즉 '할랄 기준을 충족하는지'가 매우 중요한 사항이다. 민간 종교 기관인 엠우이(MUI, Majelis Ulama Indonesia)의 인증을 가장 신뢰한다. 그래서 MUI 인증은 식품, 화장품 등 소비재에서 필수 요소로 작용하며 제품의 안전성과 품질을 보장하는 기준이 되었다. 반면 외국 할랄 인증은 신뢰도와 인지도가 상대적으로 낮다. 따라서 현지 MUI 인증을 확보하는 것이 유리할 수 있다.

인도네시아 최고의 외식 프랜차이즈 기업, 보가 그룹 꾸스나디 라하르자 대표

인도네시아 외식 업계의 마이더스 손,
마스터 프랜차이즈 전략은 안 통한다

인도네시아 사람들이 해외여행을 갈 때 꼭 챙기는 것이 있다. 바로 쌈발(Sambal)이다. 한국에 고추장이 있다면, 인도네시아에는 이 매운 소스가 있다. 이 한 가지가 식탁의 맛을 결정하고 요리의 기본이 된다. 입맛은 쉽게 바뀌지 않기 때문에 특히 외식업에서는 현지화의 성공을 결정짓는 핵심 요소다. 카페, 베이커리, 레스토랑 등 외국 브랜드가 인도네시아에서 자리 잡으려면 기본적으로 인도네시아인의 입맛과 감성을 이해해야 한다.

인도네시아의 대표 외식 프랜차이즈 기업인 보가 그룹(Boga Group)은 철저한 현지화 전략으로 빠르게 성장했다. 창립자 꾸스나디 라하르자(Kusnadi Rahardja) 대표는 미국 카네기멜론대학교에서 MBA를 마치고 글로벌 제약기업 존슨앤존슨에서 오래 근무하다가 음식에 대한 열정으로 요식업에 몸담게 된다. 2002년 자신만의 외식 브랜드를 만들기로 결심한 그는 철저한 현지화 전략을 기반으로 보가 그룹을 인도네시아 10대 프랜차이즈 기업으로 성장시켰다.

보가 그룹은 인도네시아 26개 도시에서 250개 직영 매장을 운영하며 5,000명 이상의 직원을 고용하고 있는 인도네시아 최고의 외식 프랜차이즈 기업이다. 꾸스나디 라하르자 대표는 거대한 인도네시아 외식 시장에서 자체 개발 브랜드들은 물론이고 세계 유명 브랜드를 성공시키며 글로벌 외식 트렌드 왕국을 세웠다. 보가 그룹의 K-푸드 현지화 전략도 그중 하나다.

그는 유행을 좇는 경영인이 아니라 새로운 시장을 개척하는 기업가다. 이미 붐비는 시장에는 과감하게 '노(No)'를 선언한다. 버블티가 선풍적인 인기를 끌 때도 차별화가 어렵다고 판단해 과감히 포기했다. 그래서 보가 그룹이 인도네시아에 처음 도입한 프랜차이즈는 다소 생소한 개념이었다. 20년 전 싱가포르의 디저트 및 케이크 브랜드 베이

커진(Bakerzin)을 인도네시아에 처음 들여왔던 것이다. 당시 고급 디저트는 호텔에서만 판매되고 일반 카페에서는 찾아볼 수 없었다. 하지만 베이커진은 프리미엄 디저트를 대중화해 큰 성공을 거두었고 지금도 꾸준히 사랑받는 브랜드로 자리 잡았다.

이처럼 남들을 따라가지 않고 새로운 기준을 만들며 틈새시장을 찾아낸다는 철학이 지난 20년간 보가 그룹을 인도네시아 외식 업계의 선두 주자로 끌어올린 핵심 동력이다. 그 사례는 또 있다. 2006년에 보가 그룹이 인도네시아에 처음 소개한 일본 브랜드 페퍼런치(Pepper lunch)다. 페퍼런치는 기존 스테이크 식당과는 전혀 다른 방식으로 승부를 걸었다. 뜨겁게 달군 철판 위에 생고기와 밥이 함께 제공되는 스타일은 이전에 없던 경험이었다. 손님이 직접 고기의 익힘 정도를 조절하며 원하는 맛을 낼 수 있게 하여 오감을 만족시키는 특별한 음식을 제공했다. 인도네시아 쇼핑몰 대부분에 입점해 있는 페퍼런치는 단순한 패스트푸드가 아닌 고객이 직접 요리하는 참여형 식문화로 차별화되며 인기를 끌었다.

또한 2024년 한류 열풍 속에서도 보가 그룹의 행보는 남달랐다. 이미 K-치킨과 바비큐 시장은 포화 상태였기 때문에 K-치킨과 바비큐 대신 이비가짬뽕을 선택했다. 인도네시아 최초의 한국 짬뽕은 아니지만 인도네시아 최초의 '할랄 인증 짬뽕'으로 특별한 경험을 제공했다. 또한 뚜레주르와 파리바게뜨가 프랑스풍 베이커리를 강조하는 사이 보가 그룹의 로프 번 코리아(Loaf Bun Korea)는 색다른 한국의 맛을 내세웠다. 고구마빵, 옥수수빵 등 한국식 베이커리를 전면에 내세우고 모든 제품

명을 한글로 표기하며 진짜 K-베이커리 정체성을 확립했다.

지금 인도네시아 외식 트렌드는 전문점이다. 모든 것을 파는 곳보다 한 가지 메뉴를 최고로 잘하는 전문점이 승부를 가른다. 예전에는 일식당에서 스시, 사시미, 튀김, 돈가스, 라면까지 한 번에 주문하는 것이 일반적이었다. 중식당에서도 딤섬, 바비큐, 생선찜, 국수, 죽까지 한 번에 먹을 수 있었다. 그러나 이제 인도네시아 소비자들은 진짜 맛있는 딤섬과 라면을 어디서 먹어야 하는지 알고 있다. 다양한 메뉴를 한꺼번에 제공하는 곳보다 한 가지 요리를 최고로 잘하는 전문점을 선호하는 경향이 뚜렷해지고 있다.

이러한 변화 속에서 보가 그룹이 선택한 이비가짬뽕은 명확한 메시지를 던졌다. 라면을 먹고 싶으면 일본 라면 전문점을, 짬뽕을 먹고 싶으면 이비가짬뽕을 찾으라는 전략 덕분에 결국 짬뽕이라는 특정 카테고리에서 확실한 경쟁력을 확보하고 차별화에 성공했다.

이처럼 현지인의 입맛과 식습관을 이해하는 동시에 브랜드의 정체성을 지켜내는 균형 감각이 인도네시아 외식 사업에서 성공의 열쇠다. 이 원리를 가장 쉽게 확인할 수 있는 곳이 맥도날드 인도네시아다. 미국에서 맥도날드는 햄버거 가게다. 햄버거를 먹으려면 맥도날드, 프라이드치킨을 먹으려면 KFC로 간다. 하지만 인도네시아에서는 다르다. 맥도날드에서 가장 인기 있는 메뉴는 햄버거가 아니라 프라이드치킨과 쌀밥 세트다. 소스도 토마토케첩보다는 매운 쌈발이 인기다. 결과적으로, 인도네시아 맥도날드는 사실상 프라이드치킨 전문점에 가깝다.

이탈리안 레스토랑의 파스타도 인도네시아에서는 조리법이 다르다.

한국인은 쫄깃한 면발을 좋아하지만, 인도네시아인은 부드럽고 쉽게 끊어지는 면을 선호한다. 파스타 면이 알덴테로 나오면, 인도네시아 소비자는 덜 익었다고 생각한다. 면을 먹는 방식도 다르다. 한국에서는 짬뽕 한 그릇이면 한 끼를 해결할 수 있다. 하지만 인도네시아에서는 면 요리와 함께 다른 음식을 추가로 주문하는 것이 일반적이다. 이런 식문화 차이로 인도네시아에서는 1인분의 양을 줄이고, 그릇의 크기도 작게 하며, 가격도 더 낮추는 것이 중요하다. 현지의 입맛을 반영하는 것만큼, 소비자의 식습관에 맞춰 운영 방식을 조정하는 것 역시 성공의 필수 요소다.

인도네시아 프랜차이즈의 특징 중 하나는 마스터 프랜차이즈(Master Franchise, MFC)의 개념이 잘 통하지 않는다는 것이다. 한국에서는 은퇴 후에 프랜차이즈 창업이 흔한 선택지이지만 인도네시아에서는 은퇴자들의 자산이 충분하지 않아 개인이 프랜차이즈 사업에 진입하기가 현실적으로 어렵다. 또한 개인이 운영하는 매장은 서비스 품질을 유지하기 힘들다. 그래서 스타벅스나 맥도날드 같은 글로벌 브랜드조차도 소수의 몇 명이 대부분의 직영을 운영한다. 따라서 한국에서 100개 매장을 운영하는 브랜드가 한국보다 인구가 5.6배 많은 인도네시아에서는 500개 매장을 운영할 수 있다고 단순히 계산하는 것은 현실적이지 않다.

그리고 인도네시아에서 외식 브랜드가 성공하려면 가격이 저렴해야 한다. 인도네시아는 1인당 국민소득이 한국의 5분의 1 수준이기 때문에 한국의 중산층과 인도네시아 중산층이 부담 없이 먹을 수 있는 외식의 가격 차이가 크다. 예를 들면, 맥도날드의 '프라이드치킨+쌀밥+음료' 세트는 우리 돈으로 4,000원이다. 인도네시아에 진출한 한국 치킨 브랜드는 단품 메뉴만 해도 1만 원이 넘는다. 인도네시아 중산층에게는 부담스러운 가격이고 이는 브랜드 확장의 가장 큰 걸림돌이다.

프랜차이즈 사업이 규모의 경제를 누리려면 매장이 최소 50개 이상은 되어야 한다. 수도 자카르타를 넘어 구매력이 더 낮은 지방으로 매장을 확장하려면 가격을 더 낮춰야 한다. 가격 경쟁력 확보의 가장 큰 변수는 식자재와 소스의 현지 조달 여부다. 일부 한국 브랜드는 심지어 닭을 튀기는 기름까지 한국에서 공급해달라고 요구한다. 현지 소비자는 건강에 좋은 기름보다 가격을 더 중요하게 생각하지만, 한국 본사는 이를 고려하지 않는다. 이런 접근 방식은 판매 가격을 처음 예상보다 2배 이상 높이는 결과를 초래한다. 해외 브랜드는 소스 수출을 안정적인 수익원으로 보기 때문에 현지 조달을 꺼린다.

보가 그룹은 할랄 인증과 HACCP(Hazard Analysis and Critical Control Points: 식품안전관리인증기준) 인증을 보유한 대규모 중앙 공급식 주방 시스템인 센트럴 키친(Central Kitchen)을 갖고 있다. 처음에 망설이던 외국 파트너도 위생 관리가 철저한 보가 그룹의 최신식 시설을 견학하고 나면 소스를 현지 조달하기로 생각을 바꾼다. 페퍼런치와 이비가짬뽕 등 보가 그룹이 취급하는 모든 브랜드는 현지 생산된 소스를 사용한다. 이렇듯 한국 브랜드가 인도네시아에서 장기적으로 성장하려면 가격을 낮출 수 있는 현지 조달 체계를 구축해야 한다. 단순히 '한국에서 들여오면 더 좋다'가 아니라 '현지에서 만들어야 확장할 수 있다'는 현실을 직시해야 한다.

현재 인도네시아에 일본 식당은 약 5,000개, 한국 식당은 자카르타에만 약 200개가 있다. 한국이 일본을 따라잡으려면 무엇이 필요할까? 보가 그룹이 고객을 대상으로 조사한 결과, 인도네시아 사람들이 한국 음식을 처음 접한 계기는 드라마, 영화, 리얼리티 쇼였다. TV에서 본 한국 음식을 어디서 먹을 수 있는지 온라인에서 자주 검색한다. 하지만 대부분의 한국 외식 브랜드가 한글만 사용하기 때문에 한글을 모르는 인도네시아 사람들이 인터넷이나 유튜브에서 쉽게 찾기 어렵다.

반면, 일본 브랜드들은 영문 상호를 적극적으로 사용한다. 페퍼런치는 영문 상호를 크게, 일본어 표기는 작게, 우동 전문점 요시노야(Yoshinoya)도 영문 브랜드명을 사용한다. 한국 드라마에 자주 등장하는 CU편의점은 영문 표기를 사용하고 있어 인도네시아 여행객들이 쉽게 찾는다. 많은 인도네시아 관광객이 한국을 방문하면 CU 앞에서 사진을 찍고 인스타그램에 공유할 정도로 브랜드 인지도가 높다. 모든 매장을 영문으로 표기할 수는 없지만 본점이나 관광객이 많은 핫 플레이스 매장에는 영문 상호를 병행 표기할 필요가 있다. 검색이 쉬워지면, 브랜드 인지도도 높아진다. 일본이 성공한 전략을 참고해, 한국 브랜드도 소비자들이 쉽게 찾을 수 있는 환경을 만드는 것이 중요하다.

또 하나, 할랄 인증의 중요성은 아무리 강조해도 지나침이 없다. 매장 두세 개를 운영할 때는 할랄 인증이 없어도 큰 문제가 없다. 하지만 매장을 50개 이상 확장하려면 무슬림 고객을 타깃으로 할 수밖에 없기에 할랄 인증이 필수다. 보가 그룹의 모든 매장 입구에는 눈에 잘 띄는 곳에 할랄 인증 간판이 설치되어 있다. 덕분에 고객은 안심하고 방문할 수 있다.

인도네시아 슈퍼리치의 성공 전략 수업

인도네시아에서 외국 브랜드가 외식업에 성공하려면 기본적으로 인도네시아인의 입맛과 감성을 이해해야 한다. 다시 말해 인도네시아 시장에 적합한 섬세한 준비와 노력으로 소비자가 원하는 니즈 사업 아이템으로 차별화해야 한다. 브랜드의 정체성을 유지하되 현지인의 입맛과 식습관을 철저히 이해하여 접목해야 한다. 그리고 가격이 한국보다 저렴해야 한다. 현재 인도네시아 외식 트렌드는 전문점이다. 특히 프랜차이즈 사업의 경우 한국과 상황이 달라서 마스터 프랜차이즈 개념이 잘 통하지 않는다는 것을 명심해야 한다.

아즈꼬, 인포르마 등 거대한 유통체인 갑부, 까완라마 그룹 꾼쪼로 위보워 회장

초등학교 졸업 출신 인도네시아 50대 갑부, 시대의 흐름을 먼저 읽고, 한 발 앞서 움직여라

1955년 자카르타 외곽의 작은 철물점에서 시작된 기업이 있다. 불과 6제곱미터 크기의 이 작은 가게는 훗날 인도네시아 최대 유통 그룹 중 하나인 까완라마 그룹(KawanLama Group)으로 성장했다. 까완라마는 자바어로 '오래된 친구'라는 의미다. 창업자 웡진(Wong Jin)의 장남 꾼쪼로 위보워(Kuncoro Wibowo)는 초등학교를 졸업하고 곧바로 가게 일을 도우며 실무 경험을 쌓았다. 그는 아버지에게 배운 비즈니스 감각과 끊임없는 노력으로 회사를 키워냈다. 현재 아즈꼬(AZKO, 구 Ace Hardware: 집수리 용품), 인포르마(Informa: 가구), 까완라마 스자뜨라(Kawan Lama Sejahtera: 산업용 장비) 등 전문 리테일 체인을 운영하는 거대한 기업으로 성장시켰다. 특히 인포르마는 인도네시아 최대 가구 브랜드로 자리 잡으며 시장을 주도하고 있다. 이러한 성공으로 꾼쪼로 위보워는 2023년 〈포천〉지가 선정한 인도네시아 50대 부호에 이름을 올렸으며 그의 재산은 약 10억 달러로 평가된다.

기업의 성공을 결정짓는 요소는 다양하지만, 까완라마의 성장 비결은 단순했다. 바로 '먼저 움직이고, 신뢰를 지킨다'는 신념이다. 1970~1980년대, 인도네시아 제조업이 성장하면서 고품질 산업용 장비에 대한 수요가 높아졌다. 하지만 해외 유명 브랜드의 제품을 전문적으로 들여오는 기업은 없었다. 까완라마는 이 기회를 놓치지 않았다. 1980년 까완라마 스자뜨라를 설립하고 독일, 미국 등에서 산업용 장비를 수입하며 시장을 선점했다. 그러나 까완라마의 진짜 강점은 사람과의 관계였다. 비즈니스를 단순한 거래가 아니라 오랜 친구처럼 신뢰를 쌓아가는 과정으로 여겼다. 경기가 좋을 때뿐만 아니라 어려운 순간에도 파트너를 버리지 않았다. 실제로 한 납품 업체의 공장에서 화재가 발생해 생산이 중단되었을 때도 까완라마는 다른 거래처를 찾는 대신 기다려주었다. 신뢰 최우선의 철학은 단순한 비즈니스 전략이 아니라 기업의 정체성이 되었다.

사업의 성장은 기회뿐만 아니라 위기를 어떻게 넘기느냐에 달려 있다. 까완라마의 성공은 단순한 확장이 아니라 위기를 기회로 바꾼 전략에서 비롯되었다. 1990년대 인도네시아는 중산층이 증가하면서 가정용 가구와 집수리 용품 수요가 급격히 늘었다. 까완라마는 이를 놓치지 않고 1995년 미국 브랜드 에이스 하드웨어를 도입하며 유통 사업을 확장했다. 그러나 1998년 외환위기로 루피아의 가치가 폭락하고 수입 브랜드 가격이 급등하면서 매출이 크게 하락했다. 대부분의 기업이 사업 축소를 고민하던 시기에 까완라마는 정반대의 길을 선택했다. 자체 브랜드 크리스보우(Krisbow)를 출시한 것이다. 중국과 대만에서 직접 발굴한 품질 좋은 제품에 자체 브랜드를 붙여 수입·판매하면서 가격 경쟁력을 확보했다. 이 전략은 큰 성공을 거두었고, 오늘날 아즈꼬는 56개 도시에 230개 매장을 운영하는 유통 강자로 입지를 굳혔다.

꾼쪼로 위보위는 정규교육을 많이 받지는 않았지만, 배움에는 한계가 없다는 것을 몸소 증명했다. 초등학교 졸업 후에 독학으로 영어와 중국어를 익히며 국제 비즈니스 감각을 키웠다. 이를 바탕으로 해외 유명 브랜드와 직접 협상하며 글로벌 기업과의 파트너십을 성공적으로 이끌어냈다. 그의 리더십은 소통과 개방성에 있다. 그는 폐쇄적인 사무실을 좋아하지 않는다. 벽으로 둘러싸인 집무실 대신 사방이 열린 공간에서 직원들과 함께 일한다. 오직 테이블 하나만 놓인 그의 사무실은 상하관계보다 협업과 자유로운 의견 교환을 강조하는 그의 철학을 반영한다. 또한 그는 항상 가장 먼저 출근하는 리더다. 직원들에게 지시만 내리는 것이 아니라 직접 행동으로 보여주며 조직을 이끈다. 학력보다 실력을, 지시보다 소통을 중시하는 그의 경영 방식은 까완라마를 인도네시아 대표 유통 그룹으로 성장시키는 원동력이 되었다.

꾼쪼로 위보위 회장의 조카이자 구매를 책임지고 있는 윌리엄 위자야(William Widjaja)는 인도네시아 경제에 대해 낙관적이다. 그 이유 중 하나는 바로 인도네시아의 개방적인 사회 분위기 때문이다. 많은 외국인이 인도네시아는 세계에서 가장 많은 이슬람 신도를 보유한 나라라는 말만 듣고 중동의 엄격한 이슬람 국가들을 떠올리며 긴장 속에서 입국한다. 하지만 공항에 내리는 순간부터 예상과 전혀 다른 활기찬 분위기에 놀란다. 예를 들면, 인도네시아에는 비르 빈땅(Bir Bintang)이라는 유명한 맥주 공장이 있다. 이슬람 국가에서는 쉽게 찾아보기 힘든 광경이다. 그래서인지 현지 식당에서는 옆 테이블에 무슬림이 앉아 있어도 외국인들이 맥주를 즐기는 모습이 자연스럽다. 외국인들은 무슬림 사회도 이렇게 개방적일 수 있다는 새로운 시각을 갖게 된다. 인도네시아는 종교와 문화를 초월해 열린 마음으로 모든 사람을 환영하는 사람 중심의 사회다. 이러한 개방성이 변화를 이끌고 발전을 가능하게 하는 강력한 이유가 되고 있다.

그는 향후 10년, 20년이 인도네시아의 황금기가 될 거라고 확신했다. 과거에는 정부가 제조업을 육성하고 싶어 하고 민간 기업이 제조 역량을 키우고자 해도 어떻게가 문제였다. 정부도 기업도 그 방법을 몰랐다. 그러다 미·중 갈등이 새로운 전기를 마련했다. 중국 협력 업체들이 대거 인도네시아로 몰려오면서 제조업의 기회가 눈앞에 펼쳐졌다. 이미 다수의 중국 기업이 생산 공장을 인도네시아로 이전하며 까완라마 그룹에 공동 투자를 제안하고 있다. 오랜 기간 유통업을 주력으로 삼아온 까완라마 그룹은 제조업이 낯설어 망설이고 있지만, 이런 기회를 그냥 흘려보낼 생각은 없다. 결국 자체 공장 건립과 지분 참여를 통해 제조업 운영 노하우를 배울 절호의 기회를 잡고 있다. 이제 인도네시아에서는 유통 기업들이 제조업에 진출하는 흐름이 본격화하고 있다. 인도네시아가 그토록 원했던 제조업 중심의 산업구조 고도화가 새로운 전환점을 맞이하고 있는 것이다.

아즈꼬는 고객들이 매장에 더 오래 머물도록 가족이 함께 즐길 수 있는 콘텐츠를 추가했다. 그중 하나가 바로 버블티 매장의 입점이었다. 이를 위해 대만에서 열리는 프랜차이즈 전시회를 찾아 나섰다. 하지만 대만의 유명 버블티 브랜드들은 까완라마 그룹을 인도네시아의 무명 기업이라며 무시했다. 반면, 당시 작은 업체였던 차타임(Chatime)은 부부가 직접 나서서 정성껏 응대해주었다. 이 인연을 계기로 2011년 차타임과 계약을 맺었고, 결과는 대성공이었다. 현재 차타임은 인도네시아 전역 60개 도시에서 약 420개 매장을 운영하는 브랜드로 성장했다. 이 경험을 바탕으로 까완라마 그룹은 매장의 콘텐츠를 더 확장하기 위해 이제 한국의 유망 프랜차이즈 도입에도 큰 관심을 두고 있다.

이처럼 인도네시아 시장에 진출하려면 혼자로는 부족하고 오랜 친구처럼 함께 갈 수 있는 파트너가 필요하다. 현지 경험과 네트워크를 갖춘 신뢰할 수 있는 파트너를 만나면 복잡한 시장 환경에서도 길을 찾을 수 있다. 그런 의미에서 까완라마 그룹은 전문 리테일 분야에서 가장 든든한 동반자라 할 수 있다.

인도네시아 슈퍼리치의 성공 전략 수업

지금 인도네시아 시장에 필요한 것은 무엇일까? 한국이 관심을 가져야 하는 질문이다. 인도네시아는 이슬람 국가임에도 개방적인 분위기다. 그래서 준비된 소통형 리더십이 어떤 비즈니스에서든 유리하게 작동한다. 현재 인도네시아에서는 유통 기업들이 제조업에 진출하는 흐름이 본격화하고 있다. 인도네시아는 제조업 중심의 산업 구조 고도화로 새로운 전환점을 맞이하고 있다. 바로 지금 한국은 새로운 기회들을 만들어내야 한다.

3부

미래의 경제 강국, 인도네시아를 위한 경제 전문가들의 솔루션

경제 리더들이 그리는 넥스트 인도네시아

인도네시아가 특별한 이유는 무한한 가능성을 가진 나라이기 때문이다. 글로벌 투자은행 골드만삭스는 〈2075년 글로벌 경제 전망(The path to 2075)〉에서 인도네시아가 2050년까지 일본, 독일, 영국 등 선진국을 추월해 중국, 미국, 인도와 함께 세계 경제 4강에 오를 것으로 전망했다. 하지만 경제 대국이자 강국으로 가기 위해 인도네시아가 해결해야 할 숙제들은 아직도 많아 보인다. 인도네시아를 더욱 객관적인 시각으로 바라보고 이에 대한 대안이 더욱 필요한 시점이다. 여기서는 인도네시아 경제를 설계하고 방향을 제시하는 중대한 역할을 맡고 있는 최고 전문가들의 솔루션을 모아보았다.

경제를 책임지는 어벤저스, 국가경제위원회
– 셉띠안 하리오 세또 사무총장

다운스트림 육성 정책으로 국제 무대 핵심 국가로 떠오르다

: 중진국 함정에서 벗어나기 위한 글로벌 인재 양성의 빅픽처 그리기

인도네시아에서 부러운 점 중 하나는 젊은 인재를 과감히 발탁해 장관과 차관 같은 고위직에 적극 등용한다는 것이다. 이러한 젊은 리더들의 참여는 정부의 국정 운영에 신선한 시각과 혁신적인 리더십을 제공함으로써 인도네시아의 변화를 주도하고 발전을 가속하는 강력한 동력이 되고 있다.

대표적인 사례는 인도네시아의 혁신적인 기업가 나디엠 마까림(Nadiem Makarim)이다. 그는 2010년 오토바이 호출 서비스로 시작한 고젝을 설립하고 이를 동남아시아의 대표적인 슈퍼 앱으로 성장시켰다. 중국 알리바바의 창업자 마윈(Jack Ma)에 비견되는 그는 이러한 성

과를 인정받아 2019년 35세의 나이에 인도네시아 교육부 장관으로 임명되며 국내외에서 큰 주목을 받았다.

또 다른 사례는 2020년 36세의 나이에 해양투자조정부 차관으로 등용되어 남다른 리더십을 발휘하고 있는 셉띠안 하리오 세또(Septian Hario Seto, 이하 셉띠안)다. 그는 인도네시아 최고 대학인 국립 인도네시아대학교에서 회계학을 전공하고 프랑스 SKEMA경영대학원에서 국제 금융학 석사 학위를 취득했다. 차관으로서 4년간 근무를 마치고 지금은 대통령을 최측근에서 보좌하는 국가경제위원회(National Economic Council) 사무총장으로 재직하며 인도네시아 경제 정책의 핵심적인 역할을 맡고 있다.

셉띠안 사무총장이 현재 몸담고 있는 국가경제위원회는 최고의 전문가들로 구성된 조직이자 인도네시아 경제 정책을 이끄는 사령탑으로서 대통령의 경제 브레인 역할을 하고 있다. 이 위원회는 단 일곱 명의 멤버로 이루어져 있지만 그 구성원들의 면면을 살펴보면 마치 경제계의 어벤저스처럼 막강하다.

국가경제위원회 위원장은 조코위 대통령 시절 실질적인 2인자이자 해양투자조정부 장관을 지낸 루훗 빈사르 빤자이딴(Luhut Binsar Pandjaitan)이다. 그는 강력한 리더십과 정치적 경험으로 위원회를 이끌고 있다. 부위원장은 세계은행의 2인자 자리에까지 오른 마리 엘까 팡에스뚜(Mari Elka Pangestu)다. 그녀는 수실로 밤방 유도요노 대통령 시절 무역부와 관광창조경제부 장관을 역임하며 10년간 경제 정책의 중추적 역할을 해왔다. 이밖에도 위원회에는 또 다른 중량급 인사들이 포함되어 있다. 전 재무부와 투자부 장관 출신으로 경제 분야에서 오랜 경험과 통찰을 자랑하는 무하마드 차팁 바스리(Muhamad Chatib Basri)도 그중 한 명이다.

이처럼 각 분야의 최고 전문가들이 모인 국가경제위원회는 인도네시아 경제를 설계하고 방향을 제시하는 중대한 역할을 맡고 있다. 구체적으로는 국가의 중장기 구조 개혁 등 정책 제언뿐만 아니라 시행 중인 정책을 모니터링하고 평가해 대통령에게 보고한다. 또한 특정 분야의 수급 불균형 해소, 외국인 투자 유치 확대 등과 같은 긴급한 경제 현안에 대한 해결책을 대통령의 요청에 따라 제시하기도 한다. 예를 들어, 최근 인도네시아 내수 부진이 중산층과 저소득층의 구매력 약화에서 비롯되었다고 판단해, 서민들의 생활비를 지원하기 위한 전기 보조금 도입을 대통령에게 건의했다. 이 제안은 대통령의 승인을 받아 현재 재무부에서 시행 중이다.

셉띠안 사무총장은 조코위 대통령 시절 해양투자조정부 차관으로서 루훗 장관과 함께 니켈 등 광산과 전기자동차용 배터리 산업 개발에 핵심적인 역할을 담당했다. 가공하지 않은 니켈의 수출 금지는 면밀한 분석 끝에 내린 조치였다고 한다. 니켈 원광석 1톤의 실제 니켈 함량은 겨우 1.7퍼센트에 불과하고, 나머지 98.3퍼센트는 물과 흙 같은 불순물이다. 원광석을 중국으로 운송할 경우 98.3퍼센트의 불순물을 함께 운반하게 되며, 이때 운송 비용은 톤당 14달러에 달한다. 이러한 비효율성을 고려하면 인도네시아 현지에 가공 공장을 설립하고 원광석을 정제한 다음에 운송하는 것이 비용 절감과 수익성 측면에서 훨씬 유리하다는 결론에 도달했던 것이다.

2018년 40억 달러에 불과했던 니켈 
수출액이 원자재 수출 금지 이후 가공
공장 증설로 2023년에는 340억 달러로
약 8배로 증가했다. 엄청난 성장이었다.
인도네시아가 한국의 산업화를 배우고
싶어 하는 것처럼, 아프리카와 남미 여
러 나라도 인도네시아의 성공적인 다운
스트림 산업 육성을 배우고 싶어 한다. 한편 인도네시아는 니켈 수출
금지 조치로 세계무역기구(WTO)에 제소되었다. 그러나 수출 금지가
없었다면 대부분의 니켈 원광이 중국으로 흘러갔을 것이다. 그런데 수
출 금지로 많은 나라가 니켈을 확보하기 위해 인도네시아에 몰려들었
고 결과적으로 중국의 독점적 지배를 막을 수 있었다는 주장도 있다.

당시 전기자동차와 배터리에 대한 글로벌 수요가 증가하면서 인도
네시아는 유리한 기회를 잡을 수 있었다. 그러나 단순한 수출 금지만
으로는 성공할 수 없었다. 핵심은 무역부, 산업부, 투자부 간의 긴밀
한 공조와 협력이었다. 셉띠안 사무총장은 이렇게 비유해서 설명했다.
이 정책은 험난한 길을 달리는 마라톤과 같다. 뛰는 동안 지도를 읽으
며 방향을 잡는 동시에 버스에 치이지 않도록 피해야 했다. 지도를 읽
기 위해 멈추는 순간 추진력을 잃기 때문이다. 무역부는 수출 금지 정
책으로 원자재 유출을 막았고 산업부는 다운스트림 육성 정책으로 고
부가가치 산업을 키웠다. 투자부는 외국인 투자를 유치해 자본과 기술

전기차 공급망의 게임 체인저: 인도네시아 최초의 황산니켈 제련소 준공

을 확보했다. 이 세 부처의 공조와 시너지가 성공의 열쇠였다. 이 과정은 단순한 정책 성과를 넘어 인도네시아에 새로운 자신감을 심어주었고, 글로벌 무대에서 더 큰 도약을 위한 귀중한 자산이 되었다.

미래에 인도네시아가 중진국 함정에서 벗어나기 위해서는 무엇을 준비해야 할까? 셉띠안 사무총장은 다음과 같은 의견을 제시했다.

첫째, 올바른 정책부터 수립해야 한다. 첫 단추는 민간 부분으로부터 어떤 정책이 필요한지 의견을 듣는 것이다. 민간 사모펀드에서 일한 적이 있는 그는 규제가 얼마나 복잡하고 허가를 받는 일이 얼마나 어려운지 잘 알고 있다. 의견이 수렴된 뒤에는 현재의 규제와 민간 부분의 요구 사이에 어떤 차이가 있는지 확인하고 관련 부처가 규제를 바꾸도록 설득해야 한다.

둘째, 새로운 정책이 효과적인지 확인한다. 실제로 이 단계가 가장 중요하다. 새로운 정책이 시행되는 동안 문제가 발생할 경우 해결을 도울 원스톱 서비스 시스템도 갖추어야 한다.

셋째, 인적자원 개발에 큰 노력을 기울여야 한다. 제조업과 서비스 산업에서 글로벌 경쟁력을 갖추려면 우수한 인적자원은 필수적이다. 프라보워 수비안토 대통령이 추진하는 무상급식 정책과 우수한 학교 건립이 그 기반이 되어줄 것이다. 대통령은 우수한 기숙학교를 설립해 글로벌 인재를 체계적으로 양성할 계획을 품고 있다. 이 학교의 학생들은 호주나 싱가포르를 넘어 미국의 하버드와 같은 아이비리그 대학 진학을 목표로 한다. 이런 식으로 세계적 수준의 교육을 받은 인재를 배출하고 이들이 인도네시아의 미래를 선도할 글로벌 리더로 성장하도록 지원하여 국가 경쟁력을 높일 계획이다.

현재 대통령은 이러한 정책이 자신의 임기 중에 가시적인 성과를 내지 못할 가능성을 알면서도 국가의 미래를 위해 과감히 추진하고 있다. 이는 단기적인 성과보다는 장기적 국가 발전을 우선시하는 지도자의 책임감과 비전을 보여준다.

솔루션 2
인도네시아 CEO 사관학교,
쁘라스띠아물야대학교 – 지씨만 씨만준딱 총장

과거 제조업의 영광 되찾아야 고소득 국가로 간다

: 혁신적인 기업가와 숙련된 인력 양성이 절실하다

미국에서 가장 유명한 대학은 하버드대학교다. 경영대학원 중에서는 하버드와 쌍벽을 이루는 곳이 펜실베이니아대학교의 와튼 경영대학원이다. 인도네시아 최고의 명문 대학은 국립 인도네시아대학교이지만 1980년대와 1990년대 가장 유명한 경영대학원은 쁘라스띠아물랴대학교(University of Prasetiya Mulya)였다. 이 대학교는 인도네시아의 CEO 사관학교로 불릴 정도로 민간 기업과 국영기업의 CEO를 많이 배출했다. 국제무역학을 전공한 경제학자이자 쁘라스띠아물랴대학교의 경영대학 학장을 역임한 지씨만 씨만준딱(Djisiman Simanjuntak) 총장은 뛰어난 실력과 훌륭한 인품으로 존경받는 리더다. 2010년대 중반

한국과 인도네시아가 FTA 협상을 진행할 때 인도네시아 무역부를 이끌었고 한국의 코트라(KOTRA)와 같은 기관을 인도네시아에 설립하기 위해 노력한 적도 있었다.

사실 인도네시아에는 과거 제조업의 영광을 잃어버린 것에 대한 아쉬움이 남아 있었다. 1970년대부터 1990년대 초까지 인도네시아의 제조업 경쟁력은 아시아에서 손에 꼽힐 정도였다. 섬유, 신발, 가구, 가전 등의 분야에서 세계의 공장 역할을 담당하기도 했다. 당시 인도네시아 정부 부처가 개최한 세미나의 제목이 '세계의 제조 중심 인도네시아'였을 정도로 말이다. 세미나에서는 넘치는 공장 수요를 맞추기 위해 노동력 부족을 어떻게 해결해야 할지 집중 논의가 이루어지기도 했다. 유럽과 미국의 일반특혜관세(GSP) 혜택을 누리기 위해 외국 기업이 인도네시아로 대거 몰리던 호시절이기도 했다.

그러다가 1990년대 중반부터 제조업 성장의 모멘텀을 잃기 시작했다. 가장 주요한 이유는 중국의 부상이었다. 1994년 중국 정부의 위안화(CNY) 가치 40퍼센트 절하가 결정타였다. 이후 1998년 아시아 외환위기까지 겹치면서 인도네시아 제조업은 과거의 경쟁력을 좀처럼 회복하지 못하게 되었다.

인도네시아 사람들은 광복 100주년이 되는 2045년을 주제 삼아 대화하는 걸 좋아한다. 인도네시아 정부가 2045년 '세계 5대 경제 대국'을 목표로 하기 때문일까. 이 원대한 목표를 달성하기 위해서는 매년 높은 성장률을 유지해야 한다. 이제 20년이 채 남지 않았다. 그렇다면 인도네시아의 고도성장을 이끌고 나갈 산업은 무엇일까? 농업은 연

간 4퍼센트만 성장해도 행복한 수준이다. 광업은 규모가 크지만, 자원 기반 산업이기 때문에 높은 성장을 이뤄낼 수 없다. 정보통신은 가장 빠르게 성장하는 산업이지만 수입 의존도가 높아 파급효과가 크지 않다.

결국 인도네시아가 의지할 곳은 제조업밖에 없다. GDP가 8퍼센트 이상 성장하려면 제조업이 8퍼센트 이상 성장해야 한다. 1960년대 일본, 1980년대 한국과 싱가포르, 1990년대 중국이 모두 그런 패턴을 보여주었다. 이들 국가는 제조업의 빠른 성장을 통해 전체 경제의 높은 성장을 이끌어냈다. 중간 소득 함정(Middle Income Trap)은 중간 소득 국가가 경제성장을 지속하지 못하고 중간 소득 수준에서 더 높은 소득 단계로 나아가지 못하는 현상을 말한다. 사실 중간 소득 함정은 제조업이 계속 성장할 수 없어서 발생하는 함정이다. 중간 소득 단계까지는 제조업이 빠르게 성장하지만, 그 이후에는 정체된다. 탈출 속도(Escape Velocity)란 경제가 일정 성장률을 달성하여 지속 가능한 발전 경로에 진입하는 것을 의미한다. 경제가 탈출 속도를 넘어서면 중진국에서 고소득국으로 도약할 기반이 마련된다.

인도네시아 제조업의 부흥만이 경제가 탈출 속도에 도달하게 해주는 현실적인 방법이다. 제조업은 규모의 경제를 실현하기에 적합한 분야이기 때문이다. 경제학에서 규모의 경제는 막대한 이윤을 창출하는 중요한 원천이다. 그러나 인도네시아 제조업 중 많은 부분, 예를 들어

쁘라스띠아물야대학교 박사 학위 수여식

팜유 가공이나 종이 제조는 기술 집약적이지 않기에 규모의 경제 효과가 제한적일 수 있다. 기술 집약적 제조업에서는 총비용 중 고정비용이 많이 들고 한계비용이 상대적으로 낮기 때문에 대량생산을 통해 높은 이윤을 올릴 수 있다. 따라서 인도네시아는 이 분야의 제조업을 육성하여 전반적인 제조업의 부가가치를 올려야 한다.

그러면 인도네시아가 과거의 제조업 영광을 되살리기 위해서는 어떻게 해야 할까? 인도네시아 제조업을 재창조하기 위해서는 혁신적인 기업가와 숙련된 기능 인력이 필요하다. 혁신적인 기업가는 하룻밤 사이에 만들어지지 않기 때문에 외국인 투자를 촉매제로 활용하는 것이 중요하다. 중국이 외국인 투자 유치를 통해 첨단 기술과 경영 노하우를 자국에 도입했던 모델을 참고할 필요가 있는 것이다. 중국은 외국 기업들의 투자와 함께 그들의 기술, 관리 방법, 생산 프로세스를 전수받았다. 이러한 과정에서 중국의 기업가들은 선진 기술과 경영 방식을 배우며 글로벌 경쟁력을 갖출 수 있었고, 산업 발전과 함께 경제성장을 일궈냈다.

두 번째로 중요한 것은 전문 기술과 실무 능력을 갖춘 기능 인력의 체계적인 양성이다. 이는 제조업의 발전과 혁신에 필수적인 요소다. 이를 위해 한국의 기능 인력 육성 프로그램인 폴리텍대학과 같은 모델을 참고하여, 실무 중심의 교육과 훈련 프로그램을 확대 도입하는 것이 필요하다.

각국의 기술 경쟁력을 가늠할 수 있는 국제 무대가 있다. 바로 2년마다 열리는 국제기능올림픽(WorldSkills)이다. 각국을 대표하는 젊은 기술 인재들이 모여 기계, 전기, 전자, 목공, 정보통신 등 폭넓은 분야에서 정교한 기술과 전문성을 겨루는 자리다. 단순한 경연을 넘어, 한 나라의 산업 역량과 숙련 기술 인력의 수준을 압축적으로 드러내는 지표로 평가된다. 한국은 1967년 스페인 대회에 처음 참가한 이후 줄곧 상위권을 유지하며 세계적인 기술 강국으로 자리 잡았다. 인도네시아는 2004년부터 대회에 적극적으로 참가하여 인상적인 기술을 선보이며 다양한 기술 분야에서 젊은 인재들의 재능을 인정받고 있다. 특히 최근 몇 년간 인도네시아 참가자들은 주목할 만한 성과를 거두었다. 2024년 프랑스 리옹 대회에서는 금메달 두 개, 은메달 한 개를 획득하여 46개국 중 11위를 차지했다. 이것은 인도네시아의 글로벌 기술 역량이 성장하고 있음을 보여주는 고무적인 결과다. 한국은 입상자에게

훈장, 포상금, 연금을 지급할 뿐만 아니라 관련 분야에서 근무할 경우 현역 복무 의무를 면제하는 파격적인 혜택을 제공하고 있다. 인도네시아도 기능 인재를 우대하는 한국처럼 적극적인 지원과 투자를 아끼지 말아야 한다.

인도네시아 최고의 경제 단체, 상공회의소
– 수르요 밤방 술리스또 전임 회장

경제 강국 되려면 정책, 인재, 인프라, 3박자 해결이 급선무다
: 까다로운 규제와 불투명한 투자 환경 개선하고 수출 늘려야 한다

한국에는 기업의 이익과 목소리를 대변하는 5대 주요 경제 단체가 있다. 전국경제인연합회는 대기업 중심이고 대한상공회의소는 기업의 규모와 관계없이 폭넓게 대변한다. 한국무역협회는 수출 기업을 지원하고 한국경영자총협회는 노사문제에 집중한다. 중소기업중앙회는 이름 그대로 중소기업의 편에 선다.

인도네시아에는 한국의 5대 경제 단체를 합쳐놓은 상공회의소인 까딘(KADIN, Kamar Dagang dan Industri Indonesia)이라는 조직이 있다. 까딘은 법에 따라 설립된 공식 경제 단체로서 인도네시아 정부가 인정한 유일한 전국 단위의 민간 경제 대표 기구다. 이 단체의 회장은 인도네

수르요 밤방 술리스또 내외와 조지 부시 대통령(가운데)

시아 대통령과의 협의를 통해 임명되는 경우도 있을 만큼 강한 영향력을 지닌다. 그뿐만 아니라 산업계의 목소리를 정부에 전달하는 핵심적인 역할도 맡고 있다. 또한 한국 기업이 인도네시아에 진출하거나 투자할 때 신뢰할 수 있는 중요한 파트너가 된다. 한국·인도네시아 경제협력위원회를 운영하며, 주한 인도네시아 대사관 등과 함께 정기적으로 공동 행사를 개최하고 있다.

수르요 밤방 술리스또(Suryo Bambang Sulisto, 이하 수르요) 전임 회장은 2010년부터 2015년까지 인도네시아 상공회의소를 이끌었다. 그는 2013년에는 〈글로브 아시아(Globe Asia)〉가 선정한 '인도네시아 파워 엘리트 50'에서 11위를 차지했다. 당시 1위는 대통령이었던 수실로 밤방 유도요노, 4위는 훗날 대통령이 된 자카르타 주지사 조코 위도도였다. 수르요 회장은 인도네시아 주요 선박 회사인 삿마린도(Satmarindo)의 소유주이고 인도네시아 최대 석탄 기업 중 하나인 부미 리소우스(Bumi Resources)의 사장을 역임했으며, 국영 국민연금 관리 기관인 잠쏘스떽(Jamsostek)의 커미셔너(Commissioner)로도 활동했다.

인도네시아 경제가 위기에 빠질 때마다 그는 핵심 역할을 맡았다. 특히 1998년 아시아 외환위기 당시, 인도네시아는 국가 부도라는 절체절명의 순간에 몰렸다. 정부는 잃어버린 신뢰를 회복하기 위해 무역·외국인 투자·관광 산업을 중심으로 국제사회와 다시 연결되어야 했다. 이때 수르요 회장이 대통령 특사로 임명되어 대통령의 친서를 들고 미국을 비롯한 북미와 남미 전역을 누비며 정상들과 직접 회담했다. 쿠바의 피델 카스트로(Fidel Castro)를 포함한 각국 지도자들에게 인도네시아가 여전히 견고한 경제 기반을 갖춘 나라임을 설득했다. 그의 강단 있는 외교 활동은 흔들리던 국제사회의 시선을 다시 인도네시아로 돌려놓았다.

2010년 글로벌 금융위기의 파고가 인도네시아를 흔들던 때 그는 상공회의소 회장으로서 다시 전면에 섰다. 대통령과의 긴밀한 협의를 통해 비즈니스 환경을 재정비하고 정부 부채를 줄여 국제 신뢰를 회복해야 한다고 제안했다. 이 전략은 효과적이었다. 인도네시아는 큰 혼란 없이 위기를 넘겼고 경제는 빠르게 안정을 찾았다. 위기의 한가운데서 그는 정부와 민간을 잇는 결정적 연결고리였다. 그 결과 인도네시아는 5퍼센트가 넘는 성장률을 회복하며 세계의 주목을 받았다.

수르요 회장은 인도네시아를 '축복받은 기회의 땅'이라고 부른다. 그는 이 나라에서 태어난 것을 행운이라 여긴다고 했다. 넓고 비옥한 국토, 풍부한 천연자원, 젊은 인구, 그리고 거대한 내수시장까지. 어느 나라와 비교해도 뒤처지지 않는 조건을 갖추고 있기 때문이다. 그러나 자부심만큼이나 깊은 안타까움도 있다. 인도네시아는 이 많은 자원과 기회를 제대로 활용하고 있는가?라는 자문 때문이다. 인도네시아가 강대국으로 도약하지 못한 이유는 자원이 부족해서가 아니라 그 자원을 다루고 발전시키는 능력이 충분히 발휘되지 못했기 때문이다. 결국 인도네시아는 신의 선물을 받고도 그것을 지키고 키우는 방법을 아직 완전히 깨닫지 못한 나라라는 것이다. 그럼에도 그는 잠재력은 무궁무진하고, 기회의 문은 활짝 열려 있다고 확신한다.

그는 인도네시아가 성장하기 위해선 반드시 세 가지가 필요하다고 생각한다. 바로 좋은 정책과 인재를 키우는 교육과 성장을 떠받칠 인프라다. 그러나 인도네시아의 현실은 복잡해서 눈앞에 드러난 문제조차 손대지 못하는 경우가 많다. 왜냐하면 그 문제를 방치할수록 이익을 보는 사람들이 있기 때문이다. 결국 그런 구조는 국가 전체의 발전

쿠바 국가 평의회 의장 피델 카스트로에게 인도네시아 대통령 친서 전달

을 가로막고 성장의 기회를 놓치게 한다.

실제로 인도네시아는 산유국임에도 정제유를 대량 수입한다. 경유, 등유 등 정제유를 매년 막대한 외화로 들여오는 이유는 단순한 수요 증가가 아니라 원유 채굴과 정제를 뒷받침할 인프라가 구조적으로 부족하기 때문이다. 지난 수십 년간 인도네시아는 해양 석유 탐사와 개발에 거의 손을 대지 않았다. 비용이 많이 들고 위험 부담이 크다는 이유에서다. 그렇다고 언제까지나 손을 놓고 있을 수는 없다. 자체 자본이 부족하다면 외국 자본과 기술을 받아들여 함께 개발하는 방식이 현실적인 대안이다. 그러나 지나치게 까다로운 규제와 불투명한 투자 환경은 외국 기업의 참여를 가로막는다. 이렇게 인도네시아는 풍부한 자원을 활용하지 못하는 상황에 놓여 있다.

이 문제는 에너지 산업에만 국한되지 않는다. 인도네시아는 팜오일과 천연고무 생산에서 세계 1위와 2위를 차지하지만, 여전히 이를 가공하지 못한 채 원료 형태로 수출하고 있다. 가공 시설의 부재는 곧 부가가치를 해외에 넘기는 구조다. 농가와 기업이 생산한 자원이 외국에서 가공되어 더 높은 가격으로 되돌아오는 현실도 반복된다. 이 구조가 개선되지 않는다면 인도네시아의 성장 역시 한계에 봉착할 수밖에 없다. 자원은 출발점일 뿐이며, 그것을 고부가가치 산업으로 끌어올리는 역량이 진정한 성장을 결정한다.

그는 인도네시아 경제가 도약하려면 수출이 핵심 열쇠라고 강조했다. 단순히 물량을 늘리는 것을 넘어, 원자재 중심의 수출에서 벗어나 기계, 장비 등 제조업 기반의 고부가가치 제품으로 수출 구조를 전환해야 한다는 것이다. 또한 그는 시장 다변화와 FTA 네트워크 확장을 필수 과제로 제시했다. 50개국 이상과 FTA를 체결한 한국처럼, 인도네시아도 글로벌 시장에서 더 넓은 문을 열어야만 새로운 성장 동력을 확보할 수 있다는 주장이다.

이어 그는 산업 구조 전환의 방향도 분명히 했다. 산업 고도화의 핵심 분야로 제조업과 중공업을 지목했다. 그중 조선 산업은 인도네시아의 지리적 강점과 결합해 큰 기회를 만들 잠재력이 있다. 인도네시아는 1만 7,000여 개 섬과 세계에서 가장 긴 해안선을 가진 나라다. 그러나 현실은 안타깝다. 어선, 화물선, 유조선이 턱없이 부족하고, 많은 어선은 낡아서 연안에서만 조업이 가능할 뿐, 먼바다로 나갈 수 없다.

그 해결책으로, 기술력 있는 한국 조선 기업과 인도네시아의 민간 · 국영기업이 함께 합작 법인을 설립하고 정부가 조선소 건설과 선박 구매를 보장하는 방식의 협력 모델을 제안했다. 이 방식이라면 한국은 시장을 확보하고 인도네시아는 산업을 키우고 자립 기반을 마련할 수 있다. 양국 모두에게 이익이 되는 구조라는 뜻이다. 한국은 일본과 다르게 기술 협력과 이전에 우호적이기 때문에 가능성이 있다고 본다.

외국인 투자 유치의 컨트롤 타워, 투자부
– 짜흐요 뿌르노모 국장

미래 가장 유망한 투자 분야는 제약과 의료 산업

: 공장 부지 선정 시 토지 소유권의 철저한 조사와 확인 필수!

전임 조코위 대통령이 주재하는 인도네시아 내각회의에서는 투자부 (BKPM) 장관을 한국의 후원자, 해양조정부 장관을 중국의 후원자라고 불렀다고 한다. 전임 투자부 장관이자 현 에너지광물자원부 장관인 바흘릴 라하달리아(Bahlil Lahadalia)는 한국을 자주 방문해 이런 별명을 얻었다. 투자부에서 동아시아 업무를 맡고 있는 짜흐요 뿌르노모(Cahyo Purnomo) 국장 역시 대표적인 지한파 공무원이다.

짜흐요 뿌르노모 국장은 2005년 한국에서 열린 APEC 회의를 시작으로 약 15번이나 한국을 방문했다. 매번 한국을 방문할 때마다 그가 놀라는 것은 도로를 가득 채운 차량의 대부분이 한국산 브랜드라는 점

이다. 그뿐만 아니라 전자 제품과 식료품 매장을 둘러봐도 한국 제품이 압도적으로 시장을 지배하고 있는 모습이 매우 인상적이라고 한다. 이러한 상황은 일본 자동차가 90퍼센트 이상을 차지하고 있는 인도네시아의 현실과 비교되어 깊은 인상을 남겼다. 2차 세계대전 후 비슷한 시기에 독립한 한국과 인도네시아가 이렇게 다른 산업 지형을 가지게 된 것에 대해 많은 생각을 하게 되었다고 한다.

한국은 기술력을 바탕으로 자국 브랜드를 성장시키고, 산업 발전과 강력한 시장 경쟁력을 통해 탄탄한 경제를 구축했다. 그래서 한국의 성공은 인도네시아에 큰 영감을 주었고 인도네시아는 한국의 발전 모델과 경험을 배우고 싶어 한다. 한국의 인도네시아 투자가 더 확대되기를 바라는 이유도 바로 이 때문이다.

인도네시아 투자가 매력적인 요인으로는 거대한 내수 시장과 풍부한 천연자원 그리고 저렴한 노동력이 자주 언급되지만, 그는 정치적 안정성과 언론의 자유가 인도네시아를 차별화된 투자 환경으로 만드는 핵심 요소라고 강조한다. 미국, 유럽, 한국 등은 정당 간 좌우 대립이 심하지만, 인도네시아의 주요 정당들은 거의 모두 중도 성향을 지향하기 때문에 노선 차이로 인한 갈등이 거의 없다. 그 결과, 정권이

자카르타 핵심 지역에 위치한 투자부 청사 전경

바뀌더라도 정부 정책이 급격히 변화하지 않는 안정적인 사업 환경을 제공한다. 프라보워 정권이 출범했을 때도 전임 조코위 대통령 시절에 임명된 장관 중 16명이 유임되었다. 갈등을 회피하고 조화를 중시하는 인도네시아 문화는 인도네시아의 정치적 안정성에 기여하고 있다.

인도네시아가 아시아 국가 중에서 비교적 높은 수준으로 언론의 자유를 보장하는 것도 중요한 요인이다. 언론의 자유가 보장되면 정부의 정책과 활동이 공개적으로 감시받게 되어 투명성이 확보된다. 정부가 자의적으로 권력을 행사하거나 진실을 은폐할 수 없어서 투자가의 신뢰를 얻을 수 있다.

좋은 사례로는 인도네시아 정부가 한국의 유리 제조 업체 KCC와 체결한 가스 공급 계약이 있다. 이 계약과 관련하여, 국제 가격 상승을 이유로 원래 계약한 공급 가격을 인상하려는 정부의 움직임이 언론의 집중 비판을 받고 있다. 언론은 인도네시아 정부가 아닌 한국 기업의 이익을 옹호한 것이다. 2024년 국경 없는 기자회의 언론 지수에서 인도네시아는 180개국 중 111위를 기록하며 아시아 국가 중 상위권을 차지했다. 참고로 싱가포르는 126위, 태국은 134위, 인도는 159위, 중국은 172위, 베트남은 174위를 차지했다.

짜흐요 뿌르노모 국장은 유망한 투자 분야로 전통적인 제조업을 제외하면 제약과 의료 산업을 꼽았다. 소득 수준의 향상과 평균 수명의 증가로 의약품 수요가 급증하고 있기 때문이다. 코로나19 이후 건강 의식이 높아지며 비타민 등 건강 보조 식품 시장도 빠르게 성장하고 있다. 또한 인도네시아 정부는 암, 뇌졸중, 심장병, 신장 질환 등 주요 4대 질환의 예방과 치료에 국가적 역량을 집중하고 있다. 이러한 정책 기조에 맞춰 외국 기업의 진입 규제도 완화되어, 의약품 제조 분야에는 100퍼센트 외국인 단독 투자가 허용되었다. 결과적으로 인도네시아 제약과 의료 산업은 성장 기반이 더욱 단단해졌으며, 해외투자자에게 매우 매력적인 기회로 부상하고 있다.

인도네시아는 인구 1,000명당 전문의 수가 0.16명으로 세계보건기구 권장 기준인 0.28명에 비해 현저히 부족하다. 상대적으로 낙후된 보건의료 인프라로 인해 매년 200만 명 이상이 말레이시아, 싱가포르 등에서 의료 서비스를 받고 있다. 인도네시아 정부는 더 많은 국민이 자국에서 의료 서비스를 받을 수 있도록 법령을 개정하여 일정한 요건 하에 외국인 의사의 의료 행위를 허용했다. 외국 의료기관과 의사들에게 진출 기회가 열렸으므로 한국도 인도네시아 의료 시장에 관심을 가져볼 만하다.

한국에 매우 우호적인 그는 인도네시아에 투자할 때는 두 가지를 주의하라고 당부했다.

첫째는 토지 구매에 각별히 주의하라는 것이다. 공장을 짓기 위해서는 산업 단지나 일반 지역의 토지를 구매하는 두 가지 방법이 있다. 산업 단지는 전기, 수도, 도로 등 필요한 인프라가 잘 갖추어져 있어 공장 운영이 매우 편리하다. 대신 산업 단지의 토지 가격은 상대적으로 비싸다. 일반 지역은 가격이 저렴하여 예산을 절감할 수 있지만 필요한 인프라를 스스로 갖춰야 하므로 시간이 더 소요된다.

게다가 인도네시아 토지 등기 제도의 불완전성 탓에 일반 지역의 토지를 잘못 구입하면 큰 낭패를 볼 수 있다. 특히 지방은 토지 소유권 정보가 디지털화되지 않아 여전히 서류로만 관리되는 경우가 많다. 따라서 토지 소유권 분쟁에 휘말릴 위험이 크다. 투자 입지를 결정할 때는 반드시 이러한 요소들을 고려하여 신중하게 접근해야 한다. 토지 매매 사기는 외국인만의 문제가 아니다. 인도네시아 법원이 가장 빈번히 다루는 분쟁 중 하나다. 전직 외무부 차관조차 토지 마피아라고 불리는 사람들이 위조한 서류에 속아 피해를 볼 정도로 그 수법이 교묘하다. 따라서 외국인은 소유권 문제가 없는 안전한 산업 단지를 선택하는 것이 바람직하다.

두 번째로, 인도네시아에 대한 투자와 인허가 정보는 공식적인 채널을 통해 얻어야 한다. 개인적으로 지인을 통해 정보를 얻는 경우에는 정확하지 않을 수 있다. 게다가 잘못된 정보로 문제가 발생할 경우 다시 되돌리려면 시간과 비용이 많이 든다. 따라서 주한 인도네시아 대사관과 투자부 서울사무소를 반드시 방문하여 필요한 정보를 얻고 상담을 받아야 한다.

중소기업 정책의 사령부, 중소기업부
– 이 와얀 딥따 전임 차관

중소기업의 수출 경쟁력이 곧 국가 경제의 성패를 가른다

: 컨설팅형 단발성 공적 원조(ODA) 노(No),

　현장 중심의 장기 동반자적 관계 예스(Yes)!

경제를 움직이는 건 언제나 대기업일까? 크게 티나지는 않지만, 실제로 한 나라의 고용과 생산을 책임지는 건 중소기업이다. 대기업보다 작지만 민첩하게 움직이며 새로운 아이디어와 기술을 빠르게 적용할 수 있어서 혁신의 실험장으로서도 중요한 역할을 한다. 인도네시아에서도 중소기업은 국가 경제의 한 축을 담당하고 있다. 일자리 6,400만 개, GDP의 60퍼센트, 노동인구의 97퍼센트를 책임지고 있다. 하지만 이런 놀라운 수치에도 불구하고 한 가지가 부족하다. 바깥으로 뻗는 힘, 즉 글로벌 시장에서의 경쟁력이다.

한국형 표준(KS) 도입을 위한 워크숍에서 한국 관계자와 함께한 기념 사진

인도네시아 중소기업이 전체 수출에서 차지하는 비중은 15퍼센트 내외로 수출의 문턱은 여전히 높고 해외 진출은 멀게만 느껴진다. 이것이 지금 인도네시아가 마주한 도전이다. 따라서 수출이 가능한 중소기업을 키워야 한다. 내수에만 의존하지 않고 세계와 경쟁할 수 있는 작지만 강한 기업들이 더 많이 필요하다.

이 와얀 딥따(I Wayan Dipta) 전 인도네시아 중소기업부 차관은 30년 넘게 중소기업 정책 분야에 몸담으면서 인도네시아 중소기업의 경쟁력 강화와 아세안, 한국, 일본, 대만 등과의 국제 협력 확대에 헌신해 온 대표적인 전문가다. 그는 인도네시아 명문 보고르대학교 통계학과를 졸업하고 미국 미시간대학교에서 통계학 석사 학위를 취득하며 전문성과 국제 감각을 두루 갖춘 관료로 성장했다. 현장을 꿰뚫는 통찰력, 데이터 기반의 분석력, 정책 설계 시의 균형 잡힌 시각과 현실감 있는 접근으로 깊은 신뢰를 받아왔다. 그는 단지 유능한 관료에 그치지 않는다. 국가와 국민을 먼저 생각하는 청렴한 태도와 따뜻한 인품으로 많은 존경을 받는 공직자이기도 하다.

그는 인도네시아의 중소기업은 산업 구조와 금융 환경 접근성이라는 두 가지 측면에서 근본적인 제약을 갖고 있다고 지적했다. 우선 산업 구조를 보면 중소기업의 상당수가 농업과 식음료 분야에 집중되어 있어 커피, 차, 과일 등 1차 산업 기반의 제품이 주를 이룬다. 기술 집약적 산업으로의 전환이 쉽지 않다는 뜻이다.

정부 차원에서 혁신형 중소기업을 육성하려는 의지가 강하지만, 관련 정책 자금이 충분치 않다. 금융 시스템은 아직 낮은 발전 단계에 머물러 있기 때문에 높은 대출 이자율, 복잡한 심사 절차와 제한적인 금융 인프라 등으로 많은 중소기업이 공식적인 금융 시장에 접근하지 못하고 있다. 결국 중소기업들은 은행 대신에 친구나 친척 같은 비공식적 네트워크에 의존해 자금을 마련하지만, 이런 자금은 규모도 작고 지속성도 낮기에 장기적인 사업 확대에는 한계가 있다.

이러한 자본의 제약은 성장의 제약으로 이어진다. 신기술 도입, 생산성 향상, 유통 채널 확대와 같은 핵심 과제들이 자금 부족으로 실행되지 못한다. 이는 중소기업 생태계 전반의 경쟁력 저하로 직결된다. 게다가 최근에는 중국산 저가 제품이 인도네시아 시장을 빠르게 점령하고 있다. 이렇게 가격 경쟁력에서조차 밀린 인도네시아의 중소기업들은 국내 시장에서도 설 자리를 잃어가고 있다.

그래서 그가 특히 주목한 것은 국제 협력의 힘이었다. 한국 · 일본 · 대만처럼 앞선 중소기업 시스템을 가진 국가들과 손잡아야, 기술 부족과 금융 접근성 한계라는 인도네시아 중소기업의 구조적 문제를 뚫을 수 있다고 본 것이다. 그는 중소기업의 지속 성장과 녹색 혁신을 지원하는 ASEM 중소기업 친환경혁신센터(ASEIC: 아세안과 유럽연합을 대상으로 친환경 기술 협력과 ESG 경영 확산을 지원하는 국제 협력 기관)에 큰 기대를 걸며, 본부가 있는 한국을 10번 넘게 방문했다. 또한 ODA(Official Development Assistance)를 중소기업 교육 · 기술 전수 · 시장 개척을 가능하게 하는 강력한 촉매로 보았다. 인도네시아 중소기업을 글로벌 무대로 끌어올릴 실질적 도구이기 때문이다. 그러나 그가 본 ODA 현장은 여전히 형식적이었다. 보고서 한 권 남기고 끝나는 지원, 현장도 모르는 단기 컨설팅은 성과를 만들 수 없다. 그래서 그는 단발성 이벤트가 아닌, 현장 중심의 장기적 동반자 모델로 가야 한다고 강조했다.

대안적 사례로 그는 대만의 발리 아스파라거스 재배 프로젝트를 소개했다. 이 사업은 인도네시아 발리 지역 농가의 소득 증대를 목표로 한 현장 밀착형 ODA 프로그램이다. 당시 농민들은 수익성이 낮은 양배추를 주로 재배하고 있어서 고소득 작물로의 전환이 절실한 상황이었다. 이에 대만 정부는 전문가 세 명을 3년간 현지에 파견했다. 이들은 단순히 강의나 매뉴얼을 전달하는 데에서 그치지 않고 매일 농민들과 함께 생활하면서 아스파라거스의 재배 기술부터 포장 방식, 마케팅 전략까지 각종 기술을 직접적이고 지속적으로 이전했다. 성과는 탁월했다. 양배추는 킬로그램당 500루피아, 약 43원 수준이었지만, 아스파

CJ와 일촌 일품 협력을 위한 협약 체결식

라거스는 그 3배 이상의 가격에 판매되어 농가 소득이 크게 향상되었다. 덤으로 농민들은 작물을 독립적으로 관리하고 판매할 수 있는 역량도 갖추게 되었다. 이 프로젝트는 아세안 내에서도 대표적인 ODA 성공 사례로 평가받으며 현장 중심 접근의 효과와 지속 가능성의 중요성을 잘 보여주는 모델로 손꼽힌다.

일본도 1979년 오이타현에서 시작된 일촌 일품 운동(One Village One Product, OVOP)을 인도네시아에 소개하여 지역 기반 중소기업을 육성하고 지역 경제를 활성화하는 협력 사업을 추진해왔다. 이 프로그램은 각 지역 공동체가 고유의 자원을 활용해 특산품을 개발하고 브랜드화하여 주민들의 소득을 늘리고 지역의 자립 기반을 만드는 것을 목표로 한다.

한국이 인도네시아 중소기업과 협력할 때 가장 유망한 분야로 식음료와 화장품 산업이 가장 먼저 꼽힌다. 그 이유는 분명하다. 인도네시아는 세계 최고 수준의 커피, 열대 과일, 해산물 등 고품질 원재료를 풍부하게 보유하고 있고, 이들은 가공식품이나 기능성 화장품으로 확장될 무한한 가능성의 원천이기 때문이다. 여기에 한국의 강점 분야가 더해진다면 높은 부가가치가 창출될 것이다. 한국은 이미 글로벌 시장에서 제품의 기획력과 품질 관리 그리고 브랜드 마케팅 역량을 입증했기 때문이다. 즉 인도네시아의 원재료+한국의 기술과 감각이라는 조합은 글로벌 시장에서도 경쟁력 있는 제품을 만들 수 있는 강력한 시너지 모델이다.

하지만 그냥 기술을 한두 개 알려주는 식이거나 전시회를 한 번 열어서는 아무 일도 일어나지 않는다. 지속 가능한 협력이 되기 위해서는 장기적인 동반자 체계가 필요하다. 예를 들면, 현지 기업 맞춤형 기술 멘토링 프로그램, 수출을 위한 공동 품질 인증 시스템, 양국 기업이 함께 활용하는 온라인 수출 플랫폼, 청년 창업자 간의 장기 교류 프로그램 등이 현실적인 방안이 될 수 있다. 이제 인도네시아의 중소기업들은 단순한 전략이나 투자 그리고 기술 제공자가 아니라 인도네시아와 함께 성장할 파트너를 찾고 있다. 신뢰와 지속 가능한 협력은 그때 비로소 시작된다.

참고 문헌

국내

· 김형준, 2008. "인도네시아 자바인의 수평적 사회관계: 루꾼 개념을 중심으로", 한국동남아학회

· 서지원. 2021. "대국 인도네시아의 중견국 외교: 독립적, 적극적 외교의 추구". 〈동아연구〉

· 인도네시아 한인회, 2020. 《인도네시아 한인 100년사》

· 조양현, 2015. 《냉전의 동남아시아적 전개: 글로벌 냉전의 개입과 지역 자율성》, 서울대학교 국제연구소

· 조코 위도도, 2023. 《조코위가 꿈꾸는 인도네시아》

· 주인도네시아 한국대사관, 2024. 《인도네시아 국가장기개발계획(2025~2045년)》 번역본

해외

· Aaron L. Connelly, 2015. "Sovereignty and the sea: President Joko Widodo's foreign policy challenges", Contemporary Southeast Asia

· Amos Sukamto, 2021. "Muslim-Christian relations and collaborative efforts to build Indonesia", International Bulletin of Mission Research

· Angela Tritto, 2023. "How Indonesia used Chinese Industrial Investments to Turn Nickel into the New Gold", Carnegie Endowment for International Peace

· Ari Kuncoro, 2018. "Trends in the manufacturing sector under the Jokowi presidency and legacies of past administrations", *Journal of Southeast Asian Economies*

· Asep Setiawan and Anton Pallaguna, 2020. "Concentric circle strategy in Indonesian foreign policy under Joko Widodo Administration", *Southeast Asian Studies*

· Benedict Anderson, 1990. *Language and power: Exploring political cultures in Indonesia,* Cornell University

· Blane Lewis, 2014. "Urbanization and Economic Growth in Indonesia: Good News,

Bad News and Local Government Mitigation", *Regional Studies*

· Carool Kersten, 2017. *A History of Islam in Indonesia: Unity in diversity*, Edinburgh University Press

· Christine Nathale Abrahamsnec, 2018. *Cultural impacts on business negotiations in emerging markets: Cases of Norwegian Enterprises in Indonesia*, University of Agder

· Claire Holt, 2007. *Culture and politics in Indonesia*, Equinox

· David Bach, David Bruce Allen, 2010. "What Every CEO Needs to Know About Nonmarket Strategy", *MIT Sloan Management Review*

· Dedek Sulaiman, 2021. "Islamic political deideology(Policy of the new order government in the application of the single principle)", *International Journal of Politics and Sociology*

· Deutsche Bank, 2024. "Indonesia – A rising economic powerhouse"

· Dewi Fortuna Anwar, 2019. "Indonesia-China Relations: Coming Full Circle?", *Southeast Asian Affairs*

· Dodi W. Irawanto and Phil L. Ramsey, 2011. "Challenge of leading in Javanese culture," *Asian Ethnicity*

· Dylan Minor, 2023. "Using non-market actors as strategic 'weapons' to increase firm performance: Theory and evidence", Brookings

· Eka Puspitawati, 2021. "Indonesian Industrialization and Industrial Policy: Peer Learning from China's Experiences", UNCTAD

· Geert Hofstede, 2011. "Dimensionalizing cultures: The Hofstede model in context", International Association for Cross-Cultural Psychology

· Global happiness 2024. Ipsos. https://www.ipsos.com/en/global-happiness-2024

· Goldman Sachs. "The path to 2075—Slower global growth, but convergence remains intact"

· IMD World Competitiveness Center, 2024. *World Competitiveness Yearbook*

· Ismail Khozen and Illona Setianty, 2021. "What can we learn from business

Innovation failure of Uber in Southeast Asian Market?", *Jurnal Inovasi Bisnis*

· John Villiers, 1981. "Trade and society in the Banda islands in the Sixteenth Century", *Modern Asian Studies*

· Judit Hidasi, 2015. "Doing Business in Hungary and Indonesia: An intercultural approach", Budapest Business School

· Khusnul Rofidah Novianti, 2018. "Cultural dimension issues in Indonesia human resource management practices: A structured literature review", *Management and Economic Journal*

· Klaus E. Meyer, 2020. "Managing the MNE subsidiary: Advancing a multi-level and dynamic research agenda", *Journal of International Business*

· Leonard C. Sebastian, 2013. "Indonesia's dynamic equilibrium and ASEAN centrality"

· Max L. Gross, 2007. *A Muslim Archipelago*, National Defense Intelligence College

· Mohammad Hatta, 1953. "Indonesia's Foreign Policy", *Foreign Affairs*

· Muhajir Darwis, 2024. "Modern Islam and Indonesian culture: Evolving rituals and institutions", *International Journal of Innovative Research in Multidisciplinary Education*

· Nurhayati and Dita Siti, 2016. "Identifying the Leadership Effectiveness of the Executive Leaders in Indonesia", *International Journal of Administrative Science & Organization*

· "OECD Investment Policy Reviews: Indonesia 2020"

· Pew Research Center, 2013. "The World's Muslims: Religion, politics and society"

· Phil L. Ramsey and Dodi W. Irawanto, 2011. "Paternalistic leadership and employee responses in Javanese Culture", *Gadjah Mada International Journal of Business*

· Rizal Sukma, 1995. "The Evolution of Indonesia's Foreign Policy: An Indonesian View", Asian Survey

· Roland Raja, 2018. "Indonesia's Economy: Between Growth and Stability", Lowy

Institute

· Russell Shorto, 2004. *The island of the center of the world*, Doubleday

· See Seng Tan, 2012. "Asean Centrality, Regional Security Outlook", CSCAP(Counicl for Security Cooperation in the Asia Pacific)

· Septa Dinata, 2020. "The outcome of China's investment in Indonesia: Lessons from the nickel industry", Paramadina Public Policy Institute

· Siwage Dharma Negara, 2019. "Jokowi's second term: economic challenges and outlook", Australian Strategic Policy Institute

· Stephen Elias and Clare Noone, 2011. "The growth and development of the Indonesian economy", Reserve Bank of Australia

· Sulistiyono Susilo, 2016. "Common identity framework of cultural knowledge and practices of Javanese Islam", *Indonesian Journal of Islam and Muslim Societies*

· *The Economist*, 2023. "What will Indonesia look like after Jokowi leaves?"

· *The Economist*, 2024. "Why Indonesia matters"

· The World Bank, 2019. "Aspring Indonesia: Expanding the middle class"

· Totok Sarsito, 2006. "The Javanese culture as a source of Suharoto's leadership : A socio-political analysis", *Asia Europe Journal*

· Willem Thorbecke, 2023. "Sectoral Evidence on Indonesian Economic Performance after the Pandemic", Research Institute of Economy, Trade and Industry Japan

· Wilmar Salim, 2018. "Infrastructure development under the Jokowi Administration", *Journal of Southeast Asian Economies*

· World Bank, 2024. "Unleashing Indonesia's Business Potential"

· Wustari L. H. Mangundjaya, 2013. "Is there cultural change in the national cultures of Indonesia?", International Association for Cross-Cultural Psychology

황금시장 인도네시아 슈퍼리치의 성공 수업
지금, 왜 인도네시아를 선점해야 하는가

초판 1쇄 발행 2026년 3월 2일

지은이 | 이장희
발행인 | 김순정

편집인 | 김순정
기획 및 책임편집 | 글로리아 김
교정교열 | 윤정숙
인도네시아어 감수 | Fitri Meutia, S.S., M.A., Ph.D.
특별 감사 | 홍경숙
마케팅 디렉터 | 이정현
북디자인 | 디자인붐(정의도)
인쇄 및 제작 | 보광문화사

발행처 | 순정아이북스
주소 | 경기도 파주시 소라지로 177번길 27
홈페이지 | www.soonjung.net
이메일 | sjkibook@gmail.com
한국 전화 | 031 923 9525　팩스 | 031 947 9526
인도네시아 | 0811 806 7774

출판등록 2002년 10월 8일 제16-2823호
ISBN 978-89-92337-40-3　(03320)
값 36,500원